암살

암살

왜곡된 현대사의 서막

박태균 · 정창현 지음

역사인

차례

해방 직후
정치 암살,
막을 수 없었나?

암살사건의 배후 추적은 분단 원인 규명 작업

1945년 8월 15일 일제의 패망으로 우리에게 새로운 민족국가를 건설할 수 있는 기회가 찾아왔다. 이 과정에서 일제 때부터 이미 다양한 이념과 활동을 보여 온 여러 정치 세력의 난립과 상호 경쟁은 당연한 현상이었다. 이들은 독립운동을 위해 협력하기도 했지만 때로는 주도권을 잡기 위해 서로 테러를 할 정도로 심각하게 대립한 경험이 있었다. 다만 식민지 공간에서는 일본 제국주의라는 거대한 공동의 적이 있었기 때문에 정치 갈등은 상대적으로 크게 드러나지 않았다.

해방이 되면서 정세는 급변했다. 해방 직후의 열린 공간에서 이들 간의 '정치투쟁'은 격렬하게 나타났다. 여기에 38선을 경계로 미군과 소련군이 진주하면서 더욱 복잡한 정세가 조성됐다. 1945년 12월 모스크바 삼상회의에서 '임시정부 수립'과 '5년간의 신탁통치'가 결정되자 좌·우익세력은 협력보다는 서로 다른 길을 선택했다. 1946년과 해방 후 처음 열린 3.1절기념식을 좌익과 우익은 서로 다른 장소에서 거행했고, 1년 뒤에 열린 기념식 때는 서로 충돌해 많은 사상자를 내기도 했다.

이러한 좌우의 갈등 속에서 테러나 암살은 주도권을 잡기 위해 선택된 '필요악'으로 설명하기도 한다. 일부에서는 이러한 좌우익의 갈등과 대립을 한국전쟁의 기원으로 꼽는다.

그러나 정치 세력 간의 갈등과 대립은 어느 시기, 어느 사회에나 존재한다. 정치 세력 간의 충돌과 갈등은 때로는 사회 불안이나 혼란을 조성하기도 하지만 새로운 정책과 정치노선으로 이어지며, 궁극적으로 사회 발전에 긍정적인 역할을 한다. 더구나 해방공간에서 있었던 좌우익의 갈등은 치열하기는 했지만 서로를 테러하거나 암살할 정도의 수준은 아니었고, 그 갈등이 파국적인 전쟁으로 이어질 정도도 아니었다. 이것이 해방공간의 정치 암살이나 한국전쟁을 정치 세력들 사이의 대립과 갈등만으로 설명할 수 없는 이유다.

불행하게도 해방공간에서 빈발했던 정치 암살이나 시도는 꼭 좌우익의 갈등 속에서만 나타난 것이 아니었다. 하나의 사례를 들어보자.

1949년 1월, 한동안 세상을 떠들썩하게 한 '반민족행위특별조사위원회(이하 '반민특위') 및 정부 요인 암살음모사건'이 폭로됐다. 검찰의 수사 결과, 사건의 전모가 곧 드러났다.

1948년 10월경 노덕술 수사과장, 최난수 사찰과장 등 친일 경력의 경찰 간부들은 테러리스트 백민태(본명 '정창화')를 고용해 반민특위 특별검찰관 노일환·김웅진, 특별재판관 김장렬 등을 납치한 후 강제로 '나는 38선 이남에서 국회의원 노릇을 하는 것보다 이북에 가서 살기를 원한다'는 취지의 성명서를 자필로 쓰게 하여 신문사 등에 보내고, 38선으로 가는 도중에 이들을 살해해 애국 청년들이 살해한 것으로 가장하려 했다.

이 음모는 백민태가 암살 대상자 명단을 본 후 두려움을 느껴 조헌영 의원 등에게 이 계획을 고백하면서 백일하에 드러났다. 암살대상자 명단에는 이들 외에도 대법원장(김병로), 검찰총장(권승렬), 국회의장(신익희) 등 여러 거물 인사 다수가 포함돼 있었다. 이 음모에는 노덕술 이상의 상층부가 개입했을 것이라는 의혹도 제기됐다. 그 뒤에 주모자인 노덕술 등은 증거 불충분으로 무죄 판결을 받고 석방됐다. 당시 기소장에 따르면, 이 음모는 담당

부서까지 정할 정도로 치밀하였다. 재정 담당에는 화신 그룹의 박흥식, 언론 담당에는 「대한일보」의 이종형(李鍾馨), 경찰 담당에는 노덕술 등 악질 친일파들이 배치되어 있었다. 반민특위를 와해시키기 위한 공작이었던 것이다.

만약 백민태가 심경의 변화를 일으켜 자수하지 않았다면 정치권에 엄청난 폭풍을 몰고 올 뻔한 사건이었다. 반민법에 따라 처벌받을 것을 우려한 노덕술 등 경찰 내 친일파 세력이 공모한 음모였지만 친일 경력이 없던 '암살자'의 심경 변화로 최악의 비극은 비껴갔다.

그런데 흥미로운 점은 백민태가 1947년 3월 17일 밤에 발생한 서울 계동 여운형 자택에 대한 폭탄 테러의 주범이라는 것이다.

백민태는 여운형 테러뿐만 아니라 다른 암살과 관련된 테러리스트들과도 관계를 맺고 있었다. 그중 대표적 인물은 고하 송진우 암살사건에 관련됐고, 여운형 암살 주범 중의 한 명으로 거론된 신동운이다. 정치 브로커였던 신동운은 백민태, 박임호 등과 함께 북창동에 있는 대동신문사로 이종형을 수시로 만나러 다녔다고 한다. 이종형은 백민태 등을 통해 적어도 세 차례 이상 몽양에게 직간접적인 테러를 가했다. 독립촉성국민회의 선전부에서도 활동한 이종형은 독립투사를 붙잡아 17명을 처형한 '악질 친일파'로 1949년 반민특위에 체포된다.

백민태의 반민특위 요인 암살 시도를 하나의 사례로 거론한 것은 실패한 계획이었지만 해방공간에서 일어난 정치 암살의 배후와 관련하여 중요한 시사를 주기 때문이다.

만약 백민태의 여러 차례 테러 시도를 경찰이 철저하게 수사했더라면 반민특위에 대한 테러 시도 자체가 없었을 수도 있다. 그런데 당시 경찰조직 자체가, 그것도 정부 수립 이후의 경찰조직이 이러한 테러와 암살의 배후로 거론되었다는 사실은 '암살'의 배후와 성격 자체가 단순히 좌우익의 갈등만으로 설명될 수 없음을 방증하는 것이다.

1945년 해방 후부터 1948년 정부가 수립될 때까지 수많은 테러와 암살 사건이 발생했다. 심지어 일부 정치 지도자들은 테러를 '필요악'으로 인정하거나 적극적인 후원의 대상으로 삼기까지 했다. 미군정 보고서는 '청년 단체는 정치 지도자들이 탐내는 목표물이 되는데, 이는 이 조직으로부터 정치권력의 상당한 원천이 나오기 때문'이라고 지적했다.

그러나 미군정도 상황에 따라 이 같은 테러를 묵인하거나 우익 청년단체에 자금을 지원하기도 했다. 당시 미군정 경무부장이던 조병옥은 1947년 7월 7일 우익에 의한 테러 사건이 민족적 애국단체의 공동 방위적 입장에서 출발한 행동이라고 공공연히 담화까지 발표할 정도였다. 상황이 이러니 테러를 막으려는 노력도 부족했고, 테러 자체가 정당한 정치 행위로까지 여겨졌다.

당시 중간파나 좌익 인사들은 '테러 공포증'에 시달린 것으로 알려져 있다. 김규식은 자신이 머무르는 삼청장 안에서도 침실을 자주 옮겨 다녀야 했다. '좌익 인사'로 찍힌 사람들은 더욱 심각했다. 여운형은 열 차례 이상 테러를 당했고, 김원봉은 필동의 자택 외에 대여섯 군데의 거처를 갖고 한 곳에 두 시간 이상 머무르는 법이 없었다고 한다.

1947년 단독정부 수립이냐 미소공동위원회 재개냐를 두고 정치권의 논란이 격렬해지자, 정치권을 노린 테러가 유난히 기승을 부렸다. 그해 7월 한 달 동안 모두 128건의 테러가 발생하여 36명이 사망하고 385명이 부상을 입었다. 8월에는 68건의 테러로 17명이 죽고 158명이 부상을 당했는데, 68건 중 37건은 우익에서, 16건은 좌익에서 저질렀고, 나머지 15건은 불명이었다. 우익의 37건 중 36건이 좌익에 대한 정치적 테러였다.

9월에는 50건이었는데 우익이 28건, 좌익이 12건, 불명이 10건이었다. 10월에는 45건이었는데 우익이 32건이었다. 11월에는 40건, 12월에는 63건의 테러가 발생했다.[01] 테러에 테러로 맞서는 악순환이 시간이 갈수록 심화된 것이다.

더욱 불행한 사실은 '백민태 사건'에서 보듯이 악질 친일파가 '반공'을 앞세워 자신들의 기득권을 지키는 수단으로 테러를 악용했다는 점이다. 대상도 좌익인사에만 국한되지 않았다. 독립운동가를 고문·살해한 친일파 문제를 해결함으로써 민족정기를 바로 세우자는 것은 해방 직후부터 또는 정부 수립 후 서둘러 처리해야 할 시대적 과제였다. 더구나 친일파는 '반공주의자'로 변신해 이미 경찰과 정치권을 비롯해 사회 구석구석에 뿌리를 내리고 있었다.

그러나 이승만은 친일파를 비호했다. 국내 정치 기반이 취약한 이승만에게 친일파는 해방 후 가장 큰 정치적 기반이 되었기 때문이다. 심지어 이승만은 1949년 2월 11일 국무회의 자리에서 대표적인 친일파 경찰 노덕술이 반민특위 조사관에게 체포된 데 대해 격노하면서 오히려 반민특위 조사관과 그 지휘자를 체포해 법대로 처리하라고 지시했다. 반민특위의 활동은 제헌헌법이 규정한 것이었고, 반민특위를 주도하는 사람들을 처벌할 수 있는 '법'은 없었는데도 그리했다.

반민특위는 1949년 6월 6일 경찰의 습격을 받은 뒤 급격히 약화된다. 결국 반민법에 의해 처벌받은 사람은 불과 7명뿐인 데다 그마저 이듬해 봄까지 감형이나 형 집행 정지로 모두 풀려남에 따라 친일파 숙정 작업은 실효를 거두지 못했다.

이렇듯 친일파 세력이 테러와 테러 조직의 온상이었지만, 해방이 되고 정부가 수립되어도 이 문제는 제대로 해결되지 못했다. 그 결과 1950년대에는 이정재, 임화수 등의 '정치 깡패'가 활개를 쳤고, 이후에도 김대중 납치사건, 박정희 대통령 시해사건, 신민당 창당 시 용팔이 사건 등 많은 정치 테러가 발생하는 비극으로 이어졌다. 노동자들의 파업이나 철거 지역에 투입되는 용역도 넓은 범위에서 테러라고 본다면, 최근까지도 그 유산은 계속되고 있다.

테러리즘(terrorism)은 일반적으로 정치·종교·사상적 목적을 위해 폭력적 방법의 수단을 통해 민간인이나 비무장의 개인, 단체, 국가를 상대로 사망 혹은 신체적 상해를 입히거나 공포심을 불러일으켜 어떤 행동을 강요하는 행위이다. 특정 세력의 지시나 사주로 폭력이 행사되기도 하고, 극단적인 테러 형태인 암살이 실행되기도 한다.

테러나 암살은 세계대전 발발의 계기가 되기도 했다. 제1차 세계대전은 세르비아 황태자의 암살사건에서 시작된 것이었다. 우리 역사에서도 '정몽주 암살'처럼 역사의 물줄기를 바꾼 테러와 암살의 사례를 찾을 수 있다.

통상 정치 테러의 일상화나 정치인 암살은 변곡점이 되는 시기 또는 정치적 혼란기에 주로 발생한다. 해방과 분단이 교차된 우리나라의 해방 정국이 바로 그런 시기였다. 자주적으로 통일국가를 건설하려는 노력이 분출한 시기이면서도 불행한 '암살의 시대'였고, 왜곡된 현대사의 서막이 열린 때였다.

끝나지 않은 테러의 위험성

이 책은 우리 현대사의 가장 큰 변곡점이었던 해방 직후에 발생한 암살사건에 주목하고자 한다. 언제 독립국가를 세울 수 있을지, 어떠한 체제가 수립되어야 하는지, 그리고 분단 또는 통일이 결정되어야만 했던 시기에 발생한 다섯 건의 정치 지도자 암살사건을 다루고자 하는 것이다.

1945년 9월 3일 평양 시내에서 백관옥에게 암살된 평양인민정치위원회 부위원장 현준혁, 1945년 12월 30일 새벽 6시 한현우 등에게 자택에서 피살된 한국민주당 수석총무 송진우, 1947년 7월 19일 서울 혜화동 로터리에서 한지근에게 저격당한 근로인민당 당수 여운형, 1947년 12월 2일 서울 제기동 자택에서 박광옥 등에게 피살된 한국민주당의 실세 장덕수, 1949년 6월 26일 경교장에서 안두희에게 피살당한 한국독립당 당수 김구 등이 그 주인공이다.

해방 정국은 자주적 통일독립국가를 건설하기 위한 좌우 정치 세력의 활동이 그 어느 때보다도 치열했던 시기다. 그렇기 때문에 이들 다섯 명의 정치 지도자에 대한 암살은 당시 역사의 물줄기를 바꾸는 분수령으로도 작용할 수 있는 중요한 사건이었다. 또한 70년이 지난 오늘까지도 암살의 배후가 명백히 밝혀지지 않은 사건들이기도 하다. 따라서 이들 암살사건의 배경과 배후를 추적하는 것은 이 시기 역사의 이면을 파헤칠 뿐만 아니라 통일이 아닌 분단으로 귀결된 원인을 규명하는 작업이 될 것이다.

이들 다섯 명의 정치 지도자들은 각기 서로 다른 정치 이념을 지향했고, 서로 다른 위치에서 활동했다. 평생을 민족의 독립과 평화적인 민족자주국가 수립을 위해 몸 바친 이가 있는가 하면, 항일 투쟁의 과정에서 일정 기간 일본 제국주의에 순응하거나 투항한 경험을 가지고 있는 이도 있었다. 그러나 분명한 점은 이들이 해방 정국의 정치 무대에서 중요한 영향력을 행사했다는 것이다. 역설적으로 이들이 이렇게 중요한 위치에 있었기 때문에 암살당할 수밖에 없었다고도 볼 수 있다.

지난 70년간 이들 다섯 명의 정치 지도자가 암살당한 경위나 배후를 밝히려는 노력이 계속되어왔다. 이러한 노력은 사실에 대한 호기심 차원이 아니라 우리 역사를 바로 복원하고, 그 속에서 이들의 정치적 위치를 재평가하려는 작업의 일환이었다. 그러나 해방 정국의 혼란한 정치 상황에서 벌어진 사건이고, 70년 전의 수사와 재판에서도 그 배후를 밝히지 못했으며, 더구나 암살당한 사람이나 암살을 배후에서 조종한 혐의를 받은 인사들이 모두 세상을 떠난 현재 그 배후를 밝히는 작업은 매우 어려운 일이 아닐 수 없다.

우리 작업도 그런 점에서 분명한 한계를 가진다. 다만 그들이 왜 암살의 대상이 되었는지, 그들의 암살이 당시 역사에서 갖는 의미는 무엇인지를 밝히는 데 주력하고자 했다. 특히 당시 정치 상황에 대한 체계적인 이해를 통해 정치 지도자들이 암살됐을 때의 급박한 상황을 재구성해보고자 했다. 물론 암살범과 그 배후를 밝히기 위한 작업도 많은 부분을 차지한다.

이 책에서 다룬 해방 정국의 암살사건은 1990년대 중반부터 시작된 자료 수집과 연구에 기초해서 분석한 것이다. 처음 『예향』이라는 잡지에 연재할 때만 해도 여러 정보 문서와 자료가 부족해 미흡한 점이 많았다. 그 후 국내외의 관련 자료가 발굴되고 현대사 연구가 진전되면서 새로운 사실이 많이 밝혀졌다. 초기 연구를 보완할 수 있는 조건이 만들어진 셈이다.

특히 러시아 문서가 공개되면서 현준혁 암살사건을 재조명할 수 있게 됐고, 미국 문서를 통해 암살의 행동 조직으로 거론된 백의사를 좀 더 실증적으로 파헤칠 수 있었다.

그러나 무엇보다도 해방 정국의 암살사건을 새롭게 다루고자 한 것은 20년 전과 달라진 우리의 현대사 인식과 국제정세의 변화 때문이다. 우선 김구와 이승만에 대한 상이한 평가이다. 20년 전만 하더라도 김구를 최고의 민족주의자이자 애국자라고 해도 그 누구 하나 반론을 다는 사람이 없었다. 이승만을 독재자요, 국민의 생활을 파탄에 빠뜨린 사람이라고 비판해도 누구 하나 반기를 들지 않았다. 그런데 지금은 어떤가? 김구는 북한의 공산주의자들에게 이용당하는 헛짓거리를 했다는 평가가 나오는가 하면 이승만을 건국의 아버지로, 8월 15일을 광복절이 아니라 건국절로 바꾸려는 움직임이 정권 차원에서 시도되고 있다.

20년이 결코 짧은 세월은 아니지만, 이들 두 사람에 대한 평가에서 이렇게 달라진 인식이 나타날 수 있다는 것은 우리로서는 상상하기 어려운 것이었다. 이런 현상을 어떻게 진단할 것인가? 이제 세상이 민족이나 애국의 가치가 아니라 시장의 가치를 중심에 놓고 봐야 하기 때문에 이러한 변화가 당연한 것인가? 아니면 다양한 평가를 모두 인정해야만 하는 것인가?

또 다른 변화는 국제적으로 테러가 일상화 되고 있다는 점이다. 한국 사회는 테러 프리(free) 사회였다. 미국을 비롯한 다른 나라에서 빈번하게 테러가 발생했지만 우리 사회는 테러로부터 '안전지대'였다. 1987년 민주화 이후 현대사의 물줄기를 바꿀 만한 테러 사건이 일어나지도 않았다.

그런데 어느 날부터 테러가 나타나기 시작했다. 가장 먼저 시작된 것은 사이버 상에서의 언어폭력이었다. 물리적인 폭력은 아니라지만 개인의 존엄과 인간성을 짓밟는 행위라는 점에서 21세기판 테러의 범주에 넣어야 할 행태다. 초기에는 이런 사이버 상에서의 테러가 익명성에 기반을 두고 행해지더니 점차 익명성마저 버리고 점점 노골적이 되었다. '일베'로 대표되는 특정 이념과 성향 집단의 사이버 활동이 이런 사례라 할 것이다.

더욱 큰 문제는 사이버상의 테러가 마침내 오프라인으로 그 활동 기반을 옮겨가고 있다는 점이다. 실제로 북한에 다녀온 한 재미교포 여성의 강연장에서 사제 폭탄이 터지기도 하였다. 범인은 스스로 일베 회원임을 자인했다고 한다. 그런가 하면 세월호 유가족의 집회나 위안부 피해자들을 위한 시위 현장에서도 테러에 버금가는 반대 시위와 무력 충돌이 심심치 않게 벌어졌다.

　사정이 이런데도 이를 예방하고 해결해야 할 경찰이나 검찰의 행태는 도무지 납득할 수 없는 경우가 태반이다. 테러를 당한 재미교포 여성의 사후 근황은 언론에 알려져도 가해자의 행방과 처리에 대해서는 아무도 알 길이 없다. 특정 이념의 집단이 정부 조직으로부터 금전적 지원을 받아 테러에 버금가는 행위들을 일상적으로 벌였다는 사실은 알려졌지만 이에 관한 처리는 미온적이기만 하다.

　이런 사태들이 연속되면서 국민들의 테러에 대한 인식도 그 방향을 잃고 있다. 무엇이 테러이고 무엇이 테러가 아닌지 분간하기 어려운 상태가 되어 가고 있고, 테러에 대한 처벌이 어떻게 이루어지고 있는지에 대해서도 관심이 줄어들고 있다.

　오늘날 우리 주변에서 일어나는 일들이 70년 전에 있었던 정치 테러와는 그 성격이 다른 것이라고 느끼는 사람도 있을 것이다. 그러나 자세히 들여다보면 수사 기관이 이후에 어떻게 처리했는가를 정확히 알 수 없고, 어떤 조직의 사주를 받아 누가 그런 행동을 하는지 정확히 알려져 있는데도 그에 대한 아무런 대비책도 마련하지 않는다는 점에서는 큰 차이가 없다. 모든 국민이 테러의 위협에 노출되어 있다는 점에서도 70년 전과 크게 다르지 않다. 혹자는 정치인들이 테러를 당하지는 않는다고 강변하기도 하지만, 선거 때 있었던, 그리고 주한 미국대사에게 있었던 테러는 테러가 아닌가?

　국가가 사회 안전망 노릇을 하지 못하고 있다는 점에서 테러의 일상화는 더 강화될 가능성이 크다. 해방 직후가 그러했듯이 지금 우리 사회는 젊은 이들에게 밝은 미래를 제시해주지 못하고 있으며, 이러한 조건에서 테러가 일상화될 수 있는 위험성이 높아지고 있다. 최근 나타나는 테러들이 다른 지역에서 준비된 이후 해당 지역으로 이동하여 발생하는 경우도 있지만,

현지에서 자생적인 형태로 나타나는 테러도 적지 않다는 점을 고려한다면, 이러한 현상은 비단 한국에서만이 아니라 신자유주의의 확산 속에서 세계적으로 나타나는 현상이라고 할 수도 있다. 한국의 젊은이들 가운데 IS에 참여하려는 사람들이 있다는 충격적인 소식도 들린다. 더구나 우리 사회가 국제 테러 조직의 대상으로 거론되고 있는 상황이다.

그런 점에서 이 책이 우리 사회에 조금이나마 경종을 울릴 수 있었으면 좋겠다. 만약 일상의 테러가 얼마나 위험한지를 빨리 깨닫지 못한다면, 해방 정국의 테러가 전쟁으로 이어졌듯이, 우리 사회는 전면전과는 다른 형태의 전쟁을 경험할 가능성이 적지 않을 것이다. 어쩌면 그 전쟁은 70년 전보다도 더 무서운 전쟁이 될 수도 있다.

이 책이 갈등과 대립, 분단으로 이어진 해방 정국의 비극에 대해 더욱 심층적으로 이해하는 데 미력이나마 도움이 됐으면 한다. 또한 다시는 정치 테러나 암살 등 정치적 비극이 되풀이되지 않도록 역사적 교훈을 찾는 데 디딤돌이 되기를 기대한다.

2016년 7월
박태균, 정창현 씀

북

인민위원회 선거
(1946.11.3.)

김일성 세력 입국
(1945.9.19.)

북조선임시인민위원회
(1946.2.)

북조선인민위원회
(1947.2.8.)

소련군 진주
(1945.8.25.)

무장대 해산 통합
(1945.10.)

토지개혁
(1946.3.)

북조선노동당 창당
(1946.6.)

1945년

1946년

1947년

현준혁
암살

송진우
암살

해방
(1945.8.15.)

모스크바3상회의
(1945.12.28.)

1차 미소공동위원회
(1946.3~5.)

2차 미소공동위원회
(1947.5.10.)

건국준비위원회
(1945.8.15.)

한국민주당
(1945.9.16.)

임시정부 환국
(1945.11.23.)

남조선대한국민대표민주의원
(1946.2.14.)

조선인민공화국
(1945.9.8.)

남조선과도입법의원선거
(1946.10.21.~31.)

좌우합작운동
(1946.5.~1947.12.)

남

암살사건 전후 국내외 정치 상황도

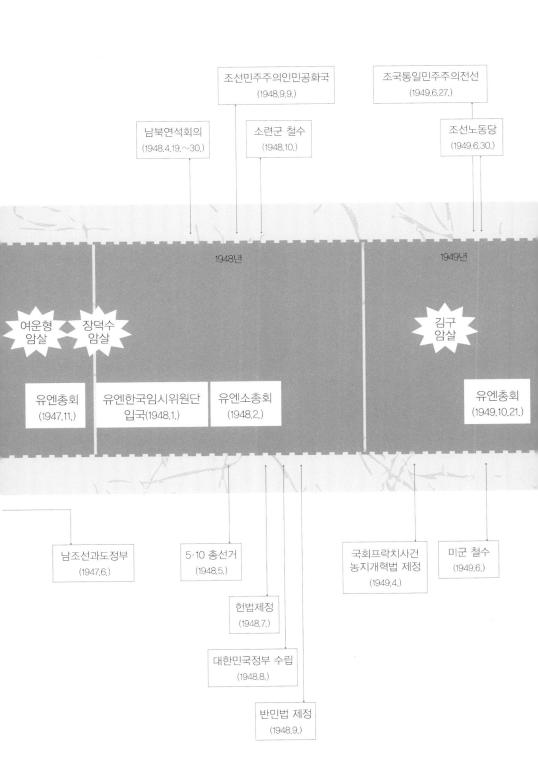

현준혁

해방 후
첫 정치암살의
희생자가 되다

일제강점기 수형 당시 현준혁(1936).

1995년 겨울
서울 종로 2가에 염동진이 나타났다
아니
스며들었다
그가 누구인지
어디서 왔는지
누구의 동지인지
어디로 갈 것인지 몰랐다
수군거리기를
중국 북부에서 독립운동을 했다 한다
수군거리기를
가족 전부가
공산당에게 학살당했다 한다
극우 테러 본부 백의사 우두머리
잠자리에서도
검은 안경 벗지 않는
장님
잠자리에서도 권총을 챙겼다
[……]
그의 하루하루는
누구를 죽이는 일
누구를 없애버리는 일이었다
단독정부가 들어선 뒤
홀연 사라졌다
그러나 그의 극우 테러는 백주에 호열자로 퍼져나갔다

_고은, 「염동진」, 『만인보』 20(창작과비평사, 2004)

고당 조만식과 함께 가다 피살되다

1945년 9월 3일 정오 무렵 평양 거리에서, 조선공산당 평남지구위원회 책임자이자 평남 인민정치위원회 부위원장인 현준혁이 트럭을 타고 가다 피살당했다. 당시 구형 일본제 트럭 안에는 38선 이북 민족주의 계열의 구심점이자 평남인민정치위원회 위원장인 조만식(曺晩植)이 같이 타고 있었다.

사건 소식을 듣고 집으로 찾아온 유기선(劉基善) 동평양보안서장에게 조만식은 당시의 상황을 설명했다.

"갑자기 17, 18세 정도로 보이는 적위대 차림을 한 청년이 올라타는 거야. 운전사 옆 가운데에 내가 앉고 문 옆에는 현준혁 군이 있었지. 커브 길이니까 속력이 줄어든 트럭에 골목에 서 있던 이 청년이 달려오더니 올라타. 그러면서 트럭 문을 잡고 안을 흘끗 보더니 현 군의 가슴에 대고 권총을 쏘는 거야. 땅, 땅 하는 소리가 몇 번 들렸던 것 같은데 현 군이 내 무릎 위로 폭 쓰러져. 그래 내가 '현 군, 현 군' 하고 소리를 치며 일으켜 세웠더니 가슴에서 피가 콸콸 쏟아졌어. 정신이 아득해지더군. 총을 쏜 청년은 뒤를 흘끗흘끗 보면서 천천히 골목 안으로 사라졌어."[01]

현준혁은 일제강점기에 유명한 사회주의자였으며, 해방 직후에는 이북 지역에서 활동하던 주요 정치가들 중 한 명이다. 그의 피살 소식은 곧 평양 시내에 퍼졌고, 뭔가 일어날지도 모른다는 긴장감과 함께 암살자에 대한 구구한 추측과 소문이 꼬리를 물었다. 해방 이후 평양에서 처음 발생한

소련군의 평양 입성을 환영하는 시민들(1945. 8. 26).

피격사건이어선지 충격적일 수밖에 없었다. 소련군이 진주한 지 얼마 되지
않아 치안이 불안한 시점이었기 때문에 더욱 그랬다.

암살 배후설만 무성

해방된 지 한 달도 채 지나지 않은 상황에서 누가 현준혁을 암살했을까?

사건이 나자 평남인민정치위원회 치안부(부장 '김익진')와 평양시 경찰이
수사에 들어갔다. 당시 평양시에는 보안서(경찰서)가 세 곳 있었다. 평양보안
서는 사회주의 계열의 송창염(宋昌廉)이, 동평양 및 서평양은 민족주의 계열
인 유기선·윤무준(尹武濬)이 각각 맡고 있었다. 수사본부장은 송창염이었다.
그러나 암살자는 체포되지 않았다. 암살자가 사건 직후 남쪽으로 도주했기
때문이다. 암살 배후를 두고 좌우 세력 간의 공방만이 치열해졌다.

사회주의 계열에서는 우익 세력을 배후로 지목했다. 현준혁 암살사건이 발생한 후 거리마다 "백색 테러에 의해 현준혁이 죽었다"는 구호가 나붙었다.[02] 유기선은 "경찰 책임자의 한 사람으로 현준혁 장례식장에 참석하자, 공산 계열에서는 '백색 테러의 독이빨을 드디어 드러냈다'는 식으로 노골적으로 공격했습니다"라고 증언했다.

1945년 8월 총을 들고 일본군의 무장 해제를 하고 있는 군사 자치 조직원들. 당시에는 좌파가 주도한 적위대, 우파가 주도한 치안대 등 여러 군사 조직이 있었다.

우익 세력은 암살자가 사회주의 계열인 적위대원 복장을 입고 있었다는 점을 들어 사회주의 계열 내부의 주도권 다툼 과정에서 일어난 일이라고 의혹을 제기했다.

당시 동평양보안서장이던 유기선의 증언을 들어보자.

"사건이 나자 관할 경찰서장인 평양보안서장 송창염이 수사본부장이 됐고 당시 치안부장이던 김익진(金翼鎭) 변호사도 수사본부에 나와 이것저것 알아보기도 하는 등 부산했습니다. 송창염은 조만식 선생에게 당시 정황을 묻기도 하고 제법 수사하는 듯했는데 점차 유야무야되는 느낌이었습니다. 적위대 청년이 총을 쐈다고 조만식 선생이 말했는데도 적위대에 대한 수사를 안 했습니다. 당시 적위대는 공산 진영의 군대 격이었고 대장은 장시우(張時雨)인 것으로 알려져 있었습니다."[03]

암살의 배후로 지목된 적위대는 질서 유지를 위해 청년들이 자체적으로 결성한 치안 조직이다. 1945년 8월 15일 해방되자 각 지역에서는 자체적으로 치안을 맡기 위해 청년들을 중심으로 치안대, 자위대, 적위대 등 여러 사설 군사 조직이 우후죽순으로 생겨났다. 치안대는 주로 민족주의 계열의 청년들이, 적위대는 사회주의 계열의 청년들이 주도하고 있었다. 이들은 일제 경찰이 남기고 간 무기들로 무장하고 있었고, 주도권을 잡기 위해 서로 충돌하기도 했다.[04]

동평양보안서장 유기선은 "당시 조선공산당 평남도당부는 숭실전문학교에 있었는데, 이들이 거의 매일 저녁 모임을 가지면서도 만났다 하면 싸우는데 권총을 들고 쏘기 직전까지 간다는 것이었습니다. 주로 현준혁과 장시우파 간 싸움이었는데 내용은 노선 싸움이었습니다"[05]라고 증언했다.

현준혁과 장시우 사이에 노선 갈등이 있었고, 현준혁 암살의 배후는 장시우였다고 암시한 증언이다. 그렇기 때문에 당시 수사가 소극적이었고, 결국은 유야무야됐다는 것이다. 마침 암살자도 장시우가 책임자로 있던 적위대 복장을 하고 있었다.

그러나 당시 현준혁과 소련 군정 사이에 갈등이 있었는지 모르지만, 설사 갈등이 있었다고 하더라도 소군정이 제거할 정도로 현준혁은 사회주의 계열 내부에서 주도권을 쥔 인물이 아니었다. 해방 후 사회주의 세력 간에 주도권 다툼이 있었다고 하더라도 소련군이 들어온 후였기 때문에 장시우가 현준혁을 암살할 수 있는 정치 상황도 아니었다. 장시우가 관련돼 있었다면 사건 발생 뒤 얼마 안 지나 평남인민정치위원회 사법부장에 임명되지도 않았을 것이다.

그동안 현준혁 암살사건과 관련해 다양한 증언이 있었다. 그러나 사건이 발생한 날짜, 시간, 장소 등 기본 요소가 전부 제각각이다. 현장에서 보고 들은 것이 아니기 때문에 혼선이 더욱 심했다. 특히 이러한 혼선이 지금까지도 계속되고 있다는 점에서 자료에 입각해 사건의 진상을 정확하게 밝혀야 한다.

처음에는 암살 날짜조차 혼선

우선 사건의 배후와 동기를 밝히기 위해서는 한때 논란이 된 암살 날짜의 확정이 필요하다. 그동안 현준혁의 암살 시기를 두고 9월 초라는 증언과 9월 말이라는 증언이 엇갈렸기 때문이다.

대표적으로 해방 직후 평북 의주의 「평북신보」 책임주필을 역임하고 1948년 정부기관지 「민주조선」의 임시 부주필로 활동하다가 6·25전쟁 때 월남한 김창순 전 북한연구소장은 1961년 펴낸 『북한 15년사』에서 "1945년 9월 28일 대낮에 현준혁은 평양시청 앞 노상에서 흉탄을 맞고 쓰러졌다. 현이 총에 맞아 즉사하자 소군(蘇軍)사령부는 교통을 차단하고 사건의 보도를 금지했다"라고 서술했다.

『한국민족문화대백과』, 『두산동아대백과』의 '현준혁' 항목에도 현준혁이 9월 28일 암살된 것으로 나온다. 그러나 평양 소재의 국립묘지 애국열사릉에 안장된 현준혁의 묘비가 공개되면서 그의 암살 날짜는 수정이 불가피하게 되었다. 그의 묘비에는 9월 3일 사망한 것으로 기록돼 있는 것이다. 북한이 굳이 사망 일자를 조작할 필요가 있었을까? 당시 동평양보안서장 유기선의 증언에도 9월 초로 되어 있다는 점을 감안하면, 북한의 애국열사릉 묘비가 규정하고 있는 9월 3일이 더 정확한 날짜로 보인다.

결정적으로 해방 직후 서울에서 발간된 잡지 『신천지』에 암살 시점을 알 수 있는 기록이 실려 있다. 나일부(羅一夫)가 『신천지』 1946년 10월호에 쓴 「해방 후 보름 만에 아깝게도 쓰러진 우리들의 지도자 현준혁의 내력」이란 글이다. 여기에서 나일부는 "현준혁이 8월 18일부터 9월 3일 숨이 넘어갈 때까지 불과 보름 동안에 이루어놓은 업적은 보통 1세기 동안의 업적에 상당한다고 한다"라고 썼다. 현준혁이 암살된 직후에 쓴 글이라 가장 신빙성 있는 자료다.

특히 암살에 직접 관련된 인물들의 증언과 소련의 비밀문서들이 공개되면서 9월 3일에 현준혁이 암살됐다는 것은 움직일 수 없는 사실로 입증됐다.[06] 따라서 그동안 꾸준하게 제기된 '소련군이 김일성을 내세우기 위해 현준혁을 제거했다'는 설은 사실과 다르다.

김창순은 그의 책에서 "소군정으로서는 김일성을 내세우려 하는데 현준혁이 먼저 평양에다 조직 기반을 완성하면 곤란했습니다. 그래서 소련 군정은 현과 동지적 결의를 맺은 공산주의자 가운데 김용범, 장시우, 박정애, 최경덕, 이주연 등을 떼서 김일성에게 연결시키려 했고 이 와중에 일이 벌어진 것입니다"라고 분석했다.

그러나 김일성을 비롯한 동북항일연군 계열은 9월 19일 원산을 통해 입국했기 때문에 현준혁이 암살당한 9월 초에는 평양에 있지 않았다. 이렇게 되면 소군정이 김일성을 내세우기 위해, 또는 김일성이 주도권을 잡기 위해 현준혁을 암살했다는 주장은 성립되지 않는다.

소련군이 지목한 암살의 배후는?

그렇다면 누가 암살한 것일까? 앞에서 언급한 것처럼 우익이라는 설과 좌익이라는 설이 맞서는 가운데 암살범과 그 배후는 묻혀버렸다. 그 후 현준혁 암살사건 자체가 한국 현대사에서는 40여 년간 묻혀 있었다. 이는 암살범이 체포되지 않았고, 공식 수사 발표가 이뤄지지 않았기 때문이기도 했지만, 남북한의 역사 속에서 그의 존재가 잊혔기 때문이기도 했다. 그런데 사건이 발생한 지 45년이 지나 암살에 직접 참여한 행동대원들의 증언과 러시아 비밀문서가 공개되면서 암살의 배후에 '민족사회당'과 '대동단'

이 개입해 있었다는 사실이 드러났다.

공개된 러시아 비밀문서에 따르면, 소련군은 현준혁 암살사건을 조사한 뒤 암살의 배후로 '민족사회당'이란 조직을 지목했다. 민족사회당에 대해 처음으로 언급한 사람은 사건 당시 평양에 있었고, 후에 조선노동당의 고위 간부를 지낸 박병엽이었다. 그는 1990년대 초에 "현준혁 사건 당시에 배후를 둘러싼 갖가지 풍문이 있었는데 민족사회당의 단독범행설, 민족사회당과 민족주의자들의 결탁설, 민족사회당과 송창염의 연계설 등이 거론됐다"고 증언했다.[07]

'민족사회당'이 암살의 핵심이고, 그 뒤에 누가 관련됐는지에 대해 다양하게 조사가 이뤄졌다는 얘기다. 당시만 해도 '민족사회당'의 실체는 베일에 가려져 있었다. 학자들에게도 생소한 조직이었다. 실제로 그런 조직이 있었는지조차 명확하지 않았다. 그런데 1990년대 후반 공개된 러시아 비밀문서에 '민족사회당'이 '반민주주의 정당', '반동 세력'으로 언급되고 있는 사실이 확인됐다.

9월 22일에 작성된 소련 문서에는 현준혁이 9월 3일 민족주의자에 의해 암살당했고, 암살 이유는 현준혁이 도경무사령부를 도와 민족주의자들의 치안대를 해산시키려고 했기 때문이라고 기록돼 있다. 그리고 이 문서에는 범인을 '이명(李命)이라는 자가 이끄는 민족사회당의 소행'이라고 지목했다.[08] 또한 1945년 10월 말 평양 주재 소련군이 작성해 소련공산당에 보낸 문서(접수 일자는 10월 30일)에는 "민족사회당은 해산되었지만 그 당원들은 비합법적으로 계속 활동하고 있다"라고 기록돼 있다.

같은 문서에 따르면, 민족사회당은 10월 중순 이전에 해산됐지만, 그 구성원들은 계속 비밀리에 활동하고 있었다. 소련군 총정치국장도 민족사회당을 언급하며, 이들의 잔존 세력을 대표적 '반동 세력'으로 언급했다.[09]

평양에 있던 박병엽은 민족사회당에 대해 더 구체적인 증언을 남겼다.

"민족사회당은 중국에서 아나키스트적인 테러 활동을 하다가 일제 밀정 노릇까지 하던 이웅이라는 인물이 해방 직후 평양으로 들어와 당 간판을 내걸면서 활동을 시작했다. 그는 중국 등지에서 들어온 50~60명을 끌어들여 모란봉 뒷산 밑의 일본 적산 건물에 당사무실을 차렸었다. 그는 자신의 부하들을 적위대에 들여보내 불법적이고 좌경적인 약탈 행위를 일삼으면서 문제를 일으켰으며 소련 군정과 공산당 측에 의해 해체당하고 만다. 그런데 바로 이 민족사회당 당원들이 현준혁 암살사건의 현장에 여럿 있었다는 이야기를 당시의 목격자들에게서 들은 적이 있다."[10]

이 증언에서 거론된 이웅(러시아 자료에는 '이명'으로 기록)이 누구인지는 문서로 확인되지 않는다. 다만 박병엽은 "민족사회당과 관련된 중요한 테러 행위로는 1946년 3월 1일 평양 역전 광장에서 열린 3·1운동 기념식 때 일어난 김일성에 대한 폭탄투척사건이 있었다"고 증언했다. 그런데 다른 기록과 증언들에 따르면, 김일성 암살미수사건의 배후는 해방 직후 우익 테러 조직으로 이름을 날린 백의사였다. 그렇다면 민족사회당은 백의사와 밀접한 관계를 맺고 있었던 단체인가? 혹 백의사의 전신인 대동단과 관련이 있었던 것은 아닐까? 왜냐하면 대동단은 원래 평양 모란봉에서 만들어진 단체였고, 민족사회당 역시 동일한 곳에 기반을 두고 있었기 때문이다.

또한 대동단의 핵심 인물이던 박고봉은 현준혁 암살사건 이후에도 계속 평양에 남아 활동하다 1945년 말에 체포됐다.[11] 그를 중심으로 하는 활동은 '민족사회당 당원들이 계속 활동하고 있다'는 러시아 문서의 보고 내용과 관련돼 있는 듯하다.

더욱 결정적인 것은 현준혁 암살 직후 수사본부에서 암살의 배후를 추적한 끝에 염응택(廉應澤, 가명 '염동진')을 체포했다는 사실이다. 체포된 염응택

왼쪽부터 현준혁을 암살한 백관옥(현존 유일한 사진), 암살의 2선 행동대원으로 참가한 백근옥과 백의사 단원 선우길영.

이 어느 선까지 진술했는지는 확인되지 않는다. 의외로 그는 얼마 지나지 않아 풀려났다. 그의 부인 최성률(崔成律)이 소련군 로마넨코 소장의 부인을 찾아 무고하다며 탄원해 남편을 석방시켰다고 한다. 최성률은 일본 나라여자고등학교를 졸업하고 평양 서문여고에서 교편을 잡고 있었다고 한다. 서평양보안서에 연행돼 심문 과정에서 구타당해 유산까지 했다는 소문도 있었다. 그런 그녀가 어떻게, 누구를 통해 로마넨코 소장의 부인을 만나게 됐고, 어떤 방식으로 남편의 무고를 탄원했는지는 알려져 있지 않다. 아마도 암살범이 한 명도 체포되지 않은 상황에서 증거가 불충분했기 때문에 풀려났을 가능성이 크다.

그러나 공개된 기록과 증언들을 종합해보면, 염응택이 대동단의 핵심 인물이며 그가 현준혁의 암살을 기획했던 것으로 보인다. 그가 박고봉과 함께 결성했다고 하는 대동단의 실체는 1990년대에 들어와 구체적으로 밝혀졌기 때문이다. 국사편찬위원회에 소장돼 있는 백의사 단원 백근옥, 선우길영, 최의호, 조재국 등의 증언록이 공개된 것이 그즈음이다. MBC에도 이들 일부의 증언이 남아 있다.[12]

이 증언들을 통해 현준혁을 직접 총으로 쏜 1선 행동대원은 백근옥의 친

동생 백관옥이고 백근옥 등이 2선에서 지원한 것으로 드러났다. 암살을 지시한 인물은 경찰에 체포됐다 풀려난 염응택이고, 행동대원들은 모두 염응택이 1944년 평양에서 결성한 대동단 단원이었다.[13]

결국 현준혁 암살은 백관옥 개인의 우발적 행동이 아니라 대동단이라는 비밀 조직의 결정에 따라 치밀하게 계획된 일이었다.

현준혁은 누구인가?

해방 후 테러의 첫 희생자가 된 현준혁은 1906년 평안남도 개천군의 빈농 가정에서 출생했다. 3·1운동이 일어난 1919년 평안남도 개천에서 보통학교를 졸업한 뒤, 상경해 중동학교를 거쳐 연희전문학교 문과에서 수학하다가 경성제국대학 법문학부 철학과에 입학해 1929년 3월에 졸업했다. 이정도 되면 개천에서 용 났다고 할 수 있다. 경성제대는 조선으로 이주한 일본인을 위해 만든 대학이기 때문에 조선인들이 들어가기가 아주 힘들었다. 게다가 빈농 가정 출신으로 입학하기란 하늘의 별 따기였다.

연희전문학교 재학 시절부터 사회주의에 심취한 그는 1929년 5월 대구사범학교 교사가 되어 심리학, 영어, 한문, 교육사를 가르치다 1930년 가을부터 교내 비밀결사인 사회과학연구그룹을 지도했다.

일제강점기 대구사범(5년제)은 경성사범, 평양사범과 함께 '3대 사범학교'로 꼽힌 명문 학교로, 교사 대부분이 일본인이었다. 그들은 한국인 학생을 모욕적으로 차별 대우했다. 그런 가운데서도 몇몇 한국인 교사는 학생들에게 민족의식을 심어주었고, 그 영향으로 사회과학 서적을 탐독하는 학생들이 있기도 했다. 그 후 일부 학생이 이른바 '독서회 사건'으로 체포되기도 했는데, 현준혁이 이들을 지도했다.

현준혁은 당시 대구
사범에 재학 중이던 박
정희 전 대통령에게도
영향을 준 것으로도 알
려져 있다.[14] 구미 보통
학교를 졸업한 박정희
는 1932년 4월 1일 제
4기생으로 대구사범에
입학했다. 바로 그해 4
월 교사 현준혁은 학생

1945년 8월 해방 직후 현준혁은 조선공산당 평남지구협의회 서기로 선출된다. 앞줄 왼쪽부터 박정애, 김용범, 현준혁. 뒷줄 오른쪽 첫 번째가 한때 현준혁 암살의 배후로 거론된 장시우.

들과 함께 항일 동맹휴교를 주도했다. 이를 계기로 체포된 그는 그해 12월
대구지방법원에서 징역 2년 집행유예 5년을 선고받았다.[15]

고향으로 돌아온 현준혁은 1933년 개천 및 영변 일대의 적색농민조합
준비 활동을 지도했다. 1934년 9월에는 잠시 부산에서 조선공산당 재건운
동에 참여했고, 평남 개천협동조합을 좌익소비조합으로 전환시킨 1935년
경 그는 재차 체포되어 이듬해 2월 경성지방법원에서 징역 3년 6월을 받고
서대문형무소에서 복역했다. 1940년 출소한 그는 고향에서 은신했다.[16]

김일성은 그의 회고록『세기와 더불어』에서 "평양과 평안남도 일대의 조
국광복회 조직 건설에서는 리주연, 현준혁, 최경민 등이 큰 공로를 세웠다"
며 "대구에서 감옥 생활을 마친 후 평양으로 활동 무대를 옮긴 현준혁은 승
호리세멘트공장 로동계급속에 들어가 조국광복회 지회를 조직하는 데 참
가하였다"고 회고했다.[17] 물론 이것 외에는 현준혁이 김일성의 주도로 동만
주 지역에서 1936년 5월 5일 조선인의 민족통일전선 조직으로 결성됐다고
하는 조국광복회의 국내 지부와 연결돼 활동했다는 사실을 입증하는 문서

와 증거는 없다. 다만 북한이 현준혁의 일제강점기 활동에 대해 긍정적으로 평가하고 있는 것은 분명하다.

해방이 되자 바로 서울로 상경해 조선건국준비위원회 인사 및 일부 사회주의자들과 만나 정세를 파악한 뒤 8월 17일 평양으로 간 현준혁은 그날 평양의 사회주의자들이 주축이 되어 결성한 조선공산당 평남지구위원회 서기로 선출됐다. 8월 27일 평남인민정치위원회가 결성되자 부위원장으로 뽑혔다. 그는 이 조직의 위원장 조만식과 긴밀하게 협력하고 있었다. 동평양보안서장을 지낸 유기선은 "현준혁은 당시 합리적인 공산주의자라는 평가를 받고 있어 민족진영에 인기가 있었고 조만식 선생과도 잘 지냈습니다"라고 증언했다.

그렇다면 대동단은 왜 조만식과 협력 관계에 있던 현준혁을 암살했을까? 먼저 백근옥의 증언을 들어본다.

"강훈 소좌를 염 선생(염응택)과 두 번 만났거든. 그놈이 '동무들은 위대한 소련군을 이해 못 한다.' '스탈린그라드를 점령한 독일군도 여자(겁탈)하고 재산 약탈하고 그랬다. 그런데 뭘 그러느냐.'〔……〕

'당신(현준혁)이 공산당 책임자니까 (소련군에게) 이야기하시오' 그러고.

(현준혁이) '제가 이야기하죠' 해서 '내일 다시 오겠다' 하고 (다음 날) 또 갔지. '그것 어떻게 됐습니까' 하니까 (현준혁이) '뭐 어쩌구' 해서 '알았어, 이건 없애야 되겠어'. 그래서 없어진 거야."

이 증언에서 강훈 소좌는 '미하일 강 소좌'로 소군정의 '정치 담당 보좌관'(정확하게는 소련군 제1극동전선 사령부 제7호 정치국 소속)으로 활동했다. 그는 "소련군사령부와 조선의 정치·사회계 지도자들을 연결하는 다리와 같은 존재"였다고 한다.[18]

이 증언을 재구성해보면, 1945년 8월 말에서 9월 초 염응택은 백근옥을 대동하고 소군정의 정치 담당 보좌관인 강훈을 두 번이나 만나 소련군의 만행에 대해 항의했지만 성과를 얻지 못하자 당시 조선공산당 평남지구위원회 책임자였던 현준혁을 만나 다시 이 문제를 거론했다. 그런데 현준혁이 소련군사령부에 들어갔다 나온 뒤 역시 변명으로 일관하자 그를 제거하기로 결정했다는 것이다. 이 증언을 통해 두 가지 사실을 알 수 있다.

첫째는 염응택이 해방된 지 얼마 되지 않은 시점에 미하일 강 소좌를 두 번이나 만날 정도의 위치에 있었다는 점이다. 염응택이 앞서 언급한 민족사회당의 대표 자격으로 만났을 가능성을 시사한다.

둘째는 소련군의 만행을 암살의 직접적인 동기로 밝히고 있다는 점이다. 이 부분은 당시의 상황을 조금 더 들여다볼 필요가 있다.

소련군의 초기 만행이 암살의 계기였나?

소련은 8월 8일 일본과 맺은 중립 조약을 파기하고 8월 9일 3개 방면에서 만주로 진격을 시작했다. 그로부터 17일 만인 8월 25일 오후 5시 20분쯤 소련군 극동군 총사령부 제1극동전선 사령부 제25군 특수부대(연대장 라닌 중좌)가 평양에 도착했다. 소련군은 만주를 거쳐 한반도로 내려오면서 관동군과 치열한 전투를 벌였고, 그 과정에서 1,400여 명의 전사자를 냈다.

8월 26일 오후 6시쯤 제25군 사령관 치스차코프 대장이 수송기를 타고 평양 비행장에 도착했다. 그는 비행장에 모여든 조선인들에게 짤막한 연설을 했다.

"우리는 정복자로서가 아니라 해방자로서 이곳 당신들에게 왔습니다. 우리는 우리의 질서를 당신들에게 강요하지 않을 것입니다. 지금 당신들이 이 나라의 주인입니다. 당신들의 손에 권력을 장악하십시오. 그리고 당신들의 미래를 건설하십시오."[19]

연설을 끝낸 치스차코프 사령관은 숙소인 평양 시내 철도호텔에 도착한 후 일본군 평양수비대 사령관을 불러 항복 문서에 사인을 받고, 일본군의 무장 해제 절차 등을 통보했다. 그러고 나서 조선건국준비위원회 평안남도 위원장 조만식과 조선공산당 평남지구위원회 서기 현준혁 등과 회동했다.[20]

소련군은 각 지역에서 건국 준비를 위해 자생적으로 조직되고 있던 다양한 자치 기구들을 주목했다. 소련군은 이들 자치 조직을 주둔 정책의 협력자로서 인정했고, 자치 조직이 인민위원회로 정리되자 이 기구에 행정 자치권을 이행했다. 소련군으로서는 사회주의 세력들이 더 많은 지지를 받고 있던 한반도의 정치 상황에 굳이 깊숙이 개입할 필요가 없었고, 2차 세계대전 당시 독일과의 전투로 입은 피해로 그럴 여력도 없었다. 다만 민족주의자들이 많은 비중을 차지한 곳에서는 민족주의자와 사회주의자가 동등한 비율로 함께 참여하도록 조정했다.

치스차코프는 함흥에 도착한 이후 민족주의자와 사회주의자가 동수로 참여하는 함경남도 인민정치위원회를 구성했고, 평양에 진주한 뒤에도 똑같은 조치를 취했다. 평안남도 건국준비위원회(이하 '건준'으로 약칭)를 건준 측과 공산 측 위원 각 16명씩으로 된 평남인민정치위원회로 개편하도록 유도한 것이다. 조만식 중심의 건준 측이 이를 수용하면서 평남인민정치위원회는 위원장에 조만식이 유임되었고, 부위원장으로는 건준 측의 오윤선 외에 사회주의 계열 몫으로 현준혁이 선출됐다. 소련군은 조만식의 주도권을 인정하고 그와 협조하며 주둔 정책을 펼쳤다.

문제는 이때부터였다. 소련군이 38선 이북에 진주하고 나서 각종 만행을 저지르기 시작한 것이다. 그들의 만행과 비행은 진주 초기에 특히 심각했다. 박병엽의 증언을 들어보자.

"평양 시내에서는 밤이 되면 소련군 순찰병이 공포의 대상이 되기도 하였다. 순찰병의 일부가 약탈과 강간을 자행하여 8월 말~9월 초에는, 특히 부녀자들은 밤에 밖으로 나다니지 못했다. 더군다나 소련군의 횡포 때문에 이북

1945년 8월 26일. 전날 평양에 주둔한 소련군 25군사령관 치스차코프를 만나 환담하는 조만식 건국준비위원회 평남위원장. 조만식과 현준혁은 여러 차례 치스차코프 사령관을 만났다.

지역의 조선인 치안대와 마찰이 생겨 총질 사태까지 벌어지는 등 소련군은 진주 초기에 씻기 어려운 오점을 남겼다. 그 결과 이북 주민들에게 소련 군대는 약탈자라는 인상이 심어졌다. 9월 6일경 소련군사령부의 포고가 나오면서 소련군 병사들의 만행이 줄어들기 시작했다. 이 포고령에 따라 만행을 저지른 소련군 병사가 공개적으로 총살당하는 일이 몇 차례 있었다."[21]

암살의 결정적 동기는?

조선인으로 구성된 치안대와 총격전을 벌일 정도로 8월 말 소련군의 만행은 심각해졌다. 이렇게 치안이 어수선하고 질서가 잡혀 있지 않은 상황에서 갑자기 현준혁 암살사건이 발생했던 것이다. 치스차코프 사령관 등 소련군 본진이 평양에 들어온 지 열흘도 되지 않았고, 소련군사령부의 포고가 나오기 3일 전의 일이었다.

백근옥의 증언이 따르면, 염응택은 강훈 소좌를 두 차례 만나 소련의 만

행에 대해 항의했고, 그 뒤 현준혁을 이틀 연속으로 만나고 나서 그를 제거하기로 마음먹었다고 했다. 그런데 강 소좌의 부서 상관인 메클레르 중좌(제7호 정치국장)가 평양에 온 것은 9월 초였다. 강 소좌가 입국한 시점이 언제인지는 확인되지 않지만 그의 역할이 소련군 민정 사령부의 수석 통역이었다는 점에서 8월 29일쯤으로 추정되며, 본격적으로 활동하기 시작한 것은 메클레르 국장이 입국한 뒤였을 것이다.

현준혁 암살의 순간을 보면 매우 조직적으로 치밀하게 준비됐다는 점을 알 수 있다. 현준혁이 타고 다니는 차, 그의 일정, 그리고 그의 동선까지 파악해놓은 것을 보면, 이것은 하루 이틀 사이에 가능한 일이 아니다. 최소한 일주일 이상은 계획을 세워야 했고, 암살을 실행하는 1선과 2선의 행동대원들은 그의 얼굴을 정확히 파악하고 있어야 했다. 사진 자체가 귀하던 시절이었고 선명하게 인화하기도 어려운 당시 상황에서 누가 현준혁인가를 인식하고 가려내는 것은 그리 쉬운 일이 아니었을 것이다.

그렇다면 시간적으로 볼 때 소련군의 만행에 대해 제대로 대처하지 못해 현준혁을 암살했다는 주장에는 신뢰성이 떨어지는 셈이다. 왜냐하면 강훈을 만났다고 하면 그것은 8월 29일 이후일 것이며, 현준혁이 암살되는 9월 3일까지는 시간이 매우 촉박하기 때문이다. 러시아군 통역으로 들어온 장교가 처음 활동하는 5일간 유명하지도 않은 한국인을 두 번이나 만나서 얘기를 나눴다는 것도 이상하다. 그렇다면 오히려 러시아 문서가 기록하고 있듯이 "현준혁이 도경무사령부를 도와 민족주의자들의 치안대를 해산시키려고 했기 때문"일 가능성이 크다.

물론 그 이면에는 반소반공의 이념이 깔려 있다. 그런 점에서 일제 말 염응택이 결성한 대동단이 해방되면서 "제2독립운동으로 반공산주의운동을 할 것을 결정"하고 현준혁을 암살했다는 분석은 설득력이 있다.[22] 그들은 현준혁이 8월 25일 '조선은 장차 소련과 같은 강한 나라의 연방이 되어야 한다'는 내용의 방송을 한 것에 분격해서 암살을 결행했다는 증언도 있다. 현준혁이 이러한 내용의 방송을 실제로 했는지는 문헌으로 확인되지 않지만, 그의 일제 강점기 활동을 감안하면 그 가능성은 매우 낮다.

따라서 소련군의 만행은 명분에 불과했고, 실제로는 현준혁이 소련군의 우익 무장단체 해산에 동조한 것이 결정적 동기였다. 어느 쪽이든 이들이 '반소(反蘇)운동' 차원에서 암살을 선택한 것은 분명하다. 이것은 일제강점기 염응택이 걸어온 행적과 해방 후 월남한 뒤의 행보를 살펴보면 더 뚜렷하게 드러난다.

암살의 배후 염응택(염동진)은 누구인가?

염응택은 주로 정보 계통에서 활동해 그의 경력과 관련한 문서가 거의 없는 '의문의 인물'이다. 염응택과 그가 결성한 백의사에 대해 가장 자세하게 소개한 자료는 1993년 이영신이 세 권으로 펴낸 『비밀결사 백의사(白衣社)』이다. 이영신은 황해도 안악 출신으로 반소운동에 가담했다가 1946년에 단신 월남했고, 1960~1970년대에 「광복 20년」, 「격동 30년」 등 방송극을 집필한 바 있다. 그의 책 내용을 토대로 염응택이 어떤 인물인지 알아볼 수 있다.

염응택은 중국 중국 국민당 장개석 직속의 특무 기관인 남의사(藍衣社)에서 활동하던 시절에 '염동진'이란 가명을 사용했고, 백의사 단원들 중에는 '동진'을 호로 알고 있는 사람도 있다.

그는 1902년 평양에서 태어났으며 서울 선린상고를 졸업한 뒤에 중국으로 건너가 1934년 장개석 지도 아래 있던 남경중앙군관학교 낙양분교에 입

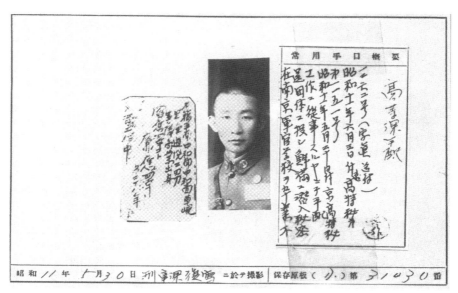

현준혁·여운형·김구 암살의 배후 인물로 지목된 백의사 '총사령' 염응택(일명 '염동진')에 대한 일제의 기록(1936). 염응택의 군관학교 재학 시절 사진이 붙어 있다.

교했다. 1933년 12월 한국 독립군의 양성을 위해 낙양분교에 한인반이 설치됐으므로 염응택은 제1기 입교생이었다.

낙양분교 입교 자격은 보통학교 이상의 학력자로서 만 15세 이상 35세까지 독립투쟁에 목숨을 바칠 각오가 되어 있는 사람이라고 했지만 심사는 엄격했다. 당시 심사는 김구(金九), 이청천(李青天), 김원봉(金元鳳) 3인이 했다. 주목할 대목은 염응택이 임정 간부인 신익희의 추천으로 입교했다는 점이다.

중국 국민당 정부는 대한민국 임시정부를 통해 한인반 사관후보생들에게 매달 11원씩 지급해줬는데 이 과정에서 의혹이 있어 학생들이 폭동을 일으켰다. 염응택도 이 폭동에 가담했다가 남경에 있던 신익희에게 피신했다고 한다. 그때 신익희는 염응택의 이름을 요춘택이라는 중국 이름으로 바꾸게 한 뒤 중국군의 남경 헌병사령부 우편물 검사처의 일자리를 얻어주었다.

여기서 얼마 동안 일하다가 염응택은 장개석 직속의 특무 기관인 남의사로 자리를 옮겼다. 중일전쟁이 일어나자 군사위원회 조사통계국(정보 수집과 양동 작전을 담당한 기구)에는 이 단체 소속원들이 대거 참여했다.[23]

염응택은 이 조사통계국 소속으로 첩보 공작을 위해 만주에 밀파됐다가 일본군 관동군 헌병대에 체포됐다.[24] 이영신은 백의사 단원들로부터 들은 증언을 토대로 "분명한 것은 관동군 헌병대에 체포되어 심한 고문을 당했고 그 후 관동군 정보기관의 첩보원이 되어 있었다"고 밝혔다.

관동군 헌병대에서의 고문 후유증으로 점차 시력을 잃어가던 염응택은 치료를 위해 고향인 평양으로 돌아갈 수 있었다고 한다.[25]

평양에서 비밀결사 '대동단' 결성

일제 강점 말기에 만주에서 평양으로 돌아온 염응택은 평양 기림리 공설운동장 뒤편에 있던 영명사(永明寺)에 자주 드나들었다. 이 절에는 민족주의자들과 일부 사회주의적 성향을 지닌 인사들이 모이곤 했다. 영명사의 주지 박고봉은 3·1운동 직후 중국으로 건너가 임시정부에도 참여하는 등 독립운동을 하다가 귀국 후 스님이 된 인물로 알려져 있다. 그가 염응택이 변절해 관동군의 밀정으로 활동한 사실을 알았는지는 확인되지 않지만, 박고봉이 1945년 말까지 반공반소 활동을 하다 체포됐다는 점에서 염응택과 이념적으로는 일치했을 것이다.

염응택은 "여운형의 조선건국동맹에 대응할 만한 조직"을 만들어야 한다는 고봉 스님의 권유로 1944년 8월 대동단을 만들었다고 한다.[26] 그러나 대동단이 일제에 대항해 독립운동을 했다는 기록이나 증언은 없다. 염응택은 스님의 소개로 백관옥과 선우봉을 알게 됐고, 이들을 대동단에 입단시켰다. 단원 포섭은 염응택이 주로 했는데 중학생들도 포섭 대상이었다고 한다. 현준혁을 암살한 행동대원들이 이때부터 조직을 형성한 셈이다.

현준혁을 암살한 후 백관옥, 선우봉 등 주요 관련자들은 바로 서울로 피신했다. 염응택도 '암살 교사 혐의'로 체포됐다가 그의 부인의 노력으로 석방된 뒤 11월 말 서울로 남하했다. 그가 체포됐다 석방되는 과정은 전술한 바와 같이 여전히 미스터리로 남아 있다.

이영신이 만난 백의사 단원들의 증언에 따르면, 서울에서 한동안 지내던 염응택은 다시 평양으로 잠입해서 대동단 모임을 소집했고, 단원들이 모인 자리에서 각자 월남하기로 결정한 후 본부를 서울로 옮긴 뒤 결사대를 이북으로 파견하기로 했다고 한다.

서울로 돌아온 염응택은 백관옥, 선우봉 등을 만나 대동단을 백의사로 개칭하겠다고 밝혔다. 백의사라는 이름은 염응택이 오랫동안 구상해온 것이라고 한다. 중국의 남의사와 같은 방법으로 조직을 운용하되 우리 고유의 복색인 흰옷을 상징했다. 백의사라는 조직 이름은 또한 한국의 모든 계층에 이 조직원이 존재하고 있다는 의미도 내포하고 있다고 한다.

백의사의 간부는 총사령 염동진, 부사령 박경구(함남 출신, 후에 국민방위군 부사령관), 고문 유진산·백창섭, 조직국장 안병석(노총 조직부장), 정보국장 김명욱, 집행국장 한승규(일명 '한철민'), 비서실장 백관옥, 훈련국장 선우봉, 총무국장 정병모 등이다.[27]

이후 백의사는 당시 좌우 정치인들 망라한 암살사건의 배후로 거론되며 '극우 테러리스트'로 유명세를 떨쳤다. 염응택과 백의사에 대해 가장 구체적으로 기록한 거의 유일한 문건은 2001년에 공개된 「실리 보고서」이다.

2001년 9월 국사편찬위원회는 미국 제1군사령부 정보참모부 운영과장 실리(George E. Cilley) 소령이 1949년 6월 29일 작성해 7월 1일 육군부 정보국에 보고한 「김구 암살 관련 배경 정보(KimKoo: Background Information Concerning Assassination)」라는 문서를 입수해 공개했다. 이 문서의 작성자는 1948년 12월 말까지 한국 주둔 971 CIC 파견대에서 근무한 경험이 있었다.[28]

이 보고서에서 실리 소령은 염응택을 "분명 가장 악질적인(the most malignant) 인물"로 평가했다. 또한 그는 염이 "자신의 견해와 추종자의 구성에 대해 말을 아끼는 것을 원칙으로 삼아왔다"며 "외부인들은 그를 청부 살인자, 국수주의적 광신도들로 구성된 방대한 지하 조직의 대장으로 알고 있다"고 소개했다. 그는 이 보고서에서 백의사에 대해 다음과 같이 설명하고 있다.

"이 지하 조직은 남한, 북한, 만주와 중국 전역에 뻗어 있다. 작금의 사태에 비추어 어느 정도로 그의 공작이 실행되고 어떤 통신망을 유지하고 있는지는 아직 알 수 없다. 이 지하 조직의 주요 목적은 모든 '공산주의자들'과 '반정부' 정치인들을 암살하는 것이다. 조직에는 군인, 해안 경비대, 세관원, 경찰관, 소방관, 정부 관리, 정치인, 상인, 산업가, 밀수꾼, 농부, 보통 시민 등 한국의 모든 계층을 망라하고 있다. 조직의 대다수는 수많은 좌우익 청년단체의 회원이기도 한 청년들로 구성되어 있다.

이 조직 내부에는 '혁명단'이라는 특공대가 있다. 특공대는 5개의 소조로, 각 소조는 4명으로 구성되어 있다. 민주 한국과 한국 민족주의의 부활을 방해하는 자를 암살하라는 명령이 내려오면, 소조의 구성원들은 애국자로 죽겠다는 피의 맹세를 한다."

이 보고서에 따르면, 말이 '혁명단'이지 사실상 '암살조'였다. 비밀결사 조직인 백의사를 설립한 뒤 염응택은 주로 염 사장으로 불렸지만 공식 직함은 아니었다. 그는 단원들의 신분을 드러내지 않고 혼자서 철저하게 점조직으로 얽어맸다. 백의사 본부 안에는 이중으로 자물쇠가 채워진 밀실이 있었는데, 여기서 백의사 단원 가입 의식이 거행됐다고 한다. 신입 단원들은 먼저 염응택과 맞절하고 무릎을 꿇은 채 마주 앉아 오른손을 펴 들고 다음과 같이 서약 했다.

> "나는 백의사 단원으로 입단하면서 다음과 같이 서약한다.
>
> 하나, 나는 조국의 자주적인 정부 수립을 위해 목숨을 걸고 맡은 바 임무를 완수한다.
>
> 하나, 나는 목숨을 걸고 백의사의 명령에 복종한다.
>
> 하나, 나는 어떠한 경우에도 조국과 백의사를 배반하지 않는다."[29]

맹세가 끝나면 손가락을 베어 준비된 서약서에 피로 수결을 찍었다. 염응택은 단원의 수결이 찍힌 서약서를 따로 밀봉했다고 한다.

흥미로운 점은 백의사 본부로 사용된 궁정동의 집이 바로 김재규 중앙정보부장이 박정희 대통령을 총으로 암살한 곳이라는 것이다. 이 집은 원래 서울 서린동의 갑부였던 오동진이 일본인 집을 구해 백의사 본부로 쓰게 해준 곳이다. 이영신이 추적한 바에 따르면, 이 본부는 6·25전쟁 때까지는 백의사의 소유였다가 환도 후 법무장관을 역임한 이인(李仁)의 손으로 넘어갔고, 5·16군사쿠데타 이후에 중앙정보부가 이 집을 사들여 '궁정동 안가'로 사용했다고 한다.

실패한 김일성 암살 시도

염웅택은 백의사를 정식으로 출범시킨 뒤 일제 때부터 도움을 받은 신익희의 측근 조중서(曹仲瑞) 등을 만나 백의사의 근간(根幹)과 활동 방향을 정한 것으로 알려져 있다. 조중서는 신익희가 움직이던 '대한정치공작대'의 조직부장을 맡고 있었다. 이들은 먼저 이북에서 북조선공산당의 책임자로 떠오른 김일성과 그의 측근들을 암살하기로 결의했다.

정치공작대원 김제철(이하 당시 39세), 김형집(19세), 최기성(20세) 등이 행동대원으로 뽑혔다. 이들은 먼저 서울에 와 가회동에 머무르고 있던 연안파 공산주의자인 독립동맹 부위원장 한빈(韓彬)을 암살하려다 실패한 뒤에 38선을 넘었다.

그리고 얼마 후 염웅택은 이성렬을 불러 부사령(副司令) 박경구를 통해 권총을 한 자루 내주면서 "바로 평양으로 올라가라"는 지시를 내렸다. 그에게 주어진 임무는 북으로 간 대원들이 실제로 김일성을 암살하려 하면 도와주고, 그렇지 않으면 배신자로 간주해 처단하라는 것이었다.

평양에서 김제철 일행과 합류한 이성렬은 김일성 당시 북조선임시인민위원회 위원장을 암살한다는 당초의 계획을 확인했다. 1946년 3월 1일 평양역 앞에서 열린 삼일절 기념식 행사에 연설하러 나오는 김일성을 노렸다. 김형집은 수류탄, 이성렬과 최기성은 권총으로 무장하고 행사장에 참석했다. 김일성이 연설을 시작하는 순간 이성렬이 손을 들어 신호를 보내면, 김형집이 수류탄을 투척하고, 수류탄이 터지지 않을 경우 최기성이 권총으로 김일성을 쏘기로 했다. 김제철은 그의 행적을 수상하게 여긴 지인이 따라붙어 미행하는 바람에 참여하지 못했다.

이날 거사는 실패로 끝나고 말았다. 긴장한 김형집이 안전핀을 제대로 뽑지 않은 채 수류탄을 던졌기 때문이다. 연단에 떨어진 수류탄은 계단 밑으로 굴러 떨어졌다. 경비 중이던 소련군 야코프 노비첸코 준위가 수류탄을 집어 멀리 던져버리려는 순간 수류탄이 터졌다. 노비첸코는 오른팔이 잘려나가는 등 몸 다섯 군데에 중상을 입었다. 노비첸코는 북한으로부터 '노동영웅' 칭호를 받았다. 1983년 북한과 소련은 노비첸코를 기리는 영화 「영원한 전우」를 공동 제작하였고, 1984년 김일성은 소련을 방문하면서 노보시비르스크에서 잠시 노비첸코를 만났다.[30]

김형집은 현장에서 체포되었다. 아지트로 돌아온 나머지 대원들은 다른 북조선임시인민위원회 간부들을 대상으로 2차 암살을 시도했다. 김일성 암살 작전에 참여하지 못했던 김제철('김정의'로 개명)과 새로 가담한 이희두가 '거사'에 참여했다. 이들은 3월 5일과 7일 두 차례 최용건(崔庸健) 북조선인민위원회 보안국장의 집을, 9일에는 북조선공산당 간부인 김책(金策)의 집을 습격했지만, 이들이 부재중이라 실패했다.

그러나 이들은 다시 3월 13일 자정 무렵 강양욱(康良煜) 북조선임시인민위원회 서기장의 집을 습격했다. 수류탄을 던지고 권총을 난사해 강양욱의 가족들을 몰살시켰지만, 강양욱은 집에 없었다. 암살대원 가운데 최기성은 보안대원들과 교전 중 사망했고 이희두, 김제철 등은 체포됐다. 이성렬은 간신히 체포를 면해 3월 말 서울로 돌아왔다.[31] 체포된 대원들 속에서 임시정부 내무부장 신익희의 직인이 찍힌 신분증과 임시정부 내무부장 명의로 발행된 '국자(國字) 포고'(임시정부의 미군정 접수포고문)가 나왔다. 암살 시도에 김구 주석이 개입했는지의 여부는 불투명하지만 이후 남북연석회 때까지 북측이 김구를 '살인·테러·방화의 괴수'로 지칭하며 비난한 이유를 엿볼 수 있다. 김구와 직접적으로 관계했다는 증거는 없다. 실제로 「실리 보고서」에는 "염의 추종자들은 대부분 김구 씨의 추종자"라고 기록돼 있지만,

이것이 곧 김구의 지시로 조직이 움직였다는 것을 의미하지는 않는다.

한편 서울로 돌아온 이성렬은 주한미군 방첩대(CIC, Counter Intelligence Corps)[32]에서 조사관(investigator), 후에는 특별보좌관으로 일하기 시작했다. 그는 이를 두고 "백의사에서 미군 CIC로 파견나간 것"이라고 표현했다.

미군 방첩대와 긴밀히 연계해 활동

"백의사에서 미군 CIC로 파견 나간 것"은 어떤 의미일까? 「실리 보고서」 에는 다음과 같은 내용이 포함돼 있다.

"그 민간인은 과거에 CIC에 잘 복무하였으며, 군사과학과 전술에 조예가 깊다. 그는 클라우제비츠의 저작을 숙독하고 연구했다. 그는 모든 정치 조직, 육군 및 해군뿐만 아니라 모든 분야에 조직원을 침투시켰고 모집하였다. 이들 요원의 다수는 1947~48년 동안 CIC 임무를 추진하기 위해 활용되었다. 이 보고가 한국인 요원의 손에 들어갈 위험성 때문에 과거에는 그 민간인의 이름을 거론하지 않았다. 그 민간인의 이름은 백의사의 대장 염동진이다."

이 보고서를 통해 백의사의 책임자 염응택이 미군 CIC와 연계돼 있었고, 백의사 대원 상당수가 CIC의 임무를 추진하기 위해 활용됐다는 것을 알 수 있다. 실리 소령은 "염 씨는 본인을 신뢰해서 이미 보고서로 제출한 바 있는 많은 정보를 제공하였으며, 그 외에도 아주 민감하거나 아직 검증되지 않아서 보고서에 기재할 수 없는 많은 정보를 알려주었다"고 밝혔다. 그는 염응택과 대략 20개월간 긴밀한 관계를 유지했다.

실제로 백의사는 김일성 암살이 실패한 후 미군 정보 당국과 연계 아래 대북 첩보·정보 수집에 적극 나섰다. 이러한 활동은 대북 테러·암살과 긴밀히 연결된 것이기도 했다. 염응택의 진술에 따르면, 백의사는 주한미군 정보참모부(G-2) 및 CIC의 협력하에 대북 첩보 활동을 벌였고, 실리의 보고서에 따르면 CIC는 1947년에서 1948년까지도 백의사를 작전에 활용했다.

이영신의 추적에 따르면, 염응택은 신익희로부터 미군 정보국에 몸담고 있는 이순용을 소개받으면서 미군 정보기관과 연결됐다. 이순용은 재미교포로 미군에 입대해 2차 세계대전에 참여했던 CIC 소속 중사였고, 정부 수립 후 한국 정계에 들어와 이승만 정권 아래서 내무부 장관에 기용되기도 했다.

이순용은 신익희를 만나 '하지 장군이 신익희의 대한정치공작대를 해체하라'고 하는데 대북 정보를 제공하면 해체를 재검토할 수 있다는 조건을 제시했다고 한다. 이에 신익희가 화를 내고 나가버리자 그의 측근인 조중서가 대북 정보 제공 역할을 백의사가 맡도록 아이디어를 냈고 신익희가 염응택을 호출했던 것이다. 그 후 백의사와 CIC와는 가까운 사이가 되었다.

염응택의 주요 접촉선은 서울 주둔 제224 CIC 파견대 소속 공군 중사 도널드 위태커[한국명 '백양전(白良田)']였다. 그는 CIC 북한과(課)에 있었고, 여운형·신익희·조병옥·장택상 등 당시 주요 정치인들과 폭넓게 교류했다.[33] 그는 제2공화국 때 장면(張勉) 총리의 정치고문을 지냈다.

위태커는 궁정동 백의사 본부를 찾아와 대북 관련 정보를 제공하면 백의사 활동을 비호하겠다는 약속을 했다. 그는 염응택과의 약속에 따라 북한에 파견할 첩보원 훈련을 적극적으로 지원해주었다. 훈련 장소는 위태커의 도움으로 마련한 정릉 골짜기의 외딴집이었다. 일본인 부호의 별장으로 쓰이던 그 저택은 이후 백의사의 한 아지트로 이용된다.

염응택은 각 산하 단체 청년 가운데 10명을 선발했다. 선발 기준은 매우 엄격했다. 각 지역에 파견되어 활동하는 데 조금도 차질이 없도록 정확한 사투리를 구사하는 것은 기본이었다. 이 조건에 따라 각도 출신자 중에서 2명씩 선발됐다. 이들에게는 폭파술, 적진 침투와 탈출 방법, 산악 돌파에 이르기까지 고도의 유격 훈련이 뒤따랐다. CIC 교관들이 비밀리에 파견되어 훈련을 도와줬다고 한다.

1946년 5월 초순 첫 첩보대가 이북으로 잠입했다. 2인 1조의 첩보대는 군사적인 첩보가 주된 임무였다. 각 지역별로 주둔 부대의 배치 상황과 병력 수, 그리고 각 부대별 화력이 어느 정도인지를 정확하게 파악해서 귀환하라는 명령이었다. 소련으로부터의 무기 반입 현황을 알아내는 것도 주요 임무였다. 위태커가 염응택에게 직접 부탁한 내용이었다.[34]

그러나 유감스럽게도 백의사의 활동은 대북 정보 공작뿐만이 아니라 국내 정치에도 깊이 개입했다. 실리 소령이 기록한 것처럼 백의사의 "주요 목적은 모든 '공산주의자들'과 '반정부' 정치인들을 암살하는 것"이었다. 여기서 '반정부' 정치인은 김구와 이승만의 노선에 반대하거나 따르지 않는 정치인을 의미했다. 실리 소령의 보고에 따르면 적어도 1948년 4월 김구가 남북 협상에 참가하기 전까지 염응택은 정서적으로나 노선적으로 김구에 더 가까웠다.

「실리 보고서」에 기록된 "염동진이 김구 씨에 대해서는 때때로 격렬한 비난을 가하면서도 동시에 군사적 견지에서 김구의 장점과 가능성을 격찬한다"는 구절이나 "그 민간인(염동진)은 스스로 김구의 개인적 친구라고 말한다"는 구절에서 알 수 있듯이, 염응택은 때때로 김구에 대해 비판적이기는 했으나 이승만 정부 측보다는 김구 측을 더 선호하였던 것으로 보인다.[35]

더 놀라운 점은 실리 소령이 자신의 보고서에서 "확인하거나 부인하는 그 어떤 보고서도 없지만, 저명한 한국 정치인 장덕수와 여운형의 암살범들도 이 지하조직(백의사)의 구성원으로 알려져 있다"라고 기록해 놓았다는

것이다. 그는 김구의 암살범인 안두희도 "백의사의 자살 특공대원"이라고 기록했다.[36]

이상과 같이 미군정 CIC에서 활동한 실리의 보고서를 종합해보면, 해방 정국에서 암살의 희생자가 된 현준혁, 여운형, 장덕수, 김구 등 주요 정치 지도자 암살의 뒤에는 염응택과 백의사가 있었다. 그리고 미군정이 이들을 정치적으로 활용하고 있었다면, 미군정 역시 백의사의 활동과 책임으로부터 자유롭지 않았을 가능성이 크다.

시인 고은은 『만인보』 제20권에 실린 「염동진」이란 서사시에서 염동진, 즉 염응택에 대해 "극우테러 본부 백의사 우두머리"로 묘사하며 "그의 극우 테러는 백주에 호열자로 퍼져나갔다"라고 썼다. 정말 그랬다. 그는 '반소반공(反蘇反共)'을 표방하며 해방된 지 불과 16일 만에 현준혁을 암살했다. 그리고 그의 테러는 시작일 뿐이었다. 1947년 7월 여운형을 암살하는 데 사용한 45구경 권총을 암살범들에게 제공한 것도 바로 그였다.[37]

그러나 '반소반공'의 명분은 껍데기에 불과했을 수도 있다. 해방 후 그가 일제강점기에 인연이 있는 김구, 신익희, 이청천 등과 가깝게 교류했지만, 실제로 암살을 계획하고 사주하는 과정에서는 군과 경찰권에 포진해 있던 친일 경력자들과 모의했다. 암살 관련 여부가 알려질 경우 정치 생명에 치명적 영향을 줄 수 있다는 점에서 유명한 정치인들이 직접 암살을 지시하거나 관여되었을 가능성은 크지 않다. 그러나 치밀한 정보가 필요하다는 점에서 경찰이나 군의 도움과 정보는 필수적이다.

백의사는 1948년 정부가 수립되고 공권력이 제 기능을 발휘하기 시작하면서 쇠락의 길을 걸었다. 조직원들은 군이나 경찰에 투신하거나 각자 살길을 찾아 흩어졌다. 염응택은 6·25전쟁이 일어났을 때 피난 가지 않고 서울에 남아 있다가 인민군에게 생포되었다. 이후 행적은 확인되지 않지만

인민군에게 피살됐다는 설이 유력하다.

9월 3일 해방 후 첫 테러의 희생자가 된 현준혁의 장례식은 이틀 뒤에 치러졌다. 유해는 일제 때 평양신사가 있던 자리에 매장됐다가 1970년대에 애국열사릉으로 이장됐다. 북한 당국은 1952년 행정 구역을 개편하였는데, 평안북도 개천군 북면 용등1리와 개천면 중흥리를 병합해 새로 리(里)를 설치하면서 현준혁의 이름을 따 '준혁리'로 명명하였다. 또

북한의 국립묘지인 평양 애국열사릉에 있는 현준혁의 묘비.

한 준혁리에는 그의 이름을 붙인 준혁협동농장, 준혁기름공장, 준혁철도부재공장 등이 있다.

현준혁 암살사건은 해방 초기에 38선 이북에서 발생했다. 암살범들은 곧바로 피신해 체포되지 않았다. 그만큼 해방 초기 정국에 미친 영향도 크지 않았다. 그러나 해방된 지 채 한 달도 지나지 않아 발생한 현준혁 암살사건은 그 후 38선 이남에서 주요 정치인들에게 닥칠 연속적인 비극을 알리는 첫 총성이자 친일파들에 의해 '악화(惡貨)가 양화(良貨)를 구축'하는 왜곡된 현대정치사의 서막이었다.

고하 송진우

모스크바 3상회의
결정안 발표와
함께 쓰러지다

송진우(1940).

"송진우는 '3상회의 결의문도 읽지 않고 방송만 듣고 떠들어선 안 된다'며
'길어야 5년 이내에 끝나는 신탁통치를 하고
결국엔 한국의 정당, 사회단체들과 의논해
민주적인 통일정부를 세운다고 하는데,
이대로라면 우리가 5년을 왜 못 견딘다는 말이냐'고 했습니다.
그는 '미국과 소련이 끼어들지 않고 우리끼리 정부를 세우라고 하면
과연 우리가 5년 안에 통일정부를 세울 자신이 있냐도
생각해봐야 한다'고 했지요.
그때만 해도 저는 '저 사람이 무슨 저따위 소리를 하고 있냐'며
분통을 터뜨렸습니다.
그렇지만 오래지 않아 역시 송진우 선생 말이 맞았다는 생각이 들었어요."

_강원룡 목사의 회고

새벽에 울린 열세 발의 총성

해방 후 수많은 사람이 정치 테러에 의해 희생되었다. 38선 이남의 영향력 있는 정치 지도자로는 고하(古下) 송진우(宋鎭禹)가 첫 번째 희생자였다. 주한미군 방첩대(CIC)는 누군가가 생명을 노릴지 모르니 언제나 신변 경호원들은 경계에 철저해야 한다고 미리 주의를 줬다.[01] 송진우는 왜 이러한 경고를 소홀히 했을까? 아니면 소홀히 하지 않았는데도 치밀하게 준비된 암살 계획으로 인해 어떤 경호도 무위가 될 수밖에 없었던 것일까?

송진우는 당시 보수적 민족주의자들의 가장 큰 정당이던 한국민주당의 위원장 격인 수석총무를 맡고 있었다. 그는 미군정 고문위원회의 일원으로 최고사령관인 하지와 긴밀한 협조 아래 정국을 주도하는 위치에 있었다.

1945년 12월 18일 송진우와 함께 한국민주당 총무의 한 사람인 백관수(白寬洙)의 집에 수류탄이 투척되는 사건이 발생했다.[02] 한국민주당의 주요 인물에 대한 경고였을까? 아니면 송진우 암살사건의 전주곡이었나?

한국민주당 간부였던 허정(許政)은 송진우가 암살되기 전날 밤의 상황에 대해 다음과 같이 회고했다.

"고하는 암살되는 날 장덕수 등과 함께 경교장에서 백범과 신탁통치 문제에 대한 협의를 하고 새벽 2시에야 경교장을 떠났다. 이때 동행했던 장덕수는 의논할 일도 많고 늦었으니 자기 집에 가서 자고 가라고 권유했다. 그러나 잠자리가 까다로운 고하는 자기 집이 아니면 잠을 설쳤으므로 설산의 권유를 뿌리치고 집으로 돌아갔다가 변을 당할 것이다. 그가 하룻밤쯤 잠을 설칠 셈으로 설산의 권유에 따랐더라면 변을 면했을지도 모르는데 참으로 애석한 일이었다."[03]

그러나 또 다른 자료에 의하면 허정의 회고와 달리 송진우는 그날 경교장에 들르지 않고 그대로 귀가했다. 저녁 7시쯤 당시 한국민주당의 총무인 원세훈이 전화를 걸어왔다.

"고하와 임정(중경 임시정부의 약칭) 사이에 의견이 달라졌다는 것이 사실이오?"

"글쎄, 임정에서는 모두 짚신감발을 하고 걸어 다니면서라도 반탁을 한다 합디다. 반탁이 문제가 아니라 군정과 충돌을 일으켜놓고 임정이 뒷수습을 어떻게 하려는 것인지 나도 알 수 없소."

그것으로 통화는 끝났다. 얼마 뒤 미군정의 고문위원이던 강병순이 찾아왔다가 돌아갔다. 그가 잠자리에 든 것은 12월 29일 밤 10시쯤이었다.[04]

1945년 12월 30일 새벽 6시 15분, 종로구 원서동 고하의 집에서 열세 발의 총성이 울렸다. 그중 여섯 발이 송진우의 안면과 심장, 복부를 관통했다. 1945년의 말미를 장식하면서 1946년 이후 민족 분열의 가장 커다란 원인이 된 모스크바 3상회의 결정안이 발표된 지 3일 만의 일이다.

범인을 찾아내는 일은 쉽지 않았다. 그만큼 사회는 혼란스러웠다. 한국민주당 당원이었다가 탈퇴한 조병옥 미군정 경무부장과 장택상 수도경찰청장이 송진우 암살범을 찾기 위해 동분서주했지만, 해방 직후의 혼란한 상황에서 이들을 찾는 것은 쉬운 일이 아니었다.

당시의 신문 보도에 따르면, 암살범을 찾는 작업은 아이러니컬하게도 장택상의 직관에 의해 이루어졌다. 그는 해양경비대원으로 입대하는 정종칠과 김일수를 갑자기 체포하여 이들에게서 송진우 암살범에 관한 정보를 얻

송진우가 저격당한 자택 별채(종로구 원서동 74번지)와, 암살 며칠 전 국민대회준비위 사무실(동아일보사 건물)을 나서는 송진우(1945. 12).

었다고 한다. 그러나 이들을 주목한 이유와 체포하게 된 경위는 알려지지 않았다.[05]

체포된 암살범들

4월 8일 밤 경기도 경찰부는 '돌연' 단서를 잡고 특별무장대원이 수사를 개시하여 9일 정오까지 한원율(韓元律, 일명 '한현우', 당시 29세), 유근배(20세), 김의현(20세) 등 세 명을 체포했다. 이날 경찰은 사건의 개요를 발표했다.

"주범 한현우가 일찍이 일본 와세다 대학에서 수업을 하고 당시 일본 수상 도우죠 히테끼를 암살하려다가 일본 관헌에 체포되어 복역 중 해방 후 출옥하여 귀국 후 국민대회 준비위원회에서 고 송진우를 돕고 있던 자인

데 한원율의 지휘하에 유근배, 김의현 양명이 권총을 방사하여 암살한 것이다."⁰⁶

다음 날 경찰은 송진우 암살사건에 관련된 "백남석, 김의현, 신동운, 박민석, 유근배 등이 1945년 12월 주의주장의 차이로 송진우의 신변 보호자의 자격을 그만둔" 인물이라고 밝혔다.⁰⁷

그러나 수사는 여기에서 더 진척되지 않았다. 당시 가장 거물급 정치인 중 하나이던 송진우의 암살 배후에 다른 정치 세력이 있을 것이라는 추측과 소문이 난무하는 가운데 경찰은 조사를 매듭지었다. 단지 4월 24일 한현우에 대해 좀 더 자세한 인적 사항이 발표되었을 뿐이다.

"한현우는 1941년 와세다 대학 정경과 졸업, 1943년 5월경 동경에서 국수주의자 일본인 나까노 마사로와 그의 동지 호즈미 고이찌를 숭배하고 이와 5년간 직접 간접으로 교양을 받고 호즈미의 지시로 재일 조선인 유학생 5천 명으로 '조선독립연맹'이라는 비밀결사를 조직하여 지하운동을 한 자인데 당시 일본 경비청의 탄압이 심하므로 호즈미의 지도로 한은 '일본국체연구소(日本國體研究所)'라는 간판을 내걸고 일본황실중심주의를 표방하다가 1944년 3월에 비밀이 탄로되어 인심교란죄로 징역 10개월 4년 집행유예를 받고 1945년 2월 25일경 강원도 춘천 한의 처갓집에서 수양하다가 작년 8월 17일 상경하여 시내 종로 2정목, 마포, 노량진, 신당정 등으로 전전하던 중 12월 30일 미명 송진우를 암살한 주범자이다. [……] 주범들은 공산주의자라고는 인정할 수 없다."⁰⁸

5월 9일 이들에 대한 재판이 개정되었다. 한현우는 옥중 수기를 발표하기도 하였다. 이 수기에서 한현우는 송진우 암살에 사과했지만 자신의 배후나 살해 동기에 대해서는 밝히지 않았다.

"12월 30일 오전 5시 30분경 집을 떠나 목적지를 향하였다. 행동에 나선

나는 더욱 용감히 활동했다. 6시 15분경 송진우 가택에 침입하여 거사를 단행하고 돌아오는 동안 집에 올 때까지 나는 몽중인같이 무의식 상태 가운데 있었다. 아무런 의식도 없이 전부가 스스로 되어나가는 것 같았다. 그러나 죽이는 사람도 조선 사람, 죽는 사람도 조선 사람이다. 나는 송과는 개인적으로 사한이 없으므로 송의 연령에 대하여는 사과하여 명복을 비는 동시에 나의 심경을 양해하라고 빌어 마지아니하였다."

이게 무슨 말인가? '사한이 없다'고 했으니 개인적인 감정이 없다는 것인데, 그럼 왜 송진우를 살해한 것인가? 신념이 있었다는 것도 아니니, 송진우에게 사과하고 명복을 빌고 심경을 양해해달라고 했으면, 누가 배후에 있었는가에 대해서는 얘기해야 하는 것이 인지상정 아닌가?

의혹의 인물, 전백(全栢)

1946년 7월 12일 제3회 공판이 끝난 후 재판은 일사천리로 진행되었다. 7월 19일 한현우에게 사형이 구형되었고, 8월 2일에는 경성지방법원에서 선고가 있었다. 주범인 한현우와 유근배는 무기, 공범인 이창희는 단기 5년에 장기 10년, 김인성과 김의현은 10년이 각각 선고되었다.[09]

재판 과정에서 한현우와 김인성에게 총을 건네준 전백이 체포됐다. 흥미로운 사실은 암살범들에 대한 제1심 재판이 끝난 뒤에 송진우 암살사건의 배후로 지목된 전백에 대한 재판이 시작되었다는 점이다. 전백은 제1심 재판이 진행 중일 때 붙잡혔지만, 1심 재판이 끝난 뒤에야 재판정에 모습을 나타냈다.

검찰은 전백이 '한현우의 유일무이한 선배 지도자'로서 한현우에게 무기와 돈을 지급하였고, 범행 직후 한현우가 38선 이북으로 도피할 수 있도록 도와주었다고 발표했다. 그러자 당시 신문들은 '전백과 한현우 사이의 인과 관계와 그 배후에 혹은 요인 암살의 흑막 공작이 있지 않았는가' 하는 의혹이 점차 높아지고 있다고 보도했다.

그런데도 한현우를 비롯한 암살범들의 재판에 전백은 등장하지 않았다. 7월 12일의 제3회 공판에 전백의 출석이 요구되었지만 그는 신병을 이유로 출석하지 않았고, 그에게만 따로 재판이 진행되었다. 하지만 전백이 어떠한 인물인지는 여전히 베일에 싸여 있었다.

또 하나 주목되는 대목은 전백이 살인방조죄와 불법무기소지죄로 기소됐다는 것이다. 만약 검찰의 발표대로 전백이 송진우의 암살범인 한현우의 "유일무이한 선배"였고 범행 직후 "한현우를 전화로 불러 송 씨 상해 경과를 듣고 그 범행을 용감한 행동인 듯 찬양"하였다면, 이것은 명백한 '살인교사'에 해당될 수 있다. 그러나 무슨 이유에선지 그는 '살인방조'로 기소되었다.[10]

재판은 이듬해 초까지 계속되었다. 그러나 1946년의 제1차 미소공동위원회와 9월 총파업, '10월 항쟁' 등을 거치면서 여론의 관심은 현격하게 줄어들었다. 그사이 한현우는 송진우를 죽이기 전날 밤 전백을 만났다는 새로운 진술을 하였다. 그 자리에서 자신이 송진우를 죽이겠다고 전백에게 말했다고 밝혔다. 그러나 이것도 암살의 배후를 찾기 위한 단서가 되지 못했다.[11]

재판은 끝내 암살의 배후를 끝내 밝혀내지 못했다. 단지 암살자들이 공산주의자가 아닌 것만은 분명하다는 점을 확인해줄 뿐이었다. 배후자가 없는 단독범행이라고 판결을 내렸는데도 1947년 2월 14일 개정된 최종 언도 공판에서 암살범들에 대한 형량은 오히려 더 줄어들었다. 한현우 징역 14년, 유근배 징역 단기 5년 장기 10년, 김인성 징역 7년, 김의현 징역 단기 4

년 장기 7년이 선고되었다.[12]

상식에서 벗어난 선고였다. 송진우가 미군정과 가까운 관계를 맺고 있었고 당시 미군정의 여당이라고 불리던 한국민주당의 수석총무였기 때문에, 그의 암살범들이 극형에 처해지리라는 것이 일반적인 관측이었다. 한국에서 보수우익 세력들을 지원하고자 했던 미군정으로서는 보수적이면서도 합리적인 송진우의 목소리와 그의 존재가 매우 중요했기 때문에, 그의 죽음은 초기 미군정의 운영에 치명적 손상을 주었다.

한현우는 왜 송진우를 암살했나?

당시 미군정을 등에 업고 우익 세력 중 가장 강력한 힘을 가지고 있던 한국민주당의 송진우 수석총무가 암살당한 이유는 무엇인가? 경찰의 발표처럼 정세를 잘못 판단한 몇몇 젊은이의 우국충정에 따른 것이었을까? 정말 또 다른 배후는 없었던 것일까?

김영삼 대통령 시절 청와대 정책수석으로 선임되었다가 집안이 문제돼 사퇴한 전병민은 한현우의 사위이다. 그의 장인이 바로 송진우의 암살범 한현우였다. 가족 관계가 문제됐을 때 당시 생존에 있던 한현우는 자신이 제3공화국 때 박정희의 초청으로 한국에 드나들기도 했다고 자랑스럽게 말했다. 자신 때문에 사퇴할 수밖에 없었던 사위의 처지에 대해 이해할 수 없다는 답변을 내놓기도 했다.

몇 차례의 감형을 거쳐 6·25전쟁 직후 출소한 한현우는 일본으로 망명하여 신아통신의 촉탁으로 근무하다 2004년 사망했다. 한현우는 왜 보수 민족주의자 송진우를 암살했을까? 한현우는 '송진우의 신탁통치 찬성'을 문제 삼았다.

"송진우는 우리 민족이 근대 국가와 민주정치를 가져보지 못하였으므로 선진국의 지도를 받아야 할 것이니 신탁통치는 선전국의 지도를 받는다는 훈정(訓政)의 의미에서 받아들여야 한다고 하였으나 용납될 수 없는 망상이다.

한민당과 그 관련자들은 송진우가 피살된 후 오늘날까지 그가 신탁통치에 찬성한 사실은 없었다고 부정하고 있는 것 같다. 그러나 그것은 자파의 불리한 오점을 감추려는 비열한 변명에 지나지 않는 것이다. 송진우는 3국 외상회의의 결의가 정식으로 알려지기 전부터 우리 민족이 신탁통치를 받는 것을 당연시하고 있었다."[13]

한현우의 주장은 송진우가 한국에 대한 '모스크바 3상회의 결정'(이하 '3 상회의 결정')에 동조해서 '신탁통치를 찬성'(이하 '찬탁')하려고 했기 때문에 그를 죽일 수밖에 없었다는 것이다. 신탁통치에 반대하지 않은 송진우를 암살할 것은 민족적인 거사였으며, 자신의 범행은 정당한 것이라는 주장이다.

송진우가 암살된 날은 3상회의 결정의 내용이 조선에 알려진 뒤 이틀째 되는 날이며, 그것도 전체 내용이 아닌 신탁통치안으로 잘못 알려져 정계의 모든 지도자가 신탁통치에 반대하는 운동, 즉 반탁운동을 전개하겠다고 밝힌 날이었다. 정말 송진우가 모스크바 3상회의 결정에 대해 찬성의 뜻을 비치며 해방된 조선이 미국의 신탁통치를 받아야 한다고 주장했을까?

정국을 뒤흔든 신탁통치설 파동

해답을 찾기 전에 먼저 1945년 말부터 여론을 휩쓴 '신탁통치설 파동'의 전말(顚末)을 살펴볼 필요가 있다. 신탁통치 문제가 최초로 언급된 것은 1945년 10월 20일 미 국무성 극동국장 빈센트가 미국외교정치협의회 회합에서 미국의 극동 정책을 언급한 사실이 국내에 보도됐을 때였다.

"조선에 대해서는 미국의 신탁관리제를 수립함에 앞서서 우선 소련과의 사이에 의사를 소통시킨 후 허다한 정치 문제를 해결시키고 싶다. 조선은 다년간 일본에 예속되었던 관계로 지금 당장 자치를 행할 준비가 되어 있지 않다. 따라서 미국은 우선 신탁관리제를 실시하여 그간 조선이 될 수 있는 대로 속히 독립한 민주주의적인 국가로 만들 작정이다."[14]

'신탁관리(통치)제 실시'라는 빈센트의 발언 내용이 보도되자 국내에서는 비난 여론이 들끓었다. 정치 이념과 정당을 불문하고 일본제국주의의 식민지로부터 해방된 마당에 다시 외국의 지배를 받아야 한다는 발언은 민족적 감정에서 절대로 허락할 수 없는 것이었다. 비타협적 민족주의자이자 중도파 인사인 안재홍에서부터 미군정의 여당이던 한국민주당, 그리고 조선공산당이 주도한 조선인민공화국에 이르기까지 신탁통치에 반대하는 광범위한 여론이 조성되었다.[15]

미군정은 이를 무마하기 위해 빈센트의 발언이 곧 미국의 정책이 아니라고 해명을 해야만 했다. 그러나 아놀드(Archibald V. Arnold) 미군정장관은 신탁관리제의 실시 여부가 "조선 사람들이 공동 전선을 펼치고 이 정부에 협력"을 어느 정도 하는가의 여부에 달려 있다고 말함으로써 묘한 여운을 남겼다.

이와 같은 신탁통치와 관련된 논쟁 속에서 송진우는 직접 논평을 하지는 않았다. 자신이 수석총무로 있는 한국민주당에서 신탁통치에 대한 반대 성명을 발표한 것으로 보아 그가 뚜렷하게 신탁통치에 대해 찬성의 입장을 보였다는 증거는 없다. 하지만 그는 미국의 신탁통치안에 대해 찬성하고 있다는 오해를 살 수 있는 위치에 있었다.[16]

첫째로 그가 당시 유일한 권력 기구이자 미군정의 여당이던 한국민주당

미군 입성 환영 아치와 플랜카드가 설치된 화신백화점 앞을 지나는 미군들(1945. 9).

의 최고 책임자였다는 사실에 주목해야 한다. 1945년 9월 9일, 38선 이남에 진주한 미군은 한반도에 대한 정확한 정보를 가지고 있지 못했다. 부분적으로 정보가 있다고 하더라도 이를 자신들의 의도에 맞게 적절하게 운용할 수 있는 인물과 함께 한반도에 들어온 것도 아니다. 당연히 38선 이남에 대한 통치에 곤란함을 느낄 수밖에 없었다. 그러므로 자신들의 이해관계와 일치하는 정치 노선을 가지고 있는 국내 정치 세력과의 결합이 불가피했다. 이러한 와중에서 미군정은 한국민주당을 발견하게 된다. 미군이 한반도에 상륙한 지 10여 일이 지난 1945년 9월 20일, 미군정은 당시 이 정세를 아래와 같이 평가하였다.

"정치 정세 중 가장 고무적인 유일한 요소는 연로하고도 보다 교육 받은 한국인들 가운데 수백 명의 보수주의자들이 서울에 존재하고 있다는 점입니다. 그들 중 많은 수가 일제에 협력하였지만 그러한 오명은 결국 점차 사라질 것입니다. 비록 다수는 아니지만 가장 큰 단일 그룹으로 임정의 환국을 지지하고 있습니다."[17]

또한 당시 주한 24군단 정보참모부의 니스트(Cecil W. Nist) 대령은 한국민주당은 "가장 중요한 민주주의적 정당"이며, 실제 상황과는 달리 "매우 많은 수의 한국인이 지지"하고 있다고 본국에 보고하였다.[18]

이렇게 미군정과 한국민주당 간의 이해관계가 일치하면서 양자 간의 밀월 관계는 본격적으로 시작되었다. 미군정은 한국민주당의 실세라고 할 수 있었던 송진우, 장덕수 등과 거의 매일 만나 정보를 교환하였다.[19] 미군정의 정책을 자문할 고문위원회를 구성할 때에도 현실적으로 참여가 불가능한 조만식(曺晩植)과 참여 거부가 당연시된 여운형(呂運亨)을 제외한 나머지 9인을 모두 한국민주당에서 임명하였다.

미군정은 당시 미군 외에는 군대가 없는 상황에서 유일한 물리력이라고 할 수 있는 경찰의 수뇌부에도 장택상, 조병옥 등의 한국민주당 간부들을 임명하였다. 한국민주당은 명실상부한 '여당(與黨)'으로서 자리 잡게 되었다. 미군정은 한국민주당을 자신들의 대한 정책의 실현을 위한 파트너로 선택한 것이다. 따라서 일반인들은 한국민주당이 미군정 정책에 적극적으로 호응할 것이라 생각했을 가능성이 크다.

둘째로 신탁통치와 관련된 논쟁이 전개되고 미군정이 이에 대한 해명을 한 직후 송진우가 하지를 방문했다는 사실이 주목된다.[20] 이 자리에서 미군정의 하지 사령관은 자신의 뜻을 한국에 밝혀줄 것을 송진우에게 요구하면서 그를 대리로 하여 대국민담화를 발표하였다. 물론 송진우의 발표 내용에 신탁통치와 관련된 내용이 포함되지는 않았지만, 아마 이 대담에서 미군정이 신탁통치 문제를 어떻게 보고 있는지 교감이 오갔을 가능성이 크다. 당시 현안에 대해 관심을 가진 인물들은 이것을 쉽게 추측했을 것이다.

그러나 송진우 자신과 한국민주당이 신탁통치에 대해 찬성하거나, 미국의 '훈정'을 바란다고 발표하거나 말한 흔적은 전혀 보이지 않는다. 단지 미군정과의 협조 노선에 대해 당 내에서 논쟁이 있었다는 점만이 발견될 뿐이다. 즉, 미군정이 진주하자 한국민주당 안에서는 미군정의 직접 통치에 대한 협력을 놓고 노선을 확정하기 위한 논란이 있었다. 이때 김약수(金若水)와 원세훈(元世勳) 등은 협력하지 말 것을 주장했고, 조병옥과 김병로(金炳魯)는 협력할 것을 주장했다고 한다.[21] 조병옥과 김병로는 당시의 국제 정세에 비추어보아 한국은 군정 단계의 훈정기를 거치지 않고는 치안을 유지할 수 없고, 또 전 한반도의 적화를 면하기 위해서도 훈정이 필요하다고 주장했다.[22] 결국 이 논쟁의 결론은 당의 책임자인 송진우가 내리게 되었고, 한국민주당은 미군정에 대한 적극적인 협조 노선을 걷게 되었다.

그러나 미군정과의 협조 노선이 곧 신탁통치에 찬성한다는 의미는 아니었다. 당시에는 조선공산당 역시 미군정에 협조하는 노선을 추진했다. 다른 정당들도 미국과 소련이 일본 제국주의를 패망시키면서 조선을 해방시켜 주었다는 전제 위에서 미국과 소련에 협조 노선을 취하고 있었다. 이 중 누구를 선택할 것인가 하는 결정권은 미군정 당국이 쥐고 있을 따름이었다.

현실적으로 정치권력과 물리력을 미군정이 장악하고 있는 조건에서 미군정에 협조 노선을 추구한다는 것은 당연한 현상이었다. 게다가 일본군의 무장 해제라는 명분 아래 38선 이남에 진주해 있는 미군정과 충돌을 일으키지 않아야 한다는 것은 1945년의 상황에서 너무나도 상식적인 노선이라고 할 수 있다. 그러므로 미군정에 대한 협조 노선이 곧 신탁통치에 대한 찬성이라고 등치시킬 수는 없다. 그러한 인상을 받았을 가능성이 전혀 없는 것은 아니지만, 표면적으로나 공식적으로나 송진우와 한국민주당이 미국의 신탁통치안에 대해서 호의적인 반응을 보인 적은 전혀 없다.

결국 한현우의 말을 액면 그대로 수용하면 송진우 암살사건은 더욱 미궁에 빠지게 된다. 따라서 송진우 암살사건의 배후는 그의 암살 배경을 통해 어느 정도 추론해볼 수밖에 없다. 당시 정치 상황과 전후 사정을 통해 송진우 암살의 배후에 어떠한 정치 세력이 있었는지 접근 해보자는 것이다.

송진우와 조선공산당

1910년대 동경에서 유학 생활을 한 그는 이후 민족운동을 함께한 김성수, 안재홍, 장덕수, 신익희(申翼熙) 등과 조선유학생친목회를 결성하면서 정치인, 언론인으로 활동을 시작하였다. 1917년 귀국하여 김성수가 설립한 중앙학교에서 교편을 잡았다. 3·1운동으로 투옥된 그는 1921년 「동아일보」 사장에 취임하였다.

그 후 송진우는 「동아일보」를 중심으로 김성수와 함께 민립 대학 건립운동, 물산장려운동 등에 적극적으로 참여하면서 민족주의 계열의 대표적인 지도자가 되었다. 그는 또한 1923년 이후 김성수와 함께 '합법적인 정치운동을 위한 연정회(研政會)'에 참여했다. 이는 일본 제국주의로부터 독립하기보다, 우선 일본 제국주의 내에서 자치권을 얻어내고 참정권을 획득하자는 운동이었다. 기본적으로 실력양성운동에 기초해 민족운동을 전개한 보수 우파 민족주의 계열의 인사들은 즉각적인 독립보다는 독립을 준비해야 한다는 소극적인 준비론의 입장에 있었다.

1917년 러시아 혁명 이후 조선에는 사회주의 사상이 물밀듯이 들어왔다. 일본에 있던 유학생을 통해 들어오기도 했고, 중국을 통해 들어오기도 했다. 일본 동경이나 중국 상해에서 유학하거나 민족해방운동을 전개하고자 했던 많은 지식청년이 사회주의 사상을 받아들였다. 이들을 통해 국내에서도 1920년대 초반 이래 사회주의 사상이 점차 확산되었다.

이들은 1920년대 초반 주로 사상단체나 청년단체를 만들어 활동하다가,

동아일보사 사장 시절, 일본을 방문해 오사카(大阪) 지국장 김기범과 함께한 송진우(1935).

1924년에 농민·노동자 단체를 만들었고, 1925년에는 조선공산당을 창당하였다. 이들은 '민족운동'이라고 해서 모든 것이 민족운동일 수 없으며, 진정한 민족운동은 무엇보다도 계급 문제에 기초하여 풀어야 한다고 주장했다. 즉, 일본 제국주의와 결탁하고 있었던 지주와 자본가들을 모두 우리 민족이라고 할 수 없다며, 우리 민족을 노동자, 농민 등 근로 대중을 중심으로 하는 계급들로 규정했다. 따라서 이들의 민족해방운동은 계급투쟁의 성격을 강하게 띠고 있었고, '민족통일전선'을 추구하기보다 계급투쟁을 통한 민족 해방을 지향하였다. 계급투쟁 중심의 인식과 활동은 초기 공산주의운동에서 나타난 특징이었다.

그렇기 때문에 좌익 정치세력의 인식과 노선에서 보면 송진우와 김성수를 중심으로 하는 보수우파 민족주의자의 항일운동이 관념적이고 타협적으로 보일 수밖에 없었다. 즉각적인 해방보다는 자치나 참정권을 주장한다거나, 조선인 자본가를 살리기 위한 물산장려운동 등은 계급 노선에 기초한 민족해방운동에서 용납될 수 없다고 본 것이다.

게다가 이들의 민족운동은 김성수의 대자본을 기초로 이루어지고 있었다. 김성수는 호남의 대지주이자 경성방직, 중앙학교, 「동아일보」를 소유한 자본가이기도 했다. 따라서 공산주의자들의 상당수가 「조선일보」, 「동아일보」 등의 보수적 민족주의 계열 신문의 기자로 일하고 있었는데도, 보수우파 민족주의자의 민족운동을 일본 제국주의에 타협하는 것으로 비판하였다. 어떻게 보면 계급론적 시각에 기초해서 볼 때 이들은 민족의 일원으로 규정할 수 없었다.

1927년 보수적 민족주의자들과 공산주의자들의 연합으로 신간회가 결성되었고, 양자는 이를 중심으로 항일운동에서의 공동보조를 취하기도 하였다. 송진우도 신간회 경성지회에 가입하였지만, 소극적인 참여에 그칠 수밖에 없었다. 신간회의 주도권은 공산주의자와 소수의 비타협적인 민족주의자가 장악하고 있었고, 「동아일보」 계열의 인사들은 비난의 대상이 될 뿐이었다. 오히려 송진우가 경성지회에 참여하자 신간회 본부에서 안재홍 외 몇몇 간부가 급히 회의를 열어 그를 제명하자는 강경론이 대두되기도 했다.[23]

1929년 이후 일본 제국주의의 탄압이 심해지자 신간회 대부분의 간부들이 체포되었고, 「동아일보」 계열을 중심으로 한 보수적 민족주의자들이 주도권을 장악하게 되었다. 이에 신간회의 각 지회는 이들을 불신하는 견해를 내놓았고 공산주의자, 비타협적 민족주의자, 「동아일보」 중심의 보수적 민족주의자들은 모두 각각의 길을 걷게 되었다.

송진우는 1930년대에도 「동아일보」를 중심으로 민족운동을 전개하고자 하였으나 일본 제국주의의 탄압이 거세지자 활동을 거의 중지하였다. 자의에 의한 것은 아니었지만, 오히려 그는 1943년 1월 학병 동원 연설을 하였고, 조선언론보국회에 소극적으로 참여하는 등 일정 정도의 친일 전쟁 범

조선중앙일보사 사장 여운형(오른쪽)과 함께(1930년대 중반).

죄 행위를 하기도 했다. 그러나 그의 이름이 해방 직후 출간된 『친일파 군상』에 없고, 일제 말기까지 친일 활동을 하지 않은 여운형, 김병로, 이극로(李克魯) 등과 친분 관계를 계속 유지했던 것으로 보아 적극적인 친일 전쟁 범죄는 아니었던 것으로 추정된다.[24]

여운형이 해방 직후 송진우에게 조선건국준비위원회의 참여를 끝까지 계속 제의한 것도 그가 적극적으로 친일 행위를 하지 않았고, 보수우파 민족주의 계열 내부에서 그가 차지하는 위상을 고려했던 것으로 보인다.

1930년대 이후 기층 대중 속으로 들어가 조선공산당을 재건하고자 했던 공산주의자는 송진우를 중심으로 하는 보수우파 민족주의자의 행보를 반민족적이고 반민중적인 것으로 비판하였다. 이들은 각 지방에 노동조합과 농민조합을 만들어 항일운동을 강화하고자 했으며, 이것을 기초로 조선공산당을 재건하고 조선의 공산주의 운동을 활성화하고자 했다.

그러나 이들은 보수적인 민족주의자와는 달리 1930년대 중반 이후 일본 제국주의의 황국신민화 정책과 반공 정책이 강화되어나가는 가운데서도 항일운동이나 소극적 저항을 계속하였다. 바로 이 점이 해방 직후 공산주의자가 정국의 주도권을 장악한 중요한 요인이었다.

정치적으로 대립하던 좌익 세력에 쏠린 의혹

송진우는 해방이 되자마자 조직된 여운형의 조선건국준비위원회의 참여를 거부하고 「동아일보」 계열의 인사들을 중심으로 국민대회준비회(國民大會準備會)를 조직하였다. 국민대회준비회는 당시 중경에 있으면서 귀국하지 못한 임시정부를 한반도 유일의 정권으로 추대하고자 하는 움직임이었다. 이러한 움직임은 해방 직전까지 변절하지 않고 민족해방운동을 전개해온 좌익 세력의 정치적인 주도권에 대항하기 위한 움직임이었으며, 건국준비위원회가 해산되면서 조직된 '조선인민공화국(朝鮮人民共和國, 이하 '인공')'에 대항하기 위한 것이었다.

1945년 9월 8일 미 24군이 하지 중장의 지휘 아래 인천에 상륙한 때를 즈음하여 송진우를 비롯한 국내 보수우파 민족주의자의 정치 노선에는 변화가 나타나기 시작하였다. 즉, 미군이 진주하면서 조선에 미군정이라는 정권 기관을 설치하고 미군이라는 물리력을 바탕으로 하여 스스로 '한반도에서 유일무이한 정권'임을 선언하자, 이제 송진우와 김성수를 중심으로 하는 보수우파 민족주의자들은 보다 실제적인 정치권력을 가지고 있는 미군정에 다가선다. 미군정은 자신들 외에 다른 세력을 일절 정부로 인정하지 않았다. 중경의 임시정부가 정부로서 인정받지 못하고 일개 정파 취급을 받는 상황에서 그들에게 목맬 필요는 없다고 판단했던 것일까?

결국 송진우를 중심으로 김성수, 원세훈, 장덕수, 장택상, 조병옥 등 국내의 보수적 민족주의 세력은 한국민주당이라는 정당을 결성하였다. 이 정당에는 김성수, 장덕수 등을 비롯한 지주, 자본가가 대거 참여하였을 뿐만 아니라 친일 전쟁 범죄 행위를 한 인사도 대거 참여했다. 이와는 반대로 김병로, 이인(李仁), 이극로, 김약수, 조병옥 등 친일을 하지 않고 끝까지 비타협적인 민족주의 노선을 걸어온 인물들도 참여하였다.[25] 그러나 당시의 여론은 한국민주당을 친일파와 지주, 자본가의 정당이라고 비난하였다.

이는 당시 한반도의 상황이 일본 제국주의로부터 해방된 직후 사회 모든 분야에서 일제 잔재의 척결과 반(半)봉건적인 토지 관계의 개혁을 주된 과제로 했기 때문이다. 그 비율이 어느 정도였든 간에 친일단체에 관계했던 인물과 지주, 자본가들이 참여한 한국민주당이 이러한 비난을 받는 것은 당연했다.

그러므로 반제반봉건적인 개혁을 주장하고 있던 조선공산당은 친일파, 지주, 자본가들이 참여한 한국민주당과 대립하였다. 게다가 전술한 일제강점기부터의 대립 관계가 이 시기에 이르러 다시 표출되기 시작하였다. 조선공산당 역시 '소련과 미국이 우리 민족을 해방시켜 주었다'고 하는 전제하에서 미군정에 대한 협조 노선을 견지하였지만, 사회주의에 방벽을 쌓고 한반도를 자본주의권에 편입시키려 했던 미국으로서는 소련과 가까운 조선공산당이 달가울 리 없었다.

조선인민공화국에 대항하기 위해 국민대회준비회를 조직한 송진우는 1945년 9월 말, 10월 초 미군 사령관 하지와의 요담에서 인공이 소련과 연결되어 있으며, 이들을 강력히 탄압해야 한다고 요청하였다.[26] 곧이어 아놀드 소장은 10월 10일 원색적인 용어로 인공을 비난하는 성명을 발표하였고,[27] 12월 12일에는 하지 사령관이 직접 인공이 정부가 아니라는 부인 성명을 발표했다.

조선공산당은 이러한 사태에 대해 미군정을 직접적으로 비난하기보다 "미군정을 둘러싸고 있는 보수 세력과 친일파들의 농간"이라고 비난하였다.[28] 여기에서 보수 세력과 친일파는 미군정의 자문과 관리로 등용된 한국민주당을 가리킨다. 그리고 한국민주당에서 미군정과 가장 적극적으로 협조 관계를 맺고 있던 인물은 송진우였다.

따라서 송진우가 1945년 12월 30일 암살되자, 암살의 배후로 자연히 조선공산당에 시선이 모아졌다. 일제강점기부터 앙숙이던 양자의 관계를 미루어볼 때 조선공산당이 직접 배후에 있지 않았다 할지라도, 적어도 그를 암살한 인물들은 조선공산당의 영향을 받고 있는 인물일 가능성이 높았던 것이다.

그러나 암살범을 잡은 결과 그들은 공산주의와는 거리가 멀었다. 오히려 일본에서 극우단체에 참여한 경력이 있거나 임시정부의 반탁운동을 지지한 인물이다. 경무부에서는 1946년 4월 24일 이들이 공산주의자는 아니라는 성명까지 냈다.[29]

중경 임시정부는 왜 암살의 배후로 거론됐나?

당시의 정황으로 볼 때 송진우 암살의 배후로 지목된 또 다른 세력은 중경 임시정부이다. 송진우를 중심으로 하는 한국민주당이 애초에 인공을 부인하고 임시정부의 추대를 주장하면서 국민대회준비회를 조직하였건만, 세론은 왜 이러한 추측을 하였던 것일까?

첫째로 미군정 측의 임시정부에 대한 태도가 돌변하면서 한국민주당과 임시정부의 관계가 악화되었다. 미군정은 당시 한반도에서 좌파 세력이 매우 강했기 때문에 한국민주당을 파트너로 선택했지만, 한국민주당이 친일파·지주의 정당으로 비난받으면서 대중적 지지를 획득하지 못하자 더 대중적이고 반공적인 파트너를 찾게 되었다. 특히 새로운 파트너는 강력한 리더십을 갖고 대중적 인기가 높지 않은 보수우파 민족주의 세력들을 이끌어나갈 수 있기를 기대했다.

여기서 선택하게 된 것이 바로 이승만과 중국 중경에 있던 임시정부 세력이었다.[30] 이들은 대중으로부터 명망을 얻고 있었고, 강력한 '반공주의자'였다. 따라서 이들이 국내에 들어와 한국민주당을 중심으로 하는 보수적인 인사와 손을 잡을 경우 조선공산당에 대항할 수 있는 강력한 파트너를 만들 수 있다는 계산이었다.[31]

그러나 미군정 측은 임시정부가 국내에 들어오면서 이들에 대해 실망하기 시작했다. 미군정의 입장에서 볼 때 임시정부에 참여한 인사는 너무 민족주의적이고, 너무 고집쟁이였다.[32] 미군정은 임시정부 세력이 귀국하되 이들이 절대로 정부의 자격이 아닌 '개인'의 자격으로 귀국할 것을 요청하였다. 그러나 임시정부 요인들은 귀국하자마자 개인이 아닌 '정부'의 자격으로 귀국했음을 선언했다. 이는 미군정과의 약속을 위반한 것이다.

미군정은 군정청 외에 38선 이남에 어떠한 정부도 허용할 수 없다고 주장했다. 무엇보다도 미군정이 이미 정부가 아니라는 성명을 발표한 인공(조선인민공화국)이 '국(國)' 자를 붙이고 있다는 점에서 인공뿐만 아니라 다른 여타의 정부를 인정할 수 없었다. 만약 중경에서 귀국한 임시정부 세력을 정부로서 인정한다면 이는 모순되는 정책 실행이 되는 셈이었다.

더구나 미국 정부는 해방 직전에 외교 문서를 통하여 임시정부가 한국민을 대표하지 못하며 이들의 정치적인 성향을 믿을 수 없으므로 이들을 정부로 인정할 수 없다는 입장을 밝혔다.[33] 또한 한반도에서 신탁통치를 실시하거나 한국인들의 자치정부를 수립하고 빨리 미군을 철수하고자 했던 미국 정부로서는 소련과의 협상을 앞둔 상황에서 강력한 반공주의자인 김구가 주도하는 임시정부를 정부로 인정한다는 것은 그 자체로서 소련과의 협상을 포기하는 것과 같았다.

미군정이 임시정부 세력에 대해 이러한 태도를 보이자 한국민주당의 입장 역시 일정 정도의 변화를 보였다. 표면적으로 국민대회준비회를 조직한 이후 1945년 10월 20일에는 송진우와 김성수가 주동이 되어 애국지사후원회를 조직하기도 했다. 그러나 한국민주당 인사들의 마음은 이미 미군정의 지지를 받던 이승만 쪽으로 기울었고, 더 크게는 미군정에 기대고 있었다. 이승만은 귀국 때부터 미군정으로부터 적극적인 지지를 받았다. 그리고 1946년 중반 이후 이승만과 하지 사령관과의 관계가 나빠질 때까지 음으로 양으로 미군정의 지지는 계속되었다. 이러한 이승만에 대한 지지는 맥아더 사령관의 이승만에 대한 절대적 신임과 관련이 깊다.[34]

한국민주당을 움직이고 있던 송진우의 현실주의적인 정치 노선과 임시정부 세력의 고집스러운 법통론(임시정부가 유일한 정부임을 주장하는 것) 때문에 양자의 관계는 임정 요인이 귀국한 이후 악화일로를 걷게 된다. 바로 이것이 송진우와 임시정부 세력의 관계가 악화된 두 번째 계기였다.

임시정부 세력이 환국한 직후 송진우가 직접 임정 요인을 방문하고 나서 임시정부를 절대적으로 지지하겠다는 담화를 발표하기도 하였고,[35] 12월 6일 한국민주당이 임시정부 지지 국민운동 전개를 결의하는 등 표면적으로 양자의 관계는 매우 협조적인 것처럼 보였다.[36] 그러나 고압적인 임시정부 요인들의 자세로 서로의 감정이 매우 상하게 되었고, 그 첫 번째 사건은 정치 자금을 둘러싸고 폭발했다.

김성수와 송진우는 임시정부 환국에 앞서 환국지사후원회라는 것을 조직하여 장차 입국하게 될 임시정부에 전달할 정치 자금을 각출했다. 임정이 귀국하자 송진우는 1차로 9백만 환을 전달했다. 그러나 김구는 전해 받은 정치 자금을 재정부장 조완구를 시켜 되돌려 보냈다. 물욕이 없고 원칙 문제에 소박한 줏대를 세우는 김구의 성품으로 보아 있을 법한 일이지만, 이 자금의 반려 동기에는 심상치 않은 우여곡절이 깔려 있다. 김성수와 송

미군정의 뜻에 따라 개인 자격으로 환국한 중경 임시정부 요인들. 앞줄 왼쪽부터 장건상, 조완구, 이시영, 김구, 김규식, 조소앙, 신익희(1945. 11. 23. 경교장).

진우가 주동이 된 환국지사후원회에는 친일 전쟁 범죄에 관여한 실업인이 많이 있었으며, 따라서 그 돈은 부정한 자금이라고 '잡음을 넣는 사람'이 있어 김구의 결벽성을 자극시켰던 것이다.[37]

또한 12월 중순에는 송진우가 김구, 김규식(金奎植), 이시영(李始榮), 조소앙(趙素昻), 신익희, 조완구, 엄항섭을 비롯한 임정 요인 전원을 초대해 국일관에서 주찬을 벌였는데, 이 자리에서 친일 문제로 양자 사이에 고함이 오갔다. 서로 간의 감정은 더욱 악화될 수밖에 없었다. 국내에 활동 기반이 없던 임시정부 세력은 재정과 조직 문제에서 어려움을 겪고 있었다. 하지만 일제강점기 내내 민족 해방을 위해 중국에서 고생을 했건만, 이제 와서 친일파 정당으로 비난받고 있는 한국민주당의 도움을 받을 수 없다는 것이 이들의 입장이었다.

이와 같이 송진우를 중심으로 하는 한국민주당과 임시정부 요인들과의 관계가 악화된 상황에서 1945년의 한 해가 저물어가던 12월 28일 3상회의 결정 내용이 신문지상에 발표된다. 이 결정에는 "빠른 시일 내에 조선의 독립"을 이룩하도록 한다는 긍정적인 문구도 있었지만 "후견(또는 '신탁통치')"을 실시한다는 문구도 포함되어 있었다.

그런데 국내에는 3상회의 결정에 대한 내용이 왜곡 보도되었다. 3상회의 결정 사항의 가장 핵심적인 내용은 38선의 이남과 이북을 점령하고 있는 미국과 소련이 공동위원회를 구성하고, 그 위원회가 조선인들의 대표와 협의하여 빠른 시일 내에 통일임시정부를 구성한다는 것이었다.[38] 그러나 외신의 보도를 받았다고 전한 「동아일보」는 12월 28일 자에서 모스크바 3상 결정은 곧 조선에 대한 신탁통치를 의미하는 것이라고 보도했다. 그리고 곧 조선에 대한 신탁통치를 주장한 것은 소련이라는 소문이 퍼져나갔다.[39]

반탁의 방법론을 두고 대립

곧 나라 전체는 신탁통치를 반대하는 반탁운동으로 휩싸였다. 비록 1946년 1월 3일 조선공산당과 조선인민당이 3상 결정의 진보성을 인정하면서 결정안에 대한지지 입장을 발표했지만, 1945년 12월 31일까지의 상황은 전 조선이 반탁운동의 분위기에 휩싸여 있었다. 가장 보수적이던 한국민주당에서부터 가장 급진적인 조선공산당에 이르기까지 초당파적으로 반탁운동을 전개해야 한다는 입장 표명이 나왔다.

이러한 반탁운동을 가장 적극적으로 주도한 인물들이 바로 김구를 중심으로 하는 임시정부 요인이다. 나라가 독립된 마당에 4개월도 채 지나지 않아 다시 외국의 신탁통치를 받아야 한다는 상황은 심정적으로 용납될 수 없는 것이었다. 임시정부 세력은 또한 반탁운동을 계기로 국내에서 정치적 기반을 마련하고, 경우에 따라서는 군정청을 접수하여 국권을 회복한다는 의지도 보였다. 임시정부는 '국자(國字) 1호'를 발표하여 미군정청 안의 한국인에게 파업을 명하였고, 모든 시가의 철시(撤市)를 지시했다. 실제로 이 성명은 엄청난 위력을 발휘하여 미군정청의 업무가 마비되기도 하였다.

바로 이때 송진우가 반탁운동을 '반대'한다는 소문이 돌았다. 또 이 시기에 경교장에서 김구와 송진우가 고성을 지르면서 다투었다는 소문도 돌았다. 소문은 꼬리를 물어 이미 1945년 10월 조선의 신탁통치에 대한 빈센트의 발언이 신문에 보도되었을 때도 송진우가 그 발언에 찬의를 표했다는 소문도 돌았다. 그렇다면 송진우는 암살범 한현우가 주장한 대로 신탁통치에 대해 찬성의 입장을 표명했을까?

당시 경교장에서 김구와 송진우가 벌인 격론의 내용은 신탁통치를 찬성할 것인가, 반대할 것인가에 대한 문제는 아니었던 것 같다. 이미 송진우는 12월 28일 반탁의 입장을 밝힌 다음이었다.[40] 당시 논쟁의 핵심 내용은 반탁운동의 방법에 대한 입장의 차이였던 것으로 보인다.

김구를 중심으로 한 임시정부 요인은 강력한 반탁운동을 전개하고자 하였다. 반면 미군정과 적극적인 협조 관계를 유지하고 있던 송진우는 반탁운동으로 미군정과 충돌할 수 없다고 생각했다. 아마도 송진우는 임시정부 요인의 강력한 반탁운동, 심지어 미군정에 적극적으로 대항하는 파업만은 만류한 것으로 보인다. 경교장에서의 대화는 다음과 같았다고 알려져 있다.

임시정부 : "그러면 고하는 찬탁파요?"
송진우 : "찬탁이 아니라 방법을 신중하게 하자는 것이오. 반탁으로 국민을 지
　　　　나치게 흥분시킨다면 뒷수습이 곤란할 것이니 좀 더 냉정하게 생각해
　　　　서 시국을 원만히 수습해야 하지 않겠소."

임시정부 : "무슨 소리요? 반탁 뒤에 오는 모든 사태는 우리가 맡지."

송진우 : "미국은 여론의 나라이니만큼 국민운동으로 의사를 표시하면 족히 신
　　　　탁통치안이 취소될 수 있고⋯⋯ 군정을 부인하고 임정 이름으로 독립
　　　　을 선포하면 반드시 큰 혼란이 일어날뿐더러, 결국은 공산당이 어부지
　　　　리를 취할 우려가 있다."[41]

　12월 29일 아놀드 군정장관은 임시정부의 엄항섭 선전부장을 불러 자제
를 당부하였다.[42] 하지도 자신이 가장 신뢰하는 자문위원 송진우를 불러 임
시정부에 대한 설득을 당부하였다.[43] 이것은 미군정에서 과격한 반탁운동
을 자제할 것을 당부한 것이었고, 송진우는 이러한 미군정의 입장을 임시
정부 측에 전달한 것이었다. 바로 이러한 방법론적인 차이가 '송진우가 신
탁통치를 지지한다'는 소문으로 유포된 것이다.

　따라서 암살범 재판 과정에서 암살범 측 증인으로 출두한 안재홍은 "송
진우가 해방 후 건준에 대항하기 위해 임정 추대를 주장하다가 임정 요인
들이 군정하에 개인 자격으로 귀국하게 되자 임정을 무시하는 태도를 취했
다"고 하면서 "임정을 무시하고 헌법 기초위원회를 창설"하려 하였고, "신
탁통치를 지지"하였다고 증언하였다. 안재홍은 송진우가 신탁통치를 지지
한 것은 "용납될 수 없는 만용"이라고 비난했다.[44]

　이상과 같은 한국민주당과 임시정부 요인들의 관계, 특히 송진우와 김구
의 관계를 고려할 때 당시 일부 인사들은 송진우 암살의 배후 인물로 김구
의 반탁운동을 지지하던 그룹을 지목하였다. 특히 김구는, 임시정부 그룹이
일제강점 시기 1930년대 이후 '테러'나 '암살'을 독립운동의 수단으로 사용
한 적이 있었기 때문에 암살의 배후로서 의심받을 여지가 있었던 것이다.

　미군정은 김구를 '테러리스트'로 평가했다.[45] 미국에게 있어서 '독립운

동'이라는 궁극적 목적보다는 수단이 더 중요하게 비쳤던 것일까? 아니면 백색 테러를 자행하고 있던 중국국민당 장개석과 친분을 갖고 있던 김구에 대해 곱지 않은 시선을 보내고 있었던 것일까? 미군정의 경무부장이던 조병옥은 미군정의 정보장교들과의 술자리에서 김구가 송진우와 장덕수를 암살했다고 말했으며, 1946년에는 김구가 여운형의 목에 상금을 걸기도 하는 등 그 암살의 혐의를 벗어날 수는 없다고 주장했다. 한 미군정 관리는 그를 "무수한 암살 음모의 장본인"이라고 주장했다.[46]

그러나 가장 결정적인 사실은 송진우의 암살범들과 김구를 중심으로 하는 임시정부 계열의 연결고리가 전혀 없다는 사실이다. 송진우의 암살범들 중 주범인 한현우는 해방 이전에 일본에서 활동했기 때문에 중국에서 활동한 임시정부와 어떠한 연결고리도 갖고 있지 않았다. 기타 인물들은 주로 송진우의 신변 경호원으로 일했다. 만에 하나 이들이 임시정부 인사들과 연결되어 있었다고 한다면 그 점이 절대로 드러나지 않을 이유가 없었다.

미군정은 1946년 1월 3일 반탁운동을 위해 총파업을 주도한 김구와 하지 사령관 사이에 갈등이 폭발하면서 김구에 대해 부정적으로 평가하고 있었기 때문에, 조그마한 연결고리라도 발견되었다면 군정의 수사력을 총동원하여 이를 밝혔을 것이다. 김구는 1월 3일 하지 사령관과 면담하였다. 이 자리에서 하지는 김구에게 조금 자제해줄 것을 요청했다. 그러나 김구는 이 땅에서 물러가야 할 것은 너희들이라고 하면서 도리어 하지에게 호통을 쳤다고 한다. 미군정은 이 사건을 '김구가 하지 앞에서 자살 소동을 벌인 것'이라고 보았으며, 1945년 12월 31일의 반탁을 위한 총파업 지시를 쿠데타로 표현했다.[47] 당시 미군정 기록에 따르면, 하지와 김구 사이의 갈등 이후 미군정은 임시정부를 보수우익 세력의 주축으로 하려 한 것은 '말'을 잘못 쓴 것이라고 자평하기도 했다. 그러나 재판 결과, 김구 중심의 임시정부는 아무런 관련이 없는 것으로 나타났다.

또 하나 중요한 점은 김구 자신이 장덕수 암살사건 재판 증인으로 출두했을 때 자신이 일제강점기의 행동 방식에 대해 설명한 대목이다. 김구는 재판정에서 자신은 지금까지 독립운동의 일환으로 '테러'와 '암살'을 수행했지만, 그때마다 직접 행동할 인물들을 상면해 지시를 내렸고, 간접적으로 지시한 적이 없다고 술회했다. 실제로 일제강점기 김구는 윤봉길, 이봉창 의사 사건을 비롯한 제반 '의거사건'에서 자신이 직접 지시를 내렸으며, 거사 시행 전에 태극기 앞에서 함께 사진을 찍었다.

물론 조병옥이 김구를 암살범으로 의심한 부분은 당시 상황에서 어느 정도 추정할 수 있는 가능성이 있었다. 그러나 조병옥이 미군정의 관리에게 그러한 말을 한 때가 1948년이었고, 이때는 미국과 이승만, 그리고 한국민주당의 단독정부 수립 노선에 반대하여 김구가 남북협상에 참여하려던 시점이기 때문에 김구를 정치적으로 몰아붙이기 위한 의도도 어느 정도 개입되어 있었을 가능성을 배제할 수 없다.

당시 정치 상황과 관련해 마지막으로 주목해야 할 점은 1945년 말에서 1946년 초는 김구를 중심으로 하는 임시정부 세력이 우익 내부에서 가장 강력한 힘을 가진 시기였다는 점이다. 1945년 말과 1946년 초 임시정부 세력들은 반탁운동을 계기로 일시적으로 정국의 주도권을 잡았다. 임시정부 세력들은 미군정을 몰아내고 행정부를 장악할 태세였다. 이러한 상황에서 쉽게 일을 그르칠 수 있는 암살이나 테러를 자행할 필요가 없었다. 대부분 암살이나 테러 사건은 일정 세력이 궁지에 몰렸을 때 일어난다. 그리고 그것을 계기로 국면의 전환을 추구한다. 1945년 12월 말은 반탁운동을 계기로 이미 국면이 전환된 시점이었으며, 김구를 중심으로 하는 임시정부 세력이 새롭게 국면 전환을 꾀할 필요는 없는 시기였다.

풀리지 않은 의문점들

2004년 일본에서 살고 있던 주범 한현우가 끝내 입을 열지 않은 채 사망했다. 암살범의 입을 통해 사건의 배후를 밝히는 일이 사실상 불가능해졌다. 그러나 풀리지 않는 의문점들은 아직 남아 있다.

첫째로 미군정 측에서 송진우의 암살에 대해 크게 주목하지 않은 점이다. 미국은 장덕수와 여운형이 암살당했을 때 상당히 관심을 보였으며, 즉각 범인을 찾아내 극형에 처할 것이라고 성명을 발표하는 등 아주 강경한 입장을 취했다. 하지 사령관은 장덕수 암살사건 때 직권까지 발동했다.

놀랍게도 송진우 암살사건에 대해서는 이상하리만치 침묵을 지켰다. 당시 정황이 모스크바 3상협정을 둘러싼 공방이 진행되던 시기였기 때문에 미군정에서 송진우 암살사건에 신경 쓸 틈이 없었을 수도 있다. 그러나 미군정의 입장을 가장 잘 이해하고 있던 송진우의 죽음은 미군정에서 매우 큰 타격이 아닐 수 없었다. 그런데도 미군정은 침묵을 지켰다. 당시 상황에서 송진우는 미군정에게 1947년의 장덕수나 여운형 못지않게 중요한 역할을 하는 위치에 있었다.

둘째로 송진우 암살사건을 해결하는 과정에서 나타난 경찰의 이해할 수 없는 태도다. 우선 송진우의 암살범들을 검거하게 된 경위를 잘 납득할 수 없다. 경찰청은 1946년 2월 13일 범인 검거를 위해 해양경비대에 입대 예정인 송진우의 전 경호원 두 명을 체포하였다. 그러나 두 달이 되도록 이들의 수사에 대한 소식이 전혀 발표되지 않았다. 그해 4월 8일에 가서야 경찰청은 송진우의 암살범들을 검거했다고 발표했다. 게다가 이 암살범들을 체포하게 된 계기에 대해서는 장택상 수도경찰청장의 '직감'임을 강조했다. 수많은 조선 사람 중에서 직감으로 범인을 체포한다는 것이 가능한 일일까?

또 하나 경찰과 관련된 의문점은 암살범들이 사용한 총을 경찰에 건네주었다는 사실이다. 「동아일보」 1946년 4월 11일 자에는 암살범들이 "범행 당시 사용한 권총을 다른 사람으로 하여금 경찰 당국에 바친" 사실이 있다고 보도되었다. 암살범들이 자신들을 수사하고 있는 경찰에 총을 바친다? 이들의 총을 받고도 경찰에서는 아무런 수사도 하지 못하고 있었다?

더욱 이해할 수 없는 부분은 당시 경찰청의 책임자가 한국민주당 창당의 주역이던 조병옥과, 보수우파 세력과 가까운 장택상이라는 사실이다. 그들은 일제강점 시기부터 송진우와 잘 아는 사이였기 때문에 오히려 송진우 암살범 체포에 전력을 기울여야 했다.

셋째로 암살범들을 담당한 재판부의 태도에도 의문점이 남는다. 재판부는 암살범들에게 너무 가벼운 형량을 선고하였다. 미군정과 송진우가 가까운 사이였다는 점 외에도 검찰과 재판부의 책임자로 있던 이인이나 김병로 역시 한국민주당 창당에 적극적으로 참여한 인물이다. 한 시기 여당의 총재를 암살한 주범이 15년형을 선고받고, 그 암살범이 몇 년 후에 나와 백주대로를 걸어 다니고 있다면 누가 그 상황을 이해하겠는가?

이상과 같은 행정·경찰·사법상의 의문점은 해방 직후의 여러 실무 경험의 공백과 혼란 속에서 나타난 현상이었다고 가정하자. 그러나 또 한 가지 납득할 수 없는 중요한 사실이 있다. 범인은 왜 송진우를 노린 것일까?

암살범 한현우가 밝힌 것처럼 신탁통치에 대한 지지, 또는 반탁운동에 대한 불명확한 태도 때문에 송진우를 살해했다는 점을 사실로 인정한다면, 왜 암살의 대상을 송진우에게만 한정했을까 하는 의문이 들지 않을 수 없다. 송진우 외에도 반탁운동에 대해 미온적인 태도를 보인 정치지도자는 많았다. 그 대표적인 인물이 바로 이승만이다.

이승만은 반탁운동이 한창 기세를 떨치고 있을 때 다음과 같은 담화를 발표하였다.

"3. 모든 단체나 개인은 자유행동을 취하지 말고 규칙 범위 내에서 모든 언행이 공명정대하여 법률 조리나 안녕 질서에 저촉됨이 없을 것이니 이런 사람이나 단체가 있거든 결코 합작을 불허할 것이다.

4. 미국 정부에 대하여 결코 오해가 없어야 할 것이니 이는 우리가 군력(軍力)을 두려워하거나 또 친미주의를 위함이 아니라 다만 미국군 정부가 우리를 해방한 은인이요 군정부 당국은 절대 독립을 찬성하는 고로 신탁 문제 발생 이후 자기 정부에 대하여 반박과 공격의 공문을 보낸 것이 한두 번이 아니었다. 그런데 우리 독립의 친우를 모르고 원수로 대우하면 이는 도리어 독립을 저해하는 것이다."[48]

이 담화문 중 생략된 두 항은 신탁통치 반대운동의 정당성에 대해 언급하고 있지만, 인용된 두 항은 적극적인 반탁운동은 하면 안 된다는 점을 강조하고 있다. 이는 송진우의 입장과 일치한다. 이승만은 1945년 12월 30일 아놀드 군정장관을 만나 협의 후에 이러한 입장을 공개적으로 밝혔다.[49] 그러나 이승만은 어떠한 테러나 암살의 위협도 받지 않았다.

또 다른 정치적 이유는 정당 통합의 무산인가?

그렇다면 송진우 암살 배경에는 또 다른 정치적 이유가 있었던 것일까? 이를 밝히기 위해서는 송진우의 죽음이 가지고 있는 역사적인 의미를 되짚어볼 필요가 있다.

1946년 1월 초 주요 정치 세력들이 모여 정치 행동의 통일을 모색해보려는 노력이 있었다. 역사에서는 잘 드러나지 않고 있지만, 이 회합은 모스크바 3상협정에 대해 우리 민족이 통일적으로 대응할 수 있는 합의를 이끌어내기 위한 모임이었다. 4당 회합에는 한민당에서 원세훈·김병로, 조선인민당에서 이여성·김세용·김오성, 조선공산당에서 박헌영·이주하·홍남표, 국민당에서 안재홍·백홍균·이승복, 옵저버로 인공의 이강국, 임정의 김원봉·장건상·김성숙 등이 참여하였다.[50] 이승만과 김구, 그리고 북한의 정치 지도자들을 제외하고는 조선을 대표할 수 있는 거의 모든 정치 세력이 참여한 회합이었다.

　중요한 점은 전혀 융합될 수 없을 것같이 보이던 거대 정당들이 이 회합에서 하나의 합의점을 찾는다는 것이다. 이 회합에서 "모스크바 3상회의의, 조선의 자주독립을 보장하는 민주주의적 발전을 원조한다는 정신과 의도를 전적으로 지지한다"는 공동성명을 채택하였다. 이것이 이른바 '4당 코뮈니케'였다. 또한 신탁통치에 대해서는 "장래 수립될 우리 정부로 하여금 자주독립의 정신에 기하여 해결"하도록 한다고 합의하였다. 해방 직후부터 이 시기에 이르기까지 분열과 반목을 더해가던 정치 세력 사이에 연합 전선을 구성할 가능성을 보여주는 것이었다. 이러한 연합 전선의 형성을 위한 정치 세력 간 협의는 신한민족당이 참여하면서 1월 9일과 14일 계속되었다.[51]

　그러나 이러한 노력은 임시정부 측의 강력한 반탁 입장과 좌익 세력 일부에 의한 4당, 5당 회합에 대한 반대 등으로 실패하였고,[52] 임시정부가 반탁운동을 내걸고 조직한 비상정치회의에 한국민주당, 국민당 등이 참여하면서 결국 결렬되고 말았다. 그런데 한국민주당의 입장에서 본다면 1월 7일 당의 수석총무로 김성수가 당선되면서 당내 분위기가 더욱 보수적으로 선회하였다는 점이 이 회합의 결렬에 결정적인 영향을 미쳤을 가능성이 있다.[53] 만약 송진우가 실권을 잡고 있었다면, 3상회의 결정안에 대해 자신의 견해와 동일한 결정을 내린 4당, 5당 회합의 결정에 적극 반대하지 않았을 것이다.

또한 4당 회합과 5당 회합에 한민당의 대표로 참여한 원세훈과 김병로는 일본 제국주의의 식민지 정책에 동조하지 않은 몇 안 되는 비타협적 민족주의자였다. 그리고 원세훈은 시베리아에서, 김병로는 1927년의 신간회를 통해 공산주의·사회주의자들과 연합 전선 결성의 경험을 가지고 있던 인물이다.

이들은 식민지 시기 이래로 송진우와 가까운 관계를 계속 유지하고 있었다. 1930년대 말부터 1940년대 초까지 이들은 송진우와 계속 접촉하면서 민족운동의 새로운 진로를 모색하기도 했다. 송진우가 암살당하자 당의 수석총무 자리가 원세훈에게 넘어간다는 소문이 돌기도 하였다. 그러나 「동아일보」와 경성방직의 김성수를 중심으로 하는 한민당의 재정적 핵심 세력들은 원세훈을 비롯한 비타협적 민족주의자들에게 당의 주도권이 넘어가는 것을 지켜보지 않았으며, 결국 김성수가 수석총무에 선임되면서 당은 다시 보수 색깔로 회귀하였다.

송진우 개인으로 보더라도, 그는 일제강점기부터 「동아일보」 중심의 민족운동을 전개했지만, 민족주의 좌파의 대표적인 인물이던 여운형, 비타협적 민족주의자였던 원세훈·김병로·홍명희 등과 유대 관계를 형성하고 있었다. 따라서 그가 그 시점에서 죽지 않았다면, 좌우익 사이에서 합작의 움직임이 본격화될 가능성도 있었다.

이런 의미에서 본다면 그의 죽음은 1946년 2월 초 이후 38선 이남의 정치 세력이 좌우익, 즉 모스크바 3상협정 지지 세력과 반탁 세력으로 나뉘어

격렬한 쟁투를 벌이게 되는 한 원인을 제공했다고도 볼 수 있다.[54] 송진우
가 암살되지 않았다면 4당, 5당 회합의 현장에서 현실주의자이면서 온건한
정치를 추구한 송진우가 여타 정치 세력과의 협상에서 더 타협적인 자세를
보였을 가능성이 남아 있었던 것이다.

송진우의 죽음 이후 임시정부 세력은 1945년 말 이후 여타 우익 세력의
큰 반발 없이 '반탁'을 강경하게 주장하였으며, 이를 통하여 일시적이나마
정국 주도권을 장악할 수 있었다. 그러나 조선공산당과 조선인민당의 3상
협정 지지 선언과 함께 전개된 찬·반탁 정국은 결국 좌우익 간의 골을 깊
게 하는 결과를 가져왔다. 보수우익 내부에서 임시정부의 주도권도 미군정
이 주도한 민주의원의 결성과 함께 이승만에게 넘어갔다.

몽양 여운형

제2차 미소공동위원회와
함께 생을 마감하다

여운형(1946).

이 박사

당신의 비밀 정치 조직에서 흘러나온 정보를 입수했소.

당신과 김구가 미소공동위원회 활동에 반대하기 위한 수단으로

테러 활동을 계획 중이라는 내용이오.

활동 계획 가운데는 정치 요인 암살도 포함됐다지요.

이런 행동은 한국의 독립에 무제한의 타격을 가할 뿐이오.

한국의 모든 애국주의가 건설적인 출구를 찾기를 바랍니다.

_하지 사령관이 이승만에게 보낸 편지(1947. 6. 28.)

하지 장군

처음에는 대답할 가치조차 없어 무시하려 했으나

워낙 중대한 사안이군요.

이 편지가 신탁통치에 반대하는 우리의 입을 틀어막기 위한 게

아니라면 정보 제공자의 이름을 정확히 밝히시오.

_이승만이 하지 사령관에게 보낸 답신

혜화동에 울린 두 발의 총성

여운형은 암살되기 몇 달 전에 어디를 가든 경찰한테 미행당하고 집까지 감시당하고 있다는 불평을 미군정 관리에게 털어놓았다. 그는 자신의 경호원들이 무기를 소지할 수 있도록 허가해달라고 요청했다. 경찰이 외부 공격으로부터 자신을 보호해주지 않기 때문이라고 했다.[01]

여운형은 피살되기 하루 전인 1947년 7월 18일 밤 8시 반경, 측근인 황진남과 함께 제2차 미소공동위원회의 미국 측 수석대표인 브라운(A. E. Brown) 장군을 면담하고 돌아왔다. 암살되기 전날 밤 브라운 군정장관을 만났다는 점은 매우 주목되는 사실이다. 여운형은 미군정이 주도한 좌우합작위원회에 참여하면서 미군정의 인사와 친분을 맺고 있었고, 다른 좌파 민족주의 인사들에 비해 자주 미군정 요원들과 접촉하는 편이었다.

여운형은 이 자리에서도 "경찰은 나를 포함해 우익이 아닌 어떤 사람도 보호하려 하지 않는다"며 경찰에 대한 불만을 토로했다. 또한 "미군이 이승만을 미국이나 그 밖의 장소로 추방해야 한다"고 말했다. 이 자리에서 여운형은 암살의 표적이 되고 있으니 얼마간 몸을 피하는 것이 좋겠다는 장택상 수도경찰청장의 경고를 받았다. 이 자리는 암살 위협에 대한 대책을 논의하기 위한 만남이기도 했다.[02] 이 자리에서 미군정 측이 여운형에게 어떻게 처신하라고 했는지는 알 수 없다.

다음 날인 7월 19일 아침, 여운형은 「독립신보」의 주필이자 자신의 비서로 활동하고 있는 고경흠(高景欽)과 함께 성북동 김호(金乎, 재미교포)의 집에 들렀다.[03] 여운형은 여기에서 재미조선사정협의회 회장인 김용중[04]을 만나 38선 이남의 상황을 말하고 당시 추진하던 시국대책협의회 등의 민족주의 세력의 연합 전선과 미소공동위원회 성공을 위한 민족주의 좌우파의 활동에 대한 지지와 지원을 호소했다.[05]

오전 10시경 김호의 집을 나온 여운형은 당시 피신처로 기거하던 명륜동 정무묵(鄭武黙)의 집에 들러 점심 식사를 했다. 그런 후 계동 집에 들러 옷을 갈아입고 서울운동장으로 갈 계획이었다.

그날 오후 서울운동장에서는 우리나라와 영국의 친선 축구경기가 개최될 예정이었다. 국제올림픽위원회(IOC) 회원국 가입을 축하하기 위한 행사였다. 한국은 당시 아직 독립정부를 세우지 못한 상황이었는데도 국제올림픽위원회에 가입하는 혜택을 누렸다. 1947년 6월 23일 올림픽위원회 회원국이 됐을 당시 몽양은 체육회장을 맡고 있었기 때문에 한국올림픽위원장도 겸임하게 되었다. 남달리 스포츠를 좋아한 여운형은 일제강점기에도 상해로 스포츠 경기를 구경하러 갔다가 일본 경찰에게 체포되어 옥살이를 하기도 했고, 베를린 올림픽 마라톤 우승자인 손기정 선수를 적극적으로 후원하기도 했다.

여운형은 서울운동장에서 축구경기를 관람한 후 당시 미군정 경제협조처의 관리인 존슨을 만나러 창경원(현 창경궁)에 갈 예정이었다. 그러고 나서 저녁에는 고향인 묘꼴로 내려가려고 하였다. 자신에게 다가오는 죽음의 그림자를 직감했는지도 모른다. 한편 존슨은 창경원에서 세 시간 동안 기다렸지만 여운형은 나타나지 않았다. 그가 죽었다는 소식만이 들려왔을 뿐이다.[06]

여운형이 탄 차가 정무묵의 집에서 나와 혜화동 로터리에 이르렀을 때,

여운형이 암살된 혜화동 로터리. ○표된 곳이 피격 지점이다.

그곳 파출소 앞에 서 있던 트럭 한 대가 갑자기 달려 나와 몽양의 자동차를 가로막았다. 몽양의 차는 멈출 수밖에 없었다. 몽양 일행이 어리둥절하는 찰나, 두 발의 총성이 울림과 동시에 몽양의 거구가 거꾸러졌다. 흉한(兇漢) 한 명이 자동차 범퍼에 올라타서 몽양을 향해 권총 두 발을 쏘았던 것이다. 개인 경호원인 박성복이 권총을 빼들고 범인을 추격하였다. 동승한 고경흠 은 피를 흘리는 몽양을 안고 원남동 서울대학교병원으로 달렸다.[07]

총알이 복부와 심장을 관통해버려 여운형은 총탄을 맞은 지 채 2분도 되 지 않아, 병원으로 향하는 차 속에서 운명하고 말았다. 일제강점기부터 민 족 해방을 위해 온몸을 바쳐 싸웠고 대중한테도 인기가 높은 정치가이자 스포츠맨이었으며, 좌우합작운동의 중심에 있던 여운형이 쓰러지는 순간 이었다.

1947년 8월 3일 오전 8시, 광화문 근로인민당사 앞 광장에서 여운형의 장례식이 거행되었다. 각계각층을 망라한 장의위원회가 조직되어 해방 후

몽양의 영결식(1947. 8. 3). 광화문 근로인민당사 앞 광장에서 각계각층을 망라한 장의위원회가 조직되어 해방 후 처음으로 인민장이 거행되었다. 상가는 철시하였고 영구가 지나가는 거리거리는 몽양의 죽음을 슬퍼하는 수만 군중이 가득 메웠다.

처음으로 인민장이 거행되었다. 상가는 철시하였고 영구가 지나가는 거리거리는 몽양의 죽음을 슬퍼하는 수만 군중이 가득 메웠다. 영구는 을지로 5가를 지나 서울운동장에 도착하였다. 11시 40분 여운형의 절친한 친우인 이만규의 개식사로 영결식이 시작되었다. 하지, 브라운, 랭던 등 미군정의 핵심 인사들과 미소공동위원회의 참여를 위해 서울에 있던 소련 대표 스티코프(Terenti Fomitch Stykov)의 조사(弔詞)가 있었다. 여기에서 당시 그의 정치적 위상이 어떠했는지 실감할 수 있다. 그리고 그가 몸담은 좌우합작위원회의 수석 김규식, 민주주의민족전선 대표 송성철 등의 조사가 이어졌다. 영결식은 유족 대표로 여운형의 동생 여운홍의 답사가 있은 뒤 추도가가 합창되면서 끝을 맺었다.

그의 죽음은 남과 북 모두를 엄청난 충격 속으로 몰아넣었다. 남한 정치 세력의 합작뿐만 아니라 남과 북 전체의 정치적 합작을 추진하던 그의 죽음은 어떤 의미에서는 곧 분단을 의미하는 것이기도 했다. 당시 상황에서 남과 북의 정치 세력, 좌와 우의 정치 세력, 반탁운동 세력과 모스크바 3상협정 지지 세력을 묶을 수 있는 중심축은 여운형밖에 없었다.

일반적으로 여운형은 좌익으로 분류되고 있었지만, 1919년을 전후한 임시정부 활동, 1920년대 초반 공산청년회 활동, 1930년대 민족 언론 활동, 해방 직후 건국준비위원회 활동 등으로 정치 이념상 우에서부터 좌에 이르기까지 다양한 인맥을 유지하고 있었다.

이뿐만 아니라 그는 미군과 소련군 관계자 모두와 긴밀한 관계를 맺고 있었다. 그는 동상이몽의 미소공동위원회를 성공적으로 이끌어갈 수 있는 거의 유일한 국내 인사였다. 그의 죽음은 곧 미소공동위원회 결렬의 중요한 요인이 될 수 있었다.

북한의 대다수 정치단체가 참여한 북조선민주주의민족통일전선도 여운형의 죽음을 애도하는 추도문을 보내왔다.

"선생은 그 일생의 마지막 날까지 조국을 위한 투쟁으로 지내왔으며 그 투쟁 속에서 조선 민족의 애국지사의 한 사람으로 희생되었다.

선생은 반동파의 마수에 희생되었다. 그러나 조국을 위한 선생의 위대한 업적은 우리 민족 사상에 영원히 빛날 것이다. 오늘 우리들은 선생의 고귀한 희생 앞에 추도를 표하면서 선생을 살해한 반동파들과의 투쟁을 더욱 강화하며 민주 조국 건설을 위한 가혹한 투쟁에 반드시 승리함으로써 선생의 희생에 보답할 것을 맹서한다."

미군과 소련군의 주요 지도자뿐만 아니라 국제올림픽위원회도 여운형의 죽음에 대해 애도를 표시하였다.

끊임없는 테러 위협

여운형은 1920년대 이후 조선 민족을 대표하는 정치가이자, 언론인이요, 체육인이었다. 일제강점기에 국내외를 넘나드는 다양한 활동으로 전 조선에서 널리 알려졌으며, 그를 따르는 사람도 많았다. 그러므로 그는 일본 제국주의뿐만 아니라 정치적으로 다른 입장에 있는 사람들로부터 시기와 질투를 받았다.

1919년 상해에서 임시정부 조직에 참여하기도 했던 여운형은 1920년대 초반 상해에서 박헌영, 김단야 등과 함께 공산주의 청년 조직에 참여하였다. 1919년에는 장덕수와 함께 일본에 건너가 동경 한복판에서 일본의 육군성 대신인 다나카 기이치, 조선 주재 일본군 사령관 우츠노미야, 조선총독부 정무총감, 노다 체신 대신 등 군·정계의 거물들을 만나 조선 독립을 촉구하는 연설을 하기도 했다. 당시 일본의 다이쇼 데모크라시라는 열려 있는 사회 분위기 덕분이기도 했지만, 그의 용기 또한 대단한 것이었다.

1922년 김규식과 함께 모스크바 '극동피압박민족대회'에 참여하여 의장단의 일인으로 선출되었고, 당시 소련공산당의 책임비서이던 레닌과 요담을 나누기도 했다. 이후 1920년대 내내 중국에 머물며 손문, 모택동, 장개석, 왕정위 등 중국 요인들과 친교를 맺었고, 조선의 독립을 위한 활동을 정력적으로 전개했다.

만능 스포츠맨인 여운형은 1927년 상해 복단대학의 축구단을 이끌고 동남아시아 순방길에 올랐다. 이 순방이 결국 그의 중국 망명 생활을 마감하도록 하였다. 그는 싱가포르에서 영국 제국주의를 비난하고 다니다가 추방당했으며, 필리핀에서도 다른 민족의 지도자들과 함께 '혁명자대회' 개최를 시도하다가 쫓겨났다. 여운형은 결국 상해 요동운동장에서 축구 구경을 하던 중 영국 경찰의 묵인 아래 일본 경찰에 체포되어 서울로 압송되었다.

1932년 3년간의 옥살이를 마치고 석방된 여운형은 「조선중앙일보」 사장을 맡아 언론을 통한 민족운동을 전개하였다. 그는 또한 스포츠는 많은 사람에게 민족의식을 확산시킬 수 있는 중요 수단이라는 점을 파악하고, 전 민족적으로 스포츠를 확산시키는 데도 많은 노력을 하였다. 그는 조선체육회회장을 역임했고 올림픽에 참가하는

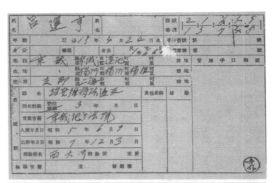

몽양의 일제강점기 서대문형무소 수형 기록(1930. 6).

선수들을 격려하기도 했다. 자연히 그의 이름 석 자는 전 조선에서 가장 널리 유포되었으며, 조선총독부는 그를 '요시찰 인물'로 지정하여 항상 감시하였다.

일본의 패망이 가까워오자 여운형은 1944년 건국동맹을 결성하였다. 건국동맹은 앞으로 다가올 조선의 독립을 준비하고자 하는 취지에서 조직되었다. 일본으로부터 해방된다는 것은 전 민족적인 경사지만, 더욱 중요한 것은 독립 이후 자주적인 민족국가를 건설해나가기 위한 준비를 철저하게 하는 일이었다.

여운형의 예상대로 조선은 곧 일본 제국주의로부터 해방되었다. 여운형은 바로 일본 제국주의에 끝까지 타협하지 않은 민족주의자 안재홍과 함께

미군 입성을 환영하는 플랜카드가 붙은 조선건국준비위원회 사무실 앞(1945. 8).

휘문고등학교 교정에서 젊은이들과 해방의 기쁨을 나누는 몽양(1945. 8. 16).

조선건국준비위원회(이하 '건준')를 구성하였다. 그러나 박헌영을 중심으로 조선공산당이 재건되고 건준의 주도권을 장악해나가자 정국은 곧바로 변했다. 안재홍을 중심으로 하는 비타협적 민족주의자가 건준을 탈퇴하였고, 여운형은 주도권을 잃었다. 게다가 미군의 38선 이남 진주에 대비하여 조선공산당이 건준을 인공으로 개편하자, 여운형은 더 이상 조직을 움직일 수 있는 힘을 가질 수 없었다.

이에 여운형은 1945년 11월 건국동맹을 공식 해소하고 조선인민당을 창당하였다. 그는 조선인민당의 정치 노선을 통해 자본주의를 기본으로 계획 경제를 도입하는 사회민주주의적인 정책을 지향하였다. 또한 토지개혁과 중요 산업 국유화, 그리고 친일 잔재의 척결 등을 주장하면서 해방 직후 한국 사회의 당면 문제에 대한 해결책을 제시하기도 했다.

여운형의 조선인민당은 이러한 사회적인 개혁을 위해 '파시즘의 잔재' 또는 '친일 세력'을 제외한 모든 사람이 '연합 전선' 또는 '인민 전선'을 결성하여야 한다고 주장하였다.[08] 구체적인 연합 전선의 방법으로 인공의 중앙인민위원회와 임시정부 요인들이 서로 타협하여 결합하는 방식을 제기하기도 했다.[09] 또한 조선공산당과 같이 좌편향적으로 보수정당과의 투쟁을 주장한 것이 아니라 연합할 것을 주장하면서 '각당 각파를 망라한 민족적 총역량을 집중'해야 한다고 강조하였다. 어쩌면 당시로서는 좌우익 간의 대립을 막을 수 있는 가장 현실적 방안이었다고 볼 수 있다.

그는 다른 정당과의 제휴를 통해 민족자주국가의 수립을 추구하였지만, 그의 주위에는 항상 그를 노리는 사람들이 있었다. 우선 그가 대중적으로 명망을 얻고 있었기 때문에 다른 정파의 지도자들은 그를 항상 경계하였다. 여운형이 건준을 조직하고 참여를 권유하자, 송진우를 비롯한 보수우익 민족주의자는 이를 거부했다. 여운형의 주도권 장악을 두려워한 보수적 민족주의자는 건준 안에서 여운형과 공동보조를 맞추기보다 여운형을 종이호랑이로 만들고 조직을 장악하는 데 주력하였다.

또한 여운형은 미국의 이승만과 중경의 임시정부 세력이 귀국하자 이들과 협조할 수 있기를 기대했다. 그러나 이들은, 여운형이 상당한 정치적 힘을 가지고 있으면서 좌파 정치인들과 가깝다는 사실을 알고 있었으며, 그런 여운형과 연합하기보다는 그를 경계하는 입장을 취하였다. 조선공산당의 박헌영도 여운형과의 연합 가능성이 있었지만, 대중적 인기가 높은 여운형을 견제했다. 좌파 주도권이 여운형에게 넘어가는 것을 경계했던 것이다. 남조선노동당 결성 과정에서 그를 고립시킨 것은 이 점을 잘 보여준다. 이렇게 여운형은 양극단에 있던 좌우 정치 세력으로부터 동시에 견제를 받았다.

여운형이 1945년 8월 15일부터 12월 중순까지 4개월 동안 무려 세 차례나 테러를 당한 사실이 이를 잘 보여준다. 일제강점기에도 테러를 당하지 않은 여운형이 오히려 해방 이후 같은 민족으로부터 테러와 암살의 위협을 받게 된 것이다.

해방 직후인 1945년 8월 18일 오전 1시경, 그는 계동 자택 앞에서 곤봉으로 피습되었다. 또한 9월 7일 저녁에는 원서동에서 계동으로 넘어오다가 괴한들에게 밧줄로 묶여 테러당할 위기에 몰린 순간 행인들이 구해줌으로써 가까스로 빠져나올 수 있었다. 12월 초순에는 휴양차 들른 백천온천의 여관에서 피습되었으나, 사전에 여관을 옮겨 테러를 피할 수 있었다. 특히 세 번째 테러에서는 여운형의 행적을 상세히 파악해 조직적으로 자행한 흔적이 뚜렷하게 나타났다.

이러한 테러가 어떤 정치 세력에 의해 이루어졌는지 밝혀지지는 않았다. 당시 정황으로 추측할 때 좌파 세력 내부의 주도권 싸움 속에서 일어났거나, 좌파의 조직 확대에 두려움을 느낀 보수극우 세력들이 자행했을 가능성이 컸다.

여운형을 향한 견제는 모스크바 3상회의 결정이 발표된 이후 더욱 심해졌다. 임시정부와 이승만, 그리고 한국민주당, 국민당 등은 3상회의 결정이 발표되자 즉각 반탁운동에 나섰다. 반면 조선인민당은 조선공산당과 함께 3상회의 결정이 한국의 미래에 도움이 될 것이라 판단하고 '총체적 지지'를 표명하였다. 이 주장의 핵심은 3상회의 결정의 1항에 있는 '빠른 시일 내의 통일임시정부 수립'이라는 점을 강조하면서 신탁 문제는 미소공동위원회와 앞으로 수립될 통일임시정부가 서로 협의하여 결정하는 것이기 때문에 미리부터 반탁운동을 전개할 필요가 없다는 것이었다.

따라서 성급한 반탁운동보다는 미소공동위원회의 성공 이후 조선인들에 의한 통일임시정부의 구성이 중요하며, 여기에 친일파 민족 반역자들이 참여하지 못하도록 해야 한다는 주장이었다. 여기에는 조선공산당과 조선인민당 등 좌파적 인물들뿐만 아니라 임시정부에서 탈퇴한 김원봉, 성주식, 장건상, 김성숙 등의 중도 성향의 정치인들이 합류하였으며, 김규식과 안재홍은 '총체적 지지' 진영에 합류하지는 않았지만 성급한 반탁운동에 반대하는 입장을 취하였다.

이승만과 임시정부 요인들, 그리고 보수우익 세력들은 '총체적 지지' 세력들을 신탁통치에 찬성하는 '찬탁' 또는 '반민족 세력'으로 규정하고 이들을 공박하였다. 특히 한국민주당과 이승만은 자신들의 주요한 지지 세력인 지주와 자본가, 그리고 친일파들을 제외하자는 입장을 받아들일 수 없다는 뜻에서 반탁운동을 전개하였으며, 반탁운동을 결국 반소·반공운동으로 발전시켰다.

따라서 '총체적 지지' 세력의 중심인 여운형과 박헌영은 끊임없는 우익의 백색 테러와 암살 위협에 시달려야 했다. 이때부터 1946년 중반까지의 테러 위협은 주로 반탁운동 세력이 주도했다.

1946년 1월 여운형이 피신하고 있던 창신동 친구 집을 괴한 다섯 명이 습격하였다. 그는 마침 출타 중이어서 위기를 모면하였다. 그해 2월에는 남조선대한국민대표민주의원(이하 '민주의원')의 참가 여부와 연관된 납치사건이 있었다. 미군정에서는 미소공동위원회를 앞두고 자문기관인 민주의원을 조직하였다. 여기에는 대다수 우익 정치 세력이 참여하였고, 여운형도 참여를 요청받았다. 그러나 여운형은 우익 세력 일색인 민주의원 참여를 거부하였다.

1946년 4월 18일에는 관수교 위에서 괴한들이 포위하였지만, 행인들이 구출해주었다. 한 달 뒤인 5월 하순 밤 10시경 종로에서 괴한들에게 또 포위됐지만, 행인들이 격투 끝에 구출해주었다고 한다.

이러한 테러 행위는 대체로 반탁운동을 전개한 우익 청년단체의 청년들이 시도한 것으로 추측된다. 그러나 구체적으로 이들을 체포하여 조사한 결과가 없기 때문에 현재로서는 정확한 테러범들의 실체를 파악할 수 없다.

예외적으로 1946년 7월 17일 신당동에서 일어난 테러 사건은 그 용의자들이 체포되었다. 괴한들은 여운형을 신당동 산으로 납치해 죽이려 하였다. 위기의 순간에 여운형은 벼랑으로 떨어져 간신히 도피해 목숨을 구했다.

경무부에서는 세 명의 암살 미수범들을 붙잡았다. 이들은 '조선광복군' 소속의 청년들로 7월 17일 덕수궁에 들렀는데, 이 자리에서 여운형이 이날 늦게 좌우합작회담에 간다는 사실을 알았다고 한다. 그 후 여운형의 집으로 가서 기다렸다가 외출하는 그를 납치했다는 것이다.[10] 경찰은 이들의 알리바이를 조사해서 관련 여부를 파악하겠다고 했지만, 이들이 이후 어떻게 처리되었는지 아무도 알 수 없었다.

1946년 8월 이후 좌파의 3당합당이 진행되면서 여운형은 새로운 테러의 대상이 되었다. 3당합동은 1946년 8월 3일 조선인민당의 여운형과 장건상이 제안했다.[11] 모스크바 3상협정에 대한 총체적 지지 진영은 1946년 5월 제1차 미소공동위원회가 참여 세력의 문제로 결렬되자 미소공동위원회의 성공을 위해 더욱 힘을 모아야 한다는 데 공감대를 형성했다. 이를 위한 사전 작업으로 이들은 총체적 지지 입장에 있는 좌파의 3당을 합당하여 힘을 모아보고자 하였다. 당시 3상협정에 대한 총체적 지지의 입장에 있던 조선공산당, 조선인민당, 조선신민당이 하나의 정당으로 합쳐 거대한 대중 정당을 형성하자는 취지였다.[12]

이 같은 3당합당의 배경에는 북한에서 진행된 북조선공산당과 조선신민당 간의 2당합당이 큰 영향을 주었다. 두 정당은 노동자 계급을 중심으로 하는 공산당보다 더 대중적인 정당을 내세워 통일전선을 형성하는 것이 소

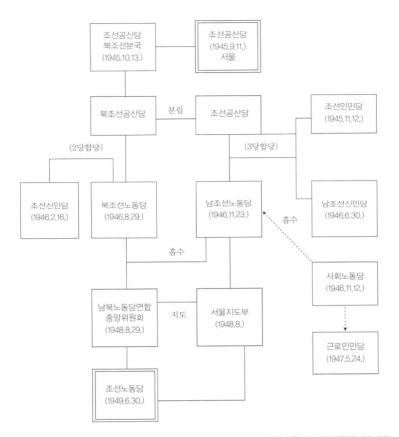

해방 직후 남북 좌익 정당의 변천 과정.

위 '반제반봉건 민주주의혁명'을 위해 필수적이라는 점에 인식을 같이했다. 그 결과 노동자, 농민 중심의 정당이던 공산당과 지식인, 중소 상공업자들의 지지를 받던 조선신민당이 합당하여 북조선노동당을 결성하였다. 북조선노동당의 탄생은 또한 동구권에서 대부분의 공산당이 노동당으로 개편한 경험에서도 많은 영향을 받았다.[13]

그러나 순조롭게 합당이 성사된 북쪽과 달리 남쪽의 3당합동은 새로 결성되는 대중 정당의 주도권 장악을 둘러싸고 내분이 발생해 합당되기도 전에 삐거덕거리기 시작했다. 조선공산당 위원장 박헌영은 자신의 주도권을 확고히 하기 위해 조선인민당과 조선신민당이 무조건 조선공산당에 들어오라고 지시하였다. 조선인민당과 조선신민당 안에는 조선공산당의 프락치가 많았기 때문에 수적으로는 박헌영의 지시가 더 많은 지지를 받았다.

그러나 여운형이나 남조선신민당 위원장 백남운의 주장은 이와 달랐다. 명색이 정당들의 합동인데 이것이 일방적으로 이루어져서는 다른 당원들을 모두 설득하기가 어렵다는 것이었다. 대중 정당을 만들려는 3당합동에서 여운형과 백남운의 이러한 지적은 상당한 타당성을 가지고 있었지만 박헌영은 이를 받아들이지 않았다. 무엇보다도 여운형에게 당내의 주도권이 돌아가는 것을 우려했기 때문이다. 게다가 여운형이 민족주의 우파의 김규식과 좌우합작운동을 전개하면서 대중적인 지지가 더 높아지자, 좌파 내에서 주도권이 여운형에게 돌아가는 듯한 형세가 조성되기까지 했다. 박헌영으로서는 1946년부터 미군정의 탄압을 받은 자신과 달리 미군정과 가까운 관계를 유지하고 있는 여운형이 여러모로 달갑지 않았을 것이다. 이 과정에서 여운형과 박헌영은 감정적인 싸움을 벌이기도 했다. 여운형은 폭동을 조장하고 있는 박헌영을 체포해야 한다고 미군정에게 권고하기도 하였으며, 박헌영이 체포된다면 자신이 주도권을 장악할 수 있다고 말하기도 했다.[14]

이러한 시점에 여운형이 또 납치되는 사건이 발생했다. 1946년 10월 7일, 그는 자택 문 앞에서 납치되어 이틀간 감금당했는데, 나무에서 결박을 풀고 도피했다고 한다. 탈출 후 여운형은 병원에 입원했다. 주한미군 방첩대(CIC)와 한 인터뷰에서 그는, 납치범이 네 명이었는데, 그중 둘은 전에 본적이 있다고 말했다. 여운형은 두 명의 이름을 밝히기를 꺼렸지만, 납치범

3당합당 과정에서 최악의 정치적 시련기를 맞아 서울대학병원에 입원한 여운형(1946. 10). 이곳에서 사회노동당 결성이 논의되었다. 병상의 여운형 왼쪽에 있는 인물이 남조선신민당 위원장 백남운.

들과 좌우합작위원회에 관해 논쟁을 벌였다는 점은 시사했다.[15] 당시 세론은 여운형이 이틀 동안 감금당해 있으면서 박헌영이나 조선공산당의 핵심 인물을 비밀리에 만나 좌우합작위원회 대해 논쟁했을 가능성이 크다고 보았다.[16]

예정된 암살

여운형은 이때까지만 해도 암살 위협보다는 정치적 경고성의 위협으로 느끼고 있었다. 그에게 10여 차례 정도 납치와 폭행의 시도는 있었지만, 그를 직접 죽이려고 하는 테러는 없었기 때문이다.

그러나 1947년에 들어가면서 사정은 바뀌었다. 이제 그에게 죽음의 그

백민태(본명 '정창화')의 폭탄 테러로 파괴된 여운형의 계동 자택(1947. 3. 17).

림자가 다가서고 있었다. 테러 수법이 위협을 주는 정도가 아니라 이제 본격적으로 그의 생명을 노리고 있다고 생각될 정도로 위험 수위가 높아졌다. 그 첫 번째가 계동 여운형 집의 침실이 폭파된 사건이었다.

이 사건은 1947년 3월 17일 발생했다. 다행히 여운형이 출타 중이어서 위기를 모면했지만, 그가 당한 테러 중 가장 무시무시한 사건이었다.[17] 이 사건도 이전 테러처럼 범인을 잡지 못한 것인지 잡지 않은 것인지 판단할 수는 없지만, 그대로 지나가는 듯했다. 그런데 뜻밖에도 이 사건의 범인이라는 인물이 경찰에 자수하면서 경찰도 수사에 들어갈 수밖에 없었다.

"범인 정창화는 일명 백중(白重)이라고도 하는데 해방 전에는 북지(중국 쪽 지방, 저자 주)에서 8로군 특별공작원으로 활동하다가 일본 헌병대에 세 번 검거되고 일본 영사관 경찰에 네 번 검거되었으며 그리고 2년 6개월 동안이나 복역한 일이 있는 혁명청년이라는바 해방 후 여 씨를 사모하여 여 씨의 경비원으로 있는 동안 여 씨의 정치 노선이 혼란을 조장하는 것이라고 생각하기 시작하여 여 씨의 앞을 떠나 작년 12월에 북조선에 가서 평양보안서 간부 김병원을 통하여 다이너마이트 열 개와 전관 열 개, 도화선 두 자를 1,700원에 사가지고 12월 26일에 다시 돌아와서 기회를 보다가 〔……〕 여운형은 이러한 사람을 알지 못한다고 전함."[18]

그러나 정창화[19]는 자백을 번복하여 자신이 여운형의 집에 폭탄을 던진 적이 없다고 진술함으로써 이 사건은 다시 미궁에 빠졌다.[20]

1946년 말부터 1947년 초까지 여운형은 정치적으로 상당한 위기에 빠져 있던 때이다. 무엇보다도 1946년 말 좌파 세력 내부의 주도권 싸움으로 하나의 당이 아닌 두 개의 당으로 나뉘어 창당됨으로써 3당합당이 실패했다. 이러한 상황은 여운형에게 커다란 정치적 타격을 입혔다. 여운형은 박헌영 중심의 조선공산당 지도부가 독단적으로 3당합동을 추진한 것에 반발해 남조선신민당의 백남운, 조선공산당 안의 반(反)박헌영 세력과 함께 사회노동당을 창당하였다.[21] 그러나 박헌영은 조선인민당과 남조선신민당 안의 다수파와 함께 남조선노동당을 창당하였고, 북조선노동당으로부터 정당성을 인정받았다. 이에 여운형을 중심으로 한 사회노동당은 곧 창당의 정당성을 잃었고, 결국 1947년 1월 남조선노동당과 무조건 합당을 선언하고 해체되었다.

게다가 여운형이 적극적으로 추진한 좌우합작위원회가 1946년 말 이후 거의 개점휴업 상태에 놓였다. 미군정은 좌우합작위원회를 처음 지원할 때부터 38선 이남에 미군정을 뒷받침할 수 있는 입법 기관의 설립을 목표로 하였다. 이 입법 기관이 1946년 11월 구체화되고 입법 기관의 구성원 선거가 진행되면서 좌우합작위원회 내부의 좌우파 인사들 간의 분열이 표출되기 시작했다. 여운형을 비롯한 민족주의 좌파 인사들이 입법 기관을 미군정의 대리 기관으로 보고 참가를 거부한 데 반해, 김규식 중심의 민족주의 우파 세력은 입법 기관에 참여함으로써 개혁을 추진한다는 입장을 보였다. 따라서 입법 기관인 남조선과도입법의원이 개원한 12월 초부터 좌우합작위원회는 분열되었다.

아울러 좌우파 정당에 몸을 담지 않은 민족주의 세력이 1946년 12월 '제

1947년 12월 10일, 좌우합작위원회 마지막 해산을 기념한 위원들. 그해 7월 사망한 여운형의 얼굴 사진을 오른쪽에 넣었다. 앞줄 왼쪽부터 강순, 신숙, 여운홍, 안재홍, 김붕준, 김규식, 김성규, 원세훈, 오하영, 최동오, 이극로.

3전선'이라는 구호 아래 '독립전선'을 독자적으로 결성하면서 좌우합작위원회는 또다시 타격을 받았다. 제3전선은 기존의 거대 정당에 참여하지 않았거나 거기에서 탈퇴한 홍명희, 조봉암, 이극로, 김약수 등 당시 대표적인 좌우파 민족주의 정치인을 망라하고 있었다.

3당합동의 혼선과 실패, 좌우합작위원회의 분열은 직접 당사자인 여운형에게 개인적으로나 정치적으로나 엄청난 타격을 주었다.[22] 여운형은 1946년 12월 두 차례에 걸쳐 정계 은퇴를 선언하기도 하였고, 1947년 1월에는 좌파 연합인 민주주의민족전선의 의장직을 사퇴했다. 그의 정치 활동 중 최대의 위기를 맞이한 셈이다.

이러한 상황에서 여운형 침실폭파사건이 발생했다. 한 개인이 심정적으로 실의에 빠져 있을 때 다가온 죽음의 그림자는 그 개인에게 큰 상처를 준다. 아마 1910년대 말부터 정치 활동을 시작한 이래로 여운형의 일생에서 1946년 12월부터 1947년 3월까지는 개인적으로 최악의 기간이었음에 틀림없다.

그러나 여운형은 재기하였다. 그는 1946년 5월 휴회된 미소공동위원회가 빠른 시일 내에 재개되지 않는다면 민족은 분단을 면할 수 없다고 판단했다.[23] 그는 미소공동위원회의 재개를 위해 발 빠른 움직임을 보여야 한다고 생각했고, 이를 위해 새롭게 정치적 힘을 강화해야 할 필요성을 느꼈다.

그래서 근로인민당을 창당했다.

여운형은 1947년 3월부터 신당 발족을 위한 작업을 시작하였고, 4월에 들어서는 창당 작업에 본격적으로 나섰다. 4월 7일 신당 조직을 위한 준비위원회가 개최되고, 4월 14일에는 신당 준비위원회의 상임부서가 발표되었다. 주로 3당합동 이전부터 조선인민당과 3당합동 과정에서 사회노동당에 참여한 인물이 중심이 되어, 근로인민당의 창당을 위한 움직임이 구체화된 것이다. 그리고 이 정당을 중심으로 여운형은 미소공동위원회의 재개를 위한 정치 활동을 활발하게 진행하였다.

새로운 정치적 활로를 찾아 활기를 회복한 바로 이때 여운형에게 또 한 번 암살의 그림자가 다가왔다. 미수에 그쳤지만 이 사건은 그가 암살당하기 전 마지막 암살 시도였고, 다른 한편으로 '예정된 암살의 시나리오'를 보여주는 사건이었다. 사건은 여운형이 한창 근로인민당 창당을 위해 동분서주하는 시기에 발생했다. 바로 2개월 후 여운형이 실제로 암살당한 그 자리에서.

1947년 5월 12일 저녁 7시 30분경 여운형의 자동차가 혜화동 로터리 부근으로 진입해 수송동 보성중학 입구에 다다랐을 때 자동차 뒤에서 암살범의 권총이 발사되었다. 다행히 자동차가 주행 중이었기 때문에 총알은 여운형에게 명중되지 않았다. 같은 차에 타고 있던 이제황이 범인을 추격해 근처 혜화동 동회 부근까지 갔을 때 범인은 이제황에게 두 발을 더 쏘고 도망쳤다.[24] 다행히도 범인이 붙잡혀 동대문경찰서로 이송되어 수사가 진행되었다.

그러나 이후 경찰은 이 사건의 범인에 대해 어떠한 발표도 하지 않았다. 범인이 수감되었는지, 풀려났는지, 범인이 도대체 누구인지 경찰을 제외하고는 아무도 알 수 없었다. 사건은 미수에 그치고, 여운형은 1947년 5월 24

일 창당된 근로인민당 관계 활동과 미소공동위원회 재개를 위한 정치 활동으로 매우 바빴기 때문에 이 사건은 세인에게서 서서히 잊혀갔다.

그러나 이 사건은 여운형의 암살과 관련해 시사해주는 점이 상당히 많다. 우선 범행 수법과 범행 장소가 일치했다. 범행 수법을 보면, 이 미수사건에서 총알이 빗나간 것은 여운형의 차가 운행 중이었기 때문이다. 만약 차가 정지해 있었다면 명중했을 가능성도 충분히 있었다. 7월 19일 암살 당일에는 경찰서 앞에서 튀어나온 트럭이 가로막음으로써 여운형의 차가 멈출 수밖에 없었고, 곧이어 뒤에서 달려온 범인의 총에 여운형이 암살당했다. 예행연습의 실패를 교훈 삼아 더 철저하게 계획을 다시 세웠던 것일까?

게다가 범인이 뒤에서 달려 나와 자동차의 뒤 유리창을 통해 암살을 시도한 수법 역시 동일하였다. 다만 7월 19일과 다른 점이라고는 경찰서 앞에서 트럭이 나오지 않은 사실, 암살을 시도한 시각,[25] 그리고 암살에 실패했다는 사실뿐이었다.

또한 7월 19일 암살 당일 범행 장소는 암살미수사건 때와 일치한다. 혜화동 로터리는 여운형에게는 피할 수 없는 운명의 장소였던가? 암살미수사건 당시 범인을 확인할 수 없기 때문에 실제로 그가 암살사건의 관련자와 동일 인물인지 또는 관계있는 인물인지의 여부는 알 수 없다. 그러나 우연이라고 하기에는 너무도 동일한 수법으로 여운형에게 죽음의 그림자가 다가왔던 것이다.

배후는 없다?

1947년 7월 19일 오후 1시, 여운형을 암살한 범인을 누구였을까? 여운형이 총탄에 맞자 경호원 박성복은 공포를 쏘며 도망치는 범인을 뒤쫓았다.

그런데 그가 혜화동 십자로에서 오른쪽으로 꺾는 순간 누군가가 뛰어나와 그의 목과 허리를 껴안고 "누구냐"고 소리쳤다. 동대문경찰서 외근 감독으로 근무하는 현직 경찰이었다. 그도 범인을 쫓고 있었다고 했다. 두 사람이 다투는 사이에 범인은 도망가고 말았다.

사건 발생 직후 경찰은 경호원 박성복이 범인의 추적을 방해했다고 주장하면서 그와 사건 당시 현장에 없던 경호원 이제황, 운전사 홍순태 등 세 사람을 구속 심문하였으나 혐의가 없어 7월 22일에 석방하였다. 이 내용은 미군정의 버치 중위가 7월 21일 브라운 소장에게 보낸 '경찰과 여운형'이라는 제목의 메모에도 지적돼 있다. 버치는 경찰이 여운형의 암살을 기도한 사람들은 체포하지 않고 경호원과 여운형이 기숙한 집 주인을 체포하여 이들을 범인으로 몰아가려 한다고 지적했다.

조병옥 미군정 경무부장과 장택상 수도경찰청장은 여운형이 암살된 지 5일 만에 범인을 체포했다는 성명을 발표하였다.

"범인은 23일 오후 3시 시내 중부서 관내 충무소에서 체포되었다. 범인은 이북 출신으로 평양 기림소학교, 영변 용문중학교를 졸업한 자이며 약 27일 전에 이북으로부터 왔다고 한다. 그리고 내가 단독취조한 결과 범인은 여운형, 박헌영 양씨를 살해하려 했다 하며 이 범행은 국사를 위한 것이었다고 자수하고 있다. 또 범인이 당일 범행에 사용하였던 미군용 45구경총 하나와 총탄 10발 및 입고 있던 의복 등속도 매복 장소에서 회수했다. 그 외 자세한 것은 취조 진행상 지장이 있어 지금은 밝히지 못하겠다."[26]

범인은 평안북도 영변 출신의 19세 소년 한지근(韓智根)이라고 발표됐다. 30일에는 공범 혐의자로 함경남도 홍원 출신의 신동운(申東雲)이 체포되어 구속됐다. 검찰은 한지근과 신동운을 송치 받은 후에 증거 불충분으로 9월 6일 신동운을 석방했다. 그리고 한지근만 9월 6일 서울지방 심리원에 공판

청구했다. 담당 검사는 나중에 이승만 정권에서 법무장관을 지낸 조재천(曺在千)이었다.

공판은 박원삼 판사 주재 아래 10월 21일까지 3차에 걸쳐 진행되었다. 이 사건의 중요도에 비하여 공판은 일사천리로 진행되었으며, 마지막 공판에서 한지근은 사형 구형을 받은 후 11월 4일의 결심공판에서 무기징역이 확정되었다. 그리고 여운형 암살사건은 한지근이라는 한 개인의 왜곡된 애국심에 따른 단독범행이었다고 결론지어졌다.

판결에 나타난 한지근의 범행 과정을 보면 ① 그는 용문중학 동창인 김인천(金仁天)을 통하여 좌우익 기회주의자 및 민족 분열자를 처단하여 조국의 완전 자주독립을 촉성할 것을 목적으로 하는 비밀결사 '건국단(建國團)'에 가입, ② 김인천으로부터 여운형 살해지령을 받고 백남석[27]의 소개를 받아 서울로 와 송진우의 살해범인 한현우의 집에 기거하였으며, ③ 김인천으로부터 권총, 실탄, 여운형 사진과 여운형 집, 근로인민당, 혜화동 로터리 부근 약도 등을 받아 7월 18일까지 암살을 위한 만반의 준비를 했다는 것이다.

근로인민당에서는 이러한 공판 과정에 대해서 "① 한지근의 신분과 연령에 대한 법적인 증거가 전무할뿐더러 그의 조사 심판 과정이 편당적임, ② 여운형 선생의 살해범의 진상에 대하여 발본적인 조사를 철저히 하지 않는 점, ③ 이 사건은 통일임시정부 수립 후 민주법제에 의해서 심판 처단되어야 한다는 점" 등을 항의하면서 여운형 암살사건의 공판이 부당하게 이루어졌음에 대해 강력하게 항의하였다.[28] 그러나 이 항의는 받아들여지지 않았다.

재판이 끝난 후 한지근은 미성년자였기 때문에 개성의 소년형무소에 수감되었다. 당시 개성 소년형무소 교무과장의 증언에 따르면, 한지근은

6·25전쟁 발발 직후 여운형의 암살범으로 밝혀져 북한으로 끌려갔다고 한다.[29]

이로써 공식적인 여운형 암살사건은 역사 속에서 잊히는 듯했다. 그러나 여운형의 정치적인 영향력과 당시 상황에 비추어보아 그의 암살이 단순히 단독범행이라고 믿는 사람은 없었다. 여운형과 같은 민족적 지도자를 암살함에 있어서 아직 판단력마저 정확하지 않은 미성년자가 스스로 단독범행을 했다고 믿는 사람은 아무도 없었다.

사건이 발생한 지 6개월 만에 발신자가 명확하지 않은 투서가 여운형의 동생인 여운홍에게 전달되어 이 사건의 진범에 대한 의문이 다시 한 번 제기되었다. 그 편지의 봉투 뒤에는 서대문구 홍제동 37번지 유이동(劉伊同)이라는 성명과 주소가 적혀 있었으며 그 내용은 다음과 같다.

"여운형 씨 살해범 한지근은 진범임에는 틀림없으나 성은 한(韓)이 아니고 김(金)이요, 나이는 20세가 아니라 25세이다. 그리고 이북에서 온 지 얼마 아니 되었다고 하나 실상은 서울에 있은 지가 벌써 4, 5년 되고 범행 당시까지 시내 모 대학생이었다. 그런데 이자는 고 장덕수 씨 살해범과도 관련이 있고 직접 배후 조종자는 김영철이다. 이 사건은 고 송진우 씨, 고 장덕수 씨 살해사건과 밀접한 관련이 있고 그리고 그 배후는 김용철(김영철과 동일 인물 — 저자 주)이다."[30]

여운홍은 이 편지를 받은 후 자체 조사를 진행하여 범인의 성이 '한'이 아니라는 것과 그가 학생이었다는 사실을 판명하였다고 하면서, 곧 암살사건의 전모가 밝혀질 것이라고 발표하였다. 그러나 여운홍은 형에 대한 암살사건의 전모를 밝히지 못하였다.

단지 그는 형을 추도하면서 쓴 『몽양 여운형』(청하각, 1967)에서 범인의 단독범행이 아닌 배후가 있었다고만 언급했다. 그는 ① 여운형이 총격당한

지 불과 몇 분 만에 신문사의 것이 아닌 모 단체의 벽보가 나붙은 사실, ②
범인을 추격하는 과정에서 경찰의 방해가 있었던 사실, ③ 여운형의 살해
범으로 체포된 한지근이 실제로는 성이 '김'이고 나이가 25세였으며, 그가
체포된 장소도 경찰이 확실하게 밝히고 있지 못한 점 등을 들어, 경찰이 이
사건에 깊이 개입했으리라고 추측했다.

그는 『몽양 여운형』에서 여운형의 배후에 누군가 있을 것이라고 역설한
다음, "이제 와서 불행한 이 사건의 진상과 배후 관계가 밝혀지기도 어렵겠
고, 또 설사 밝혀진다손 치더라도 돌아간 형님이 다시 살아올 리 만무하니
우리는 다만 형님과 이 민족의 기구한 운명과 불운한 이 시대를 탓할 수밖
에 없을 것이다"라고 하여 묘한 여운을 남겼다.

여운형과 함께 정치 활동을 전개했던 동생으로서 분명히 짚이는 것이 있
었지만, 그로서는 시대를 탓할 수밖에 없는 또 다른 사정이 있었던 것일까?

여운홍은 형만큼의 정치적 영향력은 없었지만, 일제강점기 이래로 형과
함께 항일운동을 했다. 미군정기에도 초기에는 여운형과 함께 조선인민당
에 참여하였지만, 1946년 미군정의 버치(Leonard Bertsch)와 굿펠로(Preston
M. Goodfellow)[31]의 공작으로 조선인민당에서 탈당해 사회민주당을 창당하
였다. 물론 이 과정에서 미군정은 상당한 정치 자금을 그에게 주었다. 따
라서 여운홍은 미군 정보기관과 상당히 밀접한 관계를 맺고 있었으며, 그
의 형이 암살당했을 때도 미군정으로부터 모종의 정보를 얻었을 가능성이
크다.[32]

그런데 사건이 발생한 지 27년 만인 1974년 한지근의 단독범행으로 매
듭지었던 몽양의 살해사건의 공범자들이 나타났다. 살인죄 공소 시효 15년
이 지나서 어떠한 처벌도 받지 않을 수 있다는 점을 알았기 때문인지 이들
은 갑자기 신문지상에 자신들이 여운형을 죽였노라고 선언하고 나섰다. 김

홍성, 김영성, 유용호, 김훈, 신동운 등은 자신들이 여운형의 암살에 기여(?)한 공범이라고 떳떳하게 정체를 드러냈다.

이들은 1974년 2월 9~12일, 16일 자 「한국일보」를 통해 자신들이 여운형의 암살자임을 고백하였다. 이들의 증언에는 극우 단체인 '양호단(養虎團)'과 '백의사'가 여운형 암살의 핵심적인 역할을 하는 단체로 등장한다.

이들의 증언에 따르면, 한지근은 본명이 이필형이고 영변의 지주 집안 출신이다. 그는 용문중학에서 암살의 공범인 유용호와 김훈을 만났다. 한지근은 유용호와 함께 1947년 초에 대학 진학을 목적으로 월남하였다가 먼저 월남한 김훈을 만나고, 이들은 한현우의 집으로 들어갔다. 여기에서 신동운을 만났고 송진우 암살 공범인 김인성의 동생 김영성과 함께 그들의 형인 김흥성으로부터 치밀한 교육을 받았다.

이들은 이후 신동운과 함께 저동의 유풍기업으로 거처를 옮겼다. 유풍기업은 극우 청년단체인 양호단이 접수한 적산 건물로 2층은 월남민들에게 세를 주고 있었다.[33] 여기에는 여운홍이 받은 편지에 나타나는 김영철도 있었는데, 김흥성은 김영철로부터 백의사 단장인 염응택(염동진)을 소개받고 그에게서 권총 두 자루를 얻었다. 이들은 7월 초부터 행동을 개시하여 17일에 범행 장소를 혜화동으로 정했으며, 제1저격수 한지근, 제2저격수 겸 현장 지휘 김훈, 도피 확인자 유용호, 김영성 등으로 역할을 분담했다고 한다.[34] 결국 7월 19일 암살은 예정대로 진행되었다.

그런데 1947년 당시 경찰이 발표한 암살범들의 검거 과정과 그로부터 27년이 지나 암살 공범들이 진술한 내용이 서로 다르다는 점이 주목된다. 당시 경찰 발표에 따르면, 노덕술은 송진우 암살범인 한현우의 집을 주목하다가 우연히 한지근을 검거하였다고 발표했다. 그러나 신동운의 진술에 따르면, 경찰은 염응택 백의사 단장을 연행한 뒤 김영철과 신동운을 연행했다고 한다. 그리고 이미 김영철의 제보로 발각된 뒤였기 때문에 신동운은 노덕술과 타협하여 범인을 한 명만 내놓기로 했다는 것이다. 따라서 이들은 모두 같이 기념사진을 찍고 이필형(한지근)의 단독범행으로 조작하여 신동운은 불기소 처분으로 석방되었다.

이들이 떳떳하게 자신들이 암살범이라고 주장하였고, 신동운의 경우에는 김홍성 등이 한지근의 공범이라고 자수했을 때 자기의 공을 가로채는 자들이라고 분개하다가 고혈압으로 쓰러지는 해프닝을 벌인 만큼 이들이 여운형의 암살에 깊숙이 개입한 것은 틀림없는 것으로 보인다.[35]

사건 발생 후 27년 후에 이루어진 이들의 증언을 사실로 받아들이더라도 범행의 정치적인 배후는 없으며, 이들의 '우국충정'에 의한 단독결행으로 결론이 났다. 단지 이들의 증언 중에서 배후의 연결고리를 찾을 수 있는 유일한 사실은 암살범들이 백의사와 양호단에 관계되는 청년들이었다는 점이다.

드러난 암살의 배후

여운형의 암살에 대한 또 하나의 증언은 김두한의 회고록을 통해서 찾을 수 있다. 여기에서 '장군의 아들'은 여운형의 죽음에 대해 다음과 같이 말하였다.

"우리나라의 '백의사' 사원 자격은 이북에서 월남한 동포로 북한 괴뢰 정권에서 가장 심한 학대를 받은 유족들로만 구성된 비밀결사 조직이었다. 나는 남한 사람으로 단 한 사람의 고문이었다.

백의사는 결사대를 뽑았다. 당시 18세의 한지근 군이 선발되었다. 여 씨를 사살하기 전날 밤 나는 한 군에게 권총을 수교하고 악수를 했다. 일본 장

여운형 암살 27년 만에 모습을 드러낸 암살자들. 이들은 공소 시효가 지난 1974년 2월 자신들이 한지근(본명 '이필형')과 함께 암살을 주도했다고 털어놓았다. 왼쪽부터 유용호(유순필), 김흥성, 김훈, 김영성. 이 중 김흥성은 송진우 암살에 가담했던 김인성의 친형이다. 이들은 2선에 있으면서 한지근(아래 도표 왼쪽)을 포섭해 암살하게 했다. 백의사 집행부장 김영철(아래 도표 오른쪽)이 여운형 암살을 직접 지시했다.

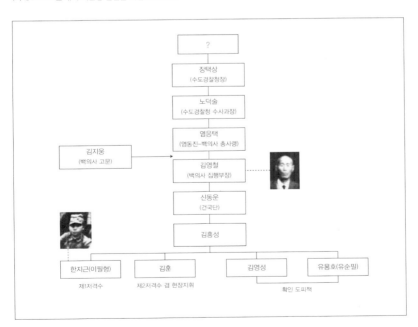

교용 권총 한 자루를 내주고 넘버를 내 수첩에 적어놓았다.[36]

　얼마 후 나는 장택상 수도경찰청장에게 불려갔다. 그분은 '죽이지는 말라고 하지 않았나? 그저 혼만 내주라고 했는데 이렇게 되면 시끄럽지 않은가' 하고 난처한 표정을 지어 보였다."[37]

　김두한의 증언에 따르면, 자신이 여운형의 암살을 직접 조종, 지원했고 그 배후에는 장택상이 있는 것으로 나타난다. 송진우 암살사건도 그랬지만, 상대가 누구였든 간에 사람을 죽인 사실을 떳떳하게 밝힐 수 있는 게 한국 사회인가?

　여운형의 검시를 담당했던 한격부 박사의 증언에서도 장택상이 관련된 것으로 보이는 이야기가 나오고 있다. 즉, 여운형이 죽자마자 장택상이 정복을 입고 병실에 들어왔는데 아버지의 시체를 부둥켜안고 울던 장녀 여난구가 장택상을 보고 "우리 아버지를 죽인 자가 무엇 때문에 여기까지 나타났느냐"고 소리를 질렀다고 한다.

　또한 7월 18일과 21일 자 「브라운이 하지에게 보낸 비망록」을 보면, 여운형이 암살당하기 전날 밤 미군정의 브라운 소장을 찾아간 이유는 장택상의 암살 경고에 대해 대처 방안을 의논하기 위한 것이었다.

　반공청년회 위원장을 지냈던 홍종만의 증언을 토대로 한 김교식의 글에서도 여운형 암살사건의 배후로 장택상을 지목했다. 그는 김지웅이 백의사의 고문이었다고 하면서 희생자를 한지근 한 명으로 압축한 것도 모두 김지웅의 공이었다고 주장했다.[38] 김지웅은 이 사건을 김구가 이끄는 한국독립당 계열의 범행으로 몰아가려고 했으며, 김지웅은 김두한과 장택상을 연결하는 가교 역할을 했다고 한다. 김지웅은 뒤에 백범 김구의 암살을 배후 조종한 혐의를 받고 있으며, 1952년 조봉암을 간첩으로 몰려고 했던 사건에도 관련되어 있는 의문의 인물이다.[39]

이상의 증언과 회고록, 그리고 당시의 상황 등을 통해서 보면 여운형의 암살범은 한지근이고 그 외 4~5명이 암살 현장에 행동대원으로 투입됐다. 그리고 그 배후에는 김지웅과 염응택이 있었고, 이들 위에는 장택상이 자리 잡고 있다. 염응택은 앞서 서술한 바와 같이 현준혁을 암살한 사건의 배후 인물이다.

암살 당시 파출소 앞에서 트럭이 튀어나왔고 여운형이 암살당한 장소가 파출소 바로 앞이었다는 점, 그리고 암살범을 쫓아가던 경호원이 경찰에게 오히려 체포되었다는 점을 고려할 때, 이들 암살범들을 경찰이 방조한 것이라는 추측도 가능하다. 따라서 당시 경찰의 총수였던 장택상이 어느 정도 관련되어 있을 가능성도 적지 않다. 다만 증거가 없는 이상 쉽게 예단할 수 있는 문제는 아니다.

이제 배후를 찾기 위해 이들이 소속되었다고 말한 백의사와 양호단의 정체를 찾아보자. 백의사에 대해서는 현준혁 암살사건에서 자세히 서술했기 때문에 여기에서 재차 언급할 필요는 없지만, 이들이 어떤 특정한 정치적 신념을 갖고 있었다기보다는 암살 브로커로 독립적으로 활동했다고 보는 것이 더 정확할 수도 있다. 더 세밀히 파고 들어가보면 백의사의 고문이었다는 김지웅은 김구 계열의 인물로도 알려졌지만, 실제로는 식민지 시기 만주에서 일본 헌병대 공작부에서 일한 경험이 있는 악질 친일파였다. 또한 신익희 역시 임시정부에서 활약하였지만, 1946년 말 김구를 제치고 이승만이 독립촉성국민회를 장악하도록 만든 일등공신으로서 1947년에 가서는 김구보다 이승만을 지지한 인물이었다.

따라서 1947년 시점에서 백의사가 사건의 배후에 있다면 임시정부 요인보다는 김지웅이나 신익희, 그리고 그 상부 지도자에 연결될 가능성이 더 높다. 직접 연결되지 않았더라도 누군가가 김지웅이나 염응택으로 추정되는 중간 브로커에게 암살을 의뢰했을 가능성도 있다.

양호단은 원산 출신 청년들이 조직한 청년단체이다. 이 단체 역시 반공 테러를 주요한 활동으로 하였다. 이들은 주한미군 방첩대(CIC)의 문관인 장경근과, 이승만의 친위 청년부대인 독립촉성청년연맹과 연결되어 지원을 받았다. 이들은 1946년 '10월 인민항쟁'의 진압 과정에서 큰 공을 세우기도 하였다.[40] 장경근은 이승만의 측근으로 경성제국대학 법학부를 나와 일제 강점기 고시를 합격하고 판사를 지낸 인물로 대한민국 정부 수립 초기 내무부 차관, 1950년대 한일관계정상화협상의 한국 측 대표, 그리고 1960년 3·15부정선거 때에는 내무부 장관으로서 부정선거를 총체적으로 지휘한 인물이다. 그리고 그는 부정선거 주범으로 붙잡혔을 때 병보석을 핑계로 병원에 입원해 있다가 부인과 함께 일본으로 밀항, 망명했다.

이상과 같은 경력의 장경근이 비호하고 있었다고 알려진 양호단은 1946년 11월 결성된 서북청년단에 흡수되었다. 서북청년단은 김두한과 유진산이 중심이 된 대한민주청년동맹과 함께 당시 극우 청년단체의 두 축을 이루었다. 서북청년단은 주로 한국민주당의 수석총무인 김성수와 「조선일보」의 방응모 등의 도움을 받았으며, 서북청년단의 탄생을 위해 월남한 청년들을 통합하도록 주선한 인물이 이종형(李鍾馨) 대동신문사 사장이었다.[41] 이종형은 「대동신문」을 운영하면서 이승만을 적극적으로 후원했던 친일파의 거두이다.

한편 스스로 여운형 암살사건의 배후에 있다고 밝힌 김두한의 대한민주청년동맹은 장택상 수도경찰청장과 밀접한 관계를 맺고 있었다. 장택상은 좌파 세력을 탄압하기 위해 김두한에게 종종 테러를 부탁하기도 했다고 한다. 김두한은 장택상의 부탁으로 이승만의 경호를 담당했다가 살인죄로 구속되었고, 대한민주청년동맹은 해산되었다.[42] 실제로 장택상은 미군정과의 회견에서 공산주의자들의 준동을 막기 위해서는 극우 청년단체가 반드시 필요하다고 하면서 서북청년단과 대한민주청년동맹의 활동을 옹호하기도 했다.

여운형 암살사건이 일어나자 미군정 측은 암살 배후의 초점을 김구에게 맞추었다. 비록 증거는 없지만 암살범들이 밝힌 건국단이 김구와 연결된 단체로 추정한 것이다.[43] 하지의 정치고문이자 미군정기 '정치 공작의 일인자'로 평가되는 버치 중위 역시 김구가 이승만과 함께 벌인 일로 생각했다. 버취는 미국의 역사학자 브루스 커밍스와의 인터뷰에서 "김구는 암살에 책임이 있다. 그러나 또한 이승만이 그것에 동의했을 것이다"라고 의미심장한 말을 남겼다.[44] 그러나 이렇게 말한 버치에게 어떤 직접적 증거가 있었는지 알 수는 없다.

하지와 버치가 직접적으로 인정하기를 주저했지만 경찰 조직이 암살을 조종했을 가능성도 배제할 수는 없다. 미군정 정보참모부(G-2)는 여운형의 암살범을 잡기 위해 경찰이 아무런 노력도 하지 않았다고 보고했으며,[45] 미군정 관계자들은 경찰이 여운형 암살사건 직후 김두한을 고문치사 혐의로 연행할 때 한현우의 집에 같이 있던 한지근을 체포하지 않은 사실을 알고 있었다. 즉, 김두한이 사람을 고문하여 죽일 때 그 장소가 바로 한현우의 집이었고, 한지근은 이 시기에 김두한과 함께 한 달가량 같이 지냈다. 한지근은 경찰에 체포되지 않았다.

또한 범인의 체포 과정에서도 경찰에서 이상한 일이 벌어진다. 한지근을 체포하는 과정에서 당시 경찰의 핵심 간부인 노덕술과 최운하가 정직된 것이다. 장택상은 노덕술 수사과장과 최운하 사찰과장이 상부 보고도 없이 한지근을 연행했고, 또 범인을 데려오라는 명령을 거부했기 때문에 이들을 정직시켰다고 말했다.[46]

중요한 사건을 수사하는 과정에서 경찰의 핵심 간부를 정직시킨 행동은 이해할 수 없다. 게다가 정직된 간부 중에는 노덕술이 있었다. 신동운의 증언에 따르면, 노덕술은 신동운과 타협을 통해 범인을 한지근 한 사람으로 하고 신동운을 풀어준 인물이다. 노덕술은 1948년 반민족행위자특별법에 따라 체포된 친일 경찰의 대명사였다. 그가 체포되자 이승만은 노덕술을 석방하라고 강력히 요청했고, 결국 경찰의 반민특위 습격과 해체를 묵인하였다.

이상과 같이 암살범들의 배후를 볼 때 범인들과 관련된 단체와 인물로 백의사, 양호단, 김두한, 김지웅, 노덕술, 장택상, 김구, 이승만 등이 등장한다. 현재 이들 중 누구도 살아 있지 않으며, 백의사와 양호단 역시 사라졌다. 따라서 여운형 암살의 배후가 누구였는지 확증할 수는 없다. 그러나 관련자 증언과 단체에 대한 추적을 통해 백의사와 경찰, 그리고 당시 친일 경찰들이 추종한 정치 지도자와 어떠한 연결고리가 있었을 가능성도 있다. 김두한, 김지웅, 노덕술 등 암살과 수사 과정에서 등장하는 핵심 인물은 모두 백의사와 직간접적으로 관련이 있고, 장택상의 배후로 지적하는 증언이 다수 나왔기 때문이다.

그렇다면 이승만은 어느 정도 관련이 된 것일까? 이승만은 '덮어놓고 뭉치자'라는 구호 아래 친일을 했던 사람들을 정치 기반으로 끌어들였다. 친일 경력이 있는 사람들에게 이승만은 하늘과 같은 '구세주'가 되었다. 해방이 되면서 그동안 누린 특권이 이제는 도루묵이 될 형편에 놓인 친일 전쟁 협력자들에게 이승만이 나타나 구원해주었으니 이승만에 대한 충성은 곧 생존의 문제였다. 친일파 척결을 주장하는 민족주의 세력이나 좌파 세력들이 정권을 잡는다면 자신들의 앞날은 뻔했다. 장택상도 친일 세력들을 경멸한 김구를 중심으로 하는 임정 요인들보다는 이승만과 더욱 가까운 관계를 맺고 있었다.

1947년 5월 말 미군정의 정보참모부(G-2)는 장택상 밑의 경찰에 '블랙 타이거 갱'이라는 조직이 있다는 사실을 적발했다. 이들이 5월 13일 서북청 년단의 단원과 만났다는 사실이 보고되었다. 이들은 여운형, 원세훈, 김규식 등을 테러의 목표로 했다.[47] 누군가 정치 지도자로부터 장택상으로 이어지는 끈, 그리고 경찰과 극우 테러 청년단체로 이어지는 끈, 이 끈들이 결합했던 것은 아닐까? 이것을 문서로 입증할 수는 없지만, 여운형이 죽을 당시의 정황을 보면 이러한 추측은 더욱 사실처럼 다가온다.

여운형은 왜 죽었는가?

여운형이 암살당한 1947년은 미국이 38선 이남만의 단독정부 수립 정책을 본격적으로 추진한 시기였다. 이러한 미국의 정책에 민족주의 우파 세력인 김규식, 홍명희, 이극로, 여운형까지도 등을 돌리고 통일정부 수립을 위해 좌우합작운동, 미소공위 속개 투쟁, 민족자주연맹의 결성, 남북협상 추진 등의 사건이 꼬리를 물고 이어진 매우 중요한 때였다. 이러한 시기에 여운형의 죽음은 역사적으로도 의미가 아주 크다.

특히 그의 암살은 좌우합작운동과 미소공동위원회에 많은 영향을 미쳤다. 1946년 말까지 좌우합작운동은 미군정의 정치 세력 재편 계획의 일환으로 입법 기구의 설치를 목표로 한 움직임이었지만, 1947년 초 이후 좌우합작운동은 김규식으로 대표되는 우파 민족주의 세력과 여운형으로 대표되는 좌파 민족주의 세력이 남북을 통틀어 우익과 좌익 세력을 모두 아우른 통일민주정부를 수립하려는 진정한 민족주의운동이었다. 흔히 1947년의 좌우합작운동을 1946년의 좌우합작운동과 구별하여 제2차 좌우합작운동이라고 부른다.

이 합작운동은 미군정의 지원을 받지 못했을 뿐만 아니라 극좌·극우의 배타적인 태도로 매우 힘들게 진행되었다. 게다가 2차 합작운동이 진행되던 시기에는 각기 좌우 정치 세력의 연합체로서 구성된 민주의원과 민전이 유명무실한 단체로 전락하였고 극우·극좌파들이 좌우합작운동을 배척하던 때였다.

그런데도 2차 미소공동위원회 개최를 전후하여 한국 사람들의 통일적인 대응이 필요하다는 여론이 비등해지게 되었고, 이로 인하여 2차 좌우합작운동은 활기를 띠게 되었다. 이러한 2차 좌우합작운동은 이극로, 김약수, 조봉암이 참여한 '제3전선'과 함께 시국대책협의회, 미소공위대책위원회 등을 결성하여 미소공위의 성공을 위해 활발한 활동을 전개했다.[48] 당시 창당한 지 얼마 되지 않은 근로인민당의 당수 여운형은 근로인민당의 활동보다는 좌우합작운동에 참여한 사람들과 함께 정치적 연합과 미소공동위원회의 성공에 대부분의 시간을 할애했다.

이러한 상황에서 여운형의 죽음은 좌우합작운동의 전개에 찬물을 끼얹었을 뿐만 아니라, 미소공동위원회의 성공을 위해 노력하던 중요한 정치인이 사라졌다는 점에서, 미소공동위원회를 우리 민족의 입장에서 이끌어가려던 노력이 물거품이 되는 순간이었다. 물론 여운형의 죽음이 좌우합작운동과 미소공동위원회 좌절의 가장 결정적인 원인은 아니었지만, 그의 죽음은 이제 미국과 소련이 합의한다고 하더라도 더 이상 합의를 추대할 만한 지도자가 없음을 의미했다. 소련이 절대적으로 반대하는 이승만과 김구, 미국이 절대로 받아들일 수 없는 김일성을 고려하면서 정치적 합의를 할 수 없었다. 그뿐만 아니라 이승만과 김구를 완전히 신뢰할 수 없었던 미군정은 미 본토와는 다른 내각책임제 정부 수립을 추진하게 되었다. 미국이 신뢰하는 합리적이고 카리스마를 가진 지도자는 더 이상 없었지만, 그나마 미국과의 공조가 가능한 한국민주당 중심의 내각책임제가 가장 적절할 것으로 판단했던 것이다.

미소공동위원회의 경우 완전히 결렬되는 것은 1947년 10월이지만, 여운형의 죽음을 전후한 7월 16일과 7월 21일 미국과 소련은 서로 상대방이 미소공동위원회의 원활한 진행을 방해하고 있다고 비난성명을 발표해 미소공동위원회가 실패할 것임을 암시하였다. 이제 여운형의 죽음은 단독정부 수립을 원하는 세력들에게는 내적으로 중요한 장애물의 하나가 사라진 것을 의미했다. 대중적 지지를 폭넓게 받고 있는 인물이 단독정부 수립에 반대한다면 미국과 이승만, 한국민주당이 단독정부를 수립한다고 할지라도 그것은 대중의 지지를 받지 못하는 사상누각이 되고 마는 것이다.

실제로 여운형이 암살된 이후 분단정부 수립의 가능성을 막으려 하던 민족주의 세력은 분열된다. 민족자주연맹이라는 조직으로 하나의 외관을 갖추기는 하지만, 결국 남북제정당사회단체연석회의(이하 '남북연석회의')에 참여한 직후 이들은 여러 세력으로 나뉘어 정치적 영향력이 대폭 줄어들었다.[49] 여운형이 살아 있었다면 그는 남북연석회의에 남쪽 대표로 참여했을 것이며, 개별적이 아닌 단합된 힘을 보여줄 수도 있었을 것이다. 물론 그 경우 김구가 참여했을 것인가는 또 다른 의문으로 남는다.

여운형의 죽음이 갖는 의미를 이렇게 규정한다면, 이제 여기에서부터 여운형이 왜 죽었는가, 그리고 죽을 수밖에 없었는가를 찾을 수 있다. 여운형은 단독정부 수립에 반대하는 정치가로서 그 위치가 너무 높았기 때문에 그를 죽이지 않고는 38선 이남만의 단독정부 수립이 결코 쉽게 이루어질 수 없었다. 결국 여운형을 암살한 배후 세력은 단독정부 수립을 추구하거나 미소공동위원회 실패를 원하는 세력일 것이라고 추론할 수 있다.

그런데도 처음 여운형 암살의 배후로 지목된 것은 김구와 조선공산당이었다. 당시 하지의 정치고문 제이콥스는 국무장관에게 보낸 전문에서 38선 이북에 있는 좌익 세력이 여운형을 없애는 데 훨씬 더 관심을 가지고 있다고 보고했다.[50]

그러나 당시 정황으로 보아 김구나 이북의 공산주의자들이 여운형의 암살을 배후 조종했을 가능성은 희박하다. 김구가 그와 정치색이 다른 여운형을 암살할 만한 동기부여가 전혀 없는 것은 아니지만 당시 상황에서 단독정부 수립을 반대했다면, 여운형을 반드시 암살해야 할 필요가 없었다. 만약 반탁운동의 추종자들이 여운형을 노렸다면 그 시기가 1946년 1월 초 여운형이 3상협정 결정에 대해 총체적 지지의 입장을 표명한 때였을 것이다. 김구는 당시 반탁운동에 참여하지 않는 인물들을 매국노로 보았기 때문이다.

한편 박헌영을 중심으로 하는 남조선노동당이 암살의 배후에 있을 가능성이 전혀 없었던 것은 아니다. 박헌영과 여운형은 좌파의 주도권을 둘러싸고 1946년 중반 이후 서로 관계가 악화되었다. 3당합동과 좌우합작위원회의 운영 과정에서 이러한 갈등은 더욱 증폭되었다. 그런데 이러한 징표가 여운형 암살 직후 다시 한 번 나타났다. 암살된 여운형의 손가방에서 서신이 발견되었는데,[51] 그 서신에는 조선인민당과 조선공산당과의 갈등 문제가 드러나 있었다.

게다가 여운형이 암살되기 전날 밤 받은 협박장은 여운형 암살의 배후에 박헌영이 있었을 것이라는 점을 암시하는 증거로 종종 거론된다.

"당신이 우리 단체로 되돌아올 시간이 아직 남아 있다. 만약 당신이 거절한다면 당신은 죽게 될 것이다."[52]

여기서 여운형이 떠난 단체는 민족주의민족전선(이하 '민전')이다. 그는

1946년 말 민전이 자신의 좌우합작위원회를 지원해주지 않자 민전의 의장직을 사퇴했다.

그러나 박헌영이 여운형 암살의 배후에 있을 가능성도 크지 않다. 당시 미소공동위원회가 속개된 상황이었고, 박헌영이 이끌던 남조선노동당과 민전은 미소공동위원회의 성공적인 개최를 위해 노력하고 있었다. 이들은 미국과 소련이 합의하고 양군이 한반도에서 물러나야 자신들에게 유리한 상황이 올 거라고 보았던 것이다. 여운형이 민전의 의장직에서는 사퇴했지만, 이 시기에는 미소공동위원회의 성공을 위해 공조 관계를 유지하고 있었다. 박헌영의 남조선노동당이 테러를 했다면 미군정에서 가만두었을 리가 없다. 이미 미군정은 1946년 정판사 위조지폐사건을 계기로 본격적인 좌익 탄압에 들어간 상황이었기 때문에, 이 사건의 진상에 대해 끝까지 밝힘으로써 공산주의자들의 죄상을 낱낱이 밝혔을 것이다.

배후에 경찰이?

그렇다면 이제 여운형 암살의 배후에 대해 고려해야 할 대상은 이승만과 한국민주당만 남는다. 특히 이들은 1947년에 들어서면서 본격적으로 단독정부 수립 운동을 전개하고 있었다. 이승만은 이미 1946년 5월 정읍에서 단독정부가 수립될 수도 있다는 취지의 발언을 하여 모든 신문의 1면에 그의 발언이 게재되었다. 이승만으로서는 미국과 소련이 합의하거나 양군이 동시에 철수할 경우 정권을 잡을 수 있는 기회가 없다는 것을 잘 알고 있었다. 따라서 단독정부 수립만이 그에게는 유일한 기회가 될 수 있었고, 이를 위해서는 미소공동위원회가 실패해야만 했다. 그렇다면 당시 상황에서 암살 배후로 가장 근접할 수 있는 것은 이승만의 추종자들이었다.

그렇다고 해서 아무 증거도 없이 정황만 가지고 특정한 정치인에게 그 배후의 누명을 씌울 수는 없다. 앞에서 암살범들의 증언, 그리고 관련 회고록 등을 통해 여운형 암살사건에 경찰이 깊숙이 개입되어 있음을 알 수 있었다. 그리고 대부분의 회고록에서 수도경찰청장인 장택상의 이름이 언급되었다. 물론 이에 대한 확실한 증거는 없고, 대부분이 미군정의 추측 자료이거나 사후 증언에 기반하고 있다.

그런데 한 가지 흥미로운 사실은 여운형의 암살 시기를 즈음해 남조선과도입법의원에서 친일파 척결을 위한 법안이 상정되어 논의된 사실이다. 당시 경찰에는 일제강점기 때 경찰 간부로 활동한 인물이 많았다는 점이다. 미군정은 합리주의와 실용주의의 원칙에 따라[53] 일제강점기에 친일을 했을지라도 경찰로서 경험이 있는 인물을 대거 등용하였다. 미군정은 이러한 부일협력(附日協力) 경찰의 등용이 1946년 10월 대구 사건의 원인이 되었다고 자체적인 평가를 하기도 했다. 실제로 정부 수립 직후 '반민족행위자 처벌을 위한 특별위원회'가 설치되었을 때 많은 수의 경찰이 친일 행위를 한 혐의로 체포되었다.

남조선과도입법의원이 결성되자 수많은 대중은 당연히 대의 기관에서 친일파 처리 문제와 토지 개혁 등의 중요한 현안을 처리해주기를 기대했고, 1947년 5월에 친일파 처리를 위한 법령의 제정을 위한 구체적인 움직임이 시작되었다. 이때 경찰들은 이러한 움직임을 방해하기 위한 모종의 음모를 꾸몄다. 이 음모는 입법회의의 의장이던 김규식과 좌우합작운동을 하고 있던 여운형의 암살과 관련된 것이다. 위협을 느낀 김규식과 여운형은 미군정과 경찰에 신변 보호를 요청했지만, 이에 대한 어떠한 조치도 취해지지 않았다.[54]

당시 경찰의 수뇌부이던 조병옥 경무부장과 장택상 수도경찰청장은 모

1948년 10월 21일, 국립경찰 창설 당시 경찰 수뇌부. 장택상 수도경찰청장(앞줄 왼쪽에서 네 번째)은 여운형 암살의 배후로 유력하게 거론되고 있다.

두 한국민주당 당원 출신이다. 이들은 경찰에 들어가면서 미군정의 요청으로 한국민주당에서 형식적인 탈퇴를 하지만, 실제로는 막강한 힘을 가진 경찰력을 한국민주당의 활동에 유리한 방향으로 이끌었다. 그리고 한국민주당과 경찰은 특히 이승만의 정권 장악을 위한 노력을 적극적으로 지원하였다. 친일파와 자산가가 많던 한국민주당은 '덮어놓고 뭉치자'를 주장하는 이승만이 자신들의 정치적 후원자가 될 수 있었기 때문이다.

장택상의 딸이 간행한 유고집을 보면, 장택상이 깊은 관계를 맺고 있던 것은 특히 이승만 세력이었다.[55] 유고에서 장택상은 자신이 이승만을 거의 전적으로 추종했으며 그 외의 정치 세력이 정권을 잡는 것을 막기 위하여 전심전력을 다했다고 밝혔다. 반면에 그는 자신이 미군정에 의해서 경찰의 요직을 맡았지만 자신은 '공산주의자에게도 관대한 미군정의 우유부단한 정책에 반대'했고 오직 공산주의자의 민족 분열적인 활동을 막기 위해 최선의 노력을 다했다고 말하고 있다.

여운형이 이승만에게 껄끄러운 존재였던 것은 분명하다. 이승만은 1946년 12월부터 1947년 4월 21일까지 미국을 방문하고 귀국하였는데, 이때 그는 미국에서 단독정부의 수립과 단독정부가 수립될 경우 자신이 그 정권을 담당하기 위한 미국 내의 지지를 구했다. 이를 위해서 그는 국무성, 육군성 및 유엔에서 막강한 영향력을 가지고 있는 인사들을 만나 막후 접촉을 벌였다. 이승만의 주장은 미군정이 여운형과 같은 사회주의자를 지지하고 있다는 것이었고, 이로 인해 하지 사령관이 워싱턴에 소환되는 수모를 겪기도 했다. 어쩌면 1947년 중반 이후 미군정에서 이승만을 정치적으로 지지하지 않은 이유도 여기로부터 연유할 가능성이 크다.

이러한 노력을 벌인 이승만이 귀국했을 때, 국내 상황은 그의 정치적인 의도와는 정반대로 흘러가고 있었다. 특히 여운형의 존재는 앞으로 이승만의 정치 행로를 방해하는 가장 큰 벽이 될 수밖에 없었다. 그 당시는 제2차 미소공동위원회가 속개되었고, 근로인민당을 결성함과 동시에 2차 좌우합작운동과 미소공동위원회의 성공을 위해 매진하는 여운형에 대한 국민적 지지도가 상당히 높아져 있었다.

결국 이승만은 여운형의 정치적인 힘이 존재하는 한 정권을 잡는 것은 고사하고 단독정부 수립마저도 불가능하다고 판단했을 가능성이 크다. 당시 단독정부가 수립되지 않고 미국과 소련의 합의로 통일임시정부가 수립되었다면, 이승만이 정권을 잡을 수 있는 가능성은 거의 없었다. 왜냐하면 소련이 이승만을 대단히 싫어했고 미 국무성에서도 이승만을 독단적이고 독선적인 인사로 생각했기 때문에, 양측은 그에게 맡기는 정권이 불안할 것으로 판단했다.

장택상, 조병옥의 회고록을 보면, "미군정은 여운형이나 김규식 등 공산주의에 가까운 사람들을 지지"하고 있었기 때문에 두 사람은 미군정 측에 이승만을 지지해줄 것을 강력히 요구했다고 한다. 여운형이 암살되고 단독 정부 수립이 확정된 이후에도 미군정에서 한국민주당 중심의 내각책임제를 추진하거나 김규식을 대통령으로 세우려고 한다는 소문이 돌기도 했다.[56]

이승만은 하지 사령관으로부터 '누군가'에 대한 암살 계획을 취소하라는 경고장을 받기도 하였다. 이 계획의 내용이 여운형을 향한 것인지는 정확하지 않다. 단지 6월 28일이라면 여운형 암살 20여 일 전의 일이다. 미군정 정보부서의 『주간 보고서』 99호에는 하지의 이승만에 대한 경고장이 실려 있다.

"하지 장군은 6월 28일 자로 이승만에게 발송한 편지에서 이승만과 ○○의 테러 계획에 대한 고발이 사실이 아니기를 바란다고 말했다. 하지 장군은 한국인의 애국심이 건설적인 방법을 통해야지 유혈을 포함하는 낡은 방법을 통해서는 안 될 것이라는 희망을 피력했다."

수사 중단을 지시한 미군정

지금까지 언급된 당시의 상황과 자료를 종합해보면, 경찰 조직이 여운형 암살에 관여했을 가능성이 크다. 그러나 정확한 자료가 없는 이상 '암살'과 같이 중대한 사건의 범인을 특정 정치 조직이나 정치인으로 추정하는 것은 적절하지도 않을뿐더러 불가능하다. 그러나 여운형의 죽음에 대한 책임을 물을 수는 있을 것이다.

여운형의 암살에 대한 책임에서 자유로울 수 없는 또 하나의 주체가 있었다. 바로 당시 38선 이남에서 유일한 권력체인 미군정이다. 여운형은 미군정을 찾아가 자신에 대한 경호가 전혀 이루어지지 않는 사실에 대해 항의하고 자신의 신변 보호를 요청했다. 하지만 미군정이 취한 일은 여운형에게 지방으로 피신하라고 하는 피동적인 권고만 했을 뿐이다.

미군정은 1946년 중반 이후 좌우합작위원회를 구성하면서 김규식과 여운형을 새로운 정치적인 파트너로 선택하였다. 그런데 김규식은 어느 정도 신뢰한 반면 여운형에 대해서는 의심의 눈총을 보내고 있었다. 이 점은 여운형이 김일성을 만나기 위해 북한을 방문했을 때, 민주의원에 참여하지 않고 민주주의민족전선에 참여했을 때, 그리고 남조선과도입법의원에 참여하지 않았을 때 잘 나타났다. 민주의원과 과도입법의원은 미군정의 남한 통치 정책에 가장 중요한 기관이었는데도 여운형은 미군정의 참여 요구를 거부했던 것이다. 이로 인해 미군정은 2차 좌우합작운동에 대한 지원 역시 철회하였다. 여운형이 암살당했을 때 그의 가방에서 나온 김일성과 김두봉에게 보내는 편지 역시 미군정이 그에 대해 곱지 않은 시선을 보낼 수밖에 없는 상황을 만들어주는 것이었다.[57]

따라서 미군정이 여운형에 대한 암살 위협을 묵인했을 가능성 또한 배제할 수 없다. 미국은 공식적으로 38선 이남에서 단독정부를 수립하겠다고 발표하지는 않았지만, 이미 1947년 2월 유엔 이관의 가능성에 대해 고려하였고, 4월 10일에는 한반도 문제를 유엔으로 이관하는 데서 예상되는 절차에 대해 철저한 준비 계획서를 작성했다.[58]

만약 미국 측이 단독정부 수립을 위한 계획을 마련하였다면 여운형은 방해가 되는 인물일 수밖에 없다. 그렇다면 미국이 여운형에 대한 암살을 적극적으로 저지하지 않았거나 암살 이후 수사 과정에서 정치적 물의를 일으키지 않기 위해서 소극적으로 임했을 가능성도 있다. 물론 미군정이 여운형의 암살 음모를 사전에 알고 있었다면 그대로 방치하지는 않았을 것이다. 앞에서 본 이승만에 대한 경고장이 바로 그 점을 잘 보여준다. 그러나 백범 김구 암살에 CIA의 전신인 OSS가 간여했다는 설이 나오고 있는 것처럼 여운형의 암살에도 정보기관이 관계된 것이 아닌가 하는 의문도 당연히 제기될 수 있다. 물론 무엇도 확정적인 사실이라고 할 수 없다.

이 지점에서 주목되는 증언이 있다. 1993년부터 1997년까지 주한미국대사를 역임한 레이니(James Laney) 전 에모리 대학 총장의 증언이다. 그가 주한미군에서 정보와 수사를 담당하는 역할로 한국에 온 것은 1947년이었다. 그는 오자마자 암살사건 하나의 조사를 맡게 되었다. 그 당시는 한국에 온 직후라서 암살 피해자가 누구인지 정확히 알 수가 없었다. 사건에 대한 조사는 철저하게 이루어졌다. 그래서 수사는 암살의 배후를 캐기 위해 조금씩 진전되었다. 그런데 어느 지점의 인물까지 올라가자 상부에서 명령이 내려왔다. 수사를 멈추라고. 수사의 초점이 당시 매우 중요한 정치인으로 맞추어지고 있는 시점이었다고 한다.

1960년대 초 한국어를 배우기 위해 잠시 한국에 머물렀고, 1990년대 주한미국대사로 왔던 레이니는 1947년 당시 자신이 수사한 사건이 여운형 또는 장덕수 암살사건이었던 것을 나중에 알게 되었다고 한다. 2004년 오스트리아에서 이런 얘기를 전한 레이니 대사는 아마도 여운형 사건이었던 것으로 기억한다고 했다.

레이니 대사가 당시의 자료를 갖고 있지 않기 때문에 그의 기억에만 의존할 수밖에 없는데도 그의 증언이 조작된 기억으로 보이지는 않는다. 그의 증언이 개인적 차원에서 이루어졌지만 누구의 강요에 의한 것도 아니었고, 단지 한국과 관련된 자신의 경험을 개인적으로 털어놓는 자리에서 이루어진 것이기 때문이다.

미군정은 왜 이런 지시를 내렸을까? 여운형이 암살당한 직후 하지의 경제고문이던 번스는 국무성에 보낸 문서에서 앞으로 극우와 극좌 세력이 강

해질 것이라는 안타까움을 표현했다. 그리고 합작운동은 좌절을 겪을 것이며, 이제 미국이 선택할 수 있는 대한 정책은 선거만이 유일한 것이라고 말했다.[59] 이러한 국내 정치 상황의 변화는 바로 앞으로 전개될 미국의 대한 정책을 뒷받침하는 것이었다. 미군정 설립 직후 가장 신뢰하던 송진우가 암살당했고, 이제 여운형도 암살당했다. 선거를 통해 정부를 수립한다고 할 때 이제 미국의 선택지는 그리 많지 않았다.

암살범들의 정체는 드러냈지만, 이 암살 배후를 정확하게 단정할 수는 없다. 그러나 여운형 죽음의 배후에 단독정부 수립을 추진한 세력이 존재했을 가능성이 농후하다는 사실은 정황을 미루어 확인할 수 있었다. 즉, 여운형 암살을 전후한 상황과 증거 등을 고려할 때, 단독정부 수립을 추진했고 친일 잔재 척결을 주장한 모든 세력은 여운형의 죽음으로부터 자유로울 수 없었다. 물론 정황만으로는 모든 것을 설명할 수 없기에 그를 시기한 좌익 쪽에서 암살을 주도했을 가능성도 완전히 배제할 수는 없다.

물론 다른 지도자들도 마찬가지지만, 그래도 여운형 죽음에는 마지막에 한마디를 더 붙이지 않을 수 없다. 지도자들의 삶은 그 자체가 무거운 책임을 짊어지고 있다. 수많은 사람이 그에게 기대를 걸고 있기 때문이다. 그만큼 지도자들은 자신의 삶과 생명에 책임을 져야 한다. 앞에서 다룬 현준혁도, 송진우도, 그리고 뒤에서 다룰 장덕수나 김구도 모두 마찬가지다.

그런데 유독 여운형 편에서 이 말을 하는 이유는 전쟁을 일으킨 나라가 아니라 식민지였던 한국에 분할 점령과 분단정부 수립은 너무나 가혹한 것이었는데, 그 책임이 외세에만 있는 것이 아니라 한국 내부에도 있었다는 점을 강조하기 위한 것이다. 즉, 여운형의 죽음은 분단의 책임으로부터 자유로울 수 없었다. 여운형은 통일정부가 수립될 경우 그에 대한 책임을 질 수 있는 유일한 정치인이었다. 그런 그가 결정적 순간에 죽었다는 것은 그의 운명이라고 치부할 수도 있겠지만, 다른 한편으로는 그 자신에게 전혀 책임이 없었다고 할 수는 없다. 그는 수차례에 걸쳐 경고를 받았고, 심지어 암살당하기 전날 미군정으로부터 또 다른 경고를 받았다. 그렇다면 이전보다 더 조심하고 또 조심했어야 한다. 수단과 방법을 가리지 말고. 또한 그 자신이 암살당하기 전에 수차례 피습을 당했기 때문에 더욱 그 책임이 크다. 그의 정치적 위상을 볼 때 아쉬운 대목이 아닐 수 없다.

설산 장덕수

죽어서 김구를
법정에 세우다

한국민주당 정치부장 시절의 장덕수(1947).

미군을 배경으로 하고 임정 법통을 무시하는 도배들이

무죄한 사람을 다수 체포하여 죄를 구성하려 하니

이런 통탄할 일이 어디 있습니까.

소생이 숨어 다님은 죄가 있어서가 아니라

임정을 타도하고 선생을 모함하려는 화를 피하기 위해서입니다.

〔……〕

이 박사와 한민당 도배가 음모를 하고 있으니

선생님은 특별히 조심하십시오.

_「김석황이 김구에게 보낸 서한」 중에서

민족 분단이 눈앞에 다가오다

1947년 11월, 민족의 분단이 눈앞으로 다가왔다. 모스크바 3상협정에 기초하여 개최된 미소공동위원회가 조선인들로 구성된 통일임시정부와 협의하여 독립국가를 세우려 했으나 수포로 돌아가고 말았다. 물론 이것은 1947년 이후 미국이 트루먼 독트린과 마셜 플랜(유럽 부흥 계획)을 실시하면서 세계적으로 냉전이 격화되어 미국과 소련의 관계가 타협보다는 대결의 구도로 나아갔기 때문이기도 했지만, 또 다른 요인은 국내 정치 세력들 사이의 반목과 갈등이었다. 즉, 3상회의 결정으로 시작된 격렬한 찬·반탁 대립과 분열로 인하여 이제 남북 모두를 대표하는 하나의 정부를 결성하는 것이 불가능해진 것이다.

하나의 정부를 세운다고 하더라도 정치 세력 간의 분열을 봉합하면서 통합적으로 이끌어갈 정치 세력도 더 이상 존재하지 않았다. 해방된 지 2년이 지난 시점에서 이제 남은 것은 정치 세력 사이의 불신과 적대적 감정뿐이었다. 앞서 서술한 현준혁과 송진우, 그리고 여운형의 암살은 모두 이런 불신과 적대감을 증폭시키는 데 결정적 역할을 했다.

소련과의 합의를 통해 한반도에서 신탁통치를 실시하고자 하는 방안이 실패하자, 미국은 38선 이남에서만이라도 자신들에게 우호적인 정부를 세우고자 했다. 원래 미국은 영국과 프랑스를 끌어들여 독일과 오스트리아에서 그랬던 것처럼, 자유세계 3(미국, 영국, 중국), 공산세계 1(소련)의 비율로 한반도에서 신탁통치를 실시함으로써 전후 유리한 위치를 차지하려고 했다. 이 경우 독일처럼 자유세계 점령 지역(서독)이 공산군 점령 지역(동독)보다 세 배 정도 더 클 수 있기 때문에 전반적인 정책을 소련보다 더 유리하게 끌어갈 수 있었다. 그러나 영국은 전후 재건으로, 중국은 공산당과의 내전으로 한반도에 더는 관심을 기울일 여력이 없었고, 한반도 내부에서는 미국에 대한 비판의 목소리가 줄어들지 않고 있었다. 친일 경찰을 다시 등용하고, 자유 시장에 풀어주었던 쌀을 일제강점기처럼 다시 수거하면서 미군정에 대한 비판이 확산되기 시작했다.

이런 상황에서 미국 정부는 주한미군의 철수를 추진했다. 이는 두 가지 이유 때문이다. 첫째로 주한미군이 한반도에 오랫동안 주둔할 만한 명분이 없었다. 주한미군은 소련군과 함께 원래 일본군의 항복을 받기 위해 임시적으로 주둔했다. 따라서 일본군이 항복했으므로 한국 땅을 떠나야 했다.

둘째로 미국은 한국에 대규모 군대를 주둔시킬 만한 여력이 없었다. 대전으로 유럽 제국들이 큰 타격을 입은 가운데, 미국은 전쟁 이후 전 세계의 자유 진영을 지켜야 하는 유일한 나라가 되었다. 전쟁을 통해 미국이 세계 최강의 국가로 성장한 것은 사실이지만, 그렇다고 해서 미국의 힘이 무한대로 발휘되는 것은 아니었다. 따라서 당시 미국 정부는 국익의 관점에서 봤을 때 보다 중요한 지역에 대한 원조에 집중해야 했고, 이런 관점에서 볼 때 한국은 최우선 순위는 아니었다.

여기에서 미국은 딜레마에 빠졌다. 미군이 한반도에서 아무 조치도 취하지 않고 나간다면, 1945년 9월부터 진주하여 3년 넘게 운영한 미군정의 노력이 성과 없이 물거품 될 수 있었다. 그렇다고 미군정을 연장하는 것 역시 세계 여론에서나 미국의 실질적 힘의 한계에서나 모두 적절한 방안은 아니었다. 그래서 미국 정부는 국제기구에 한국 관련 문제를 이관했다. 국제기구의 감시하에 선거가 가능한 지역에서 선거를 실시함으로써, 한반도의 전부가 아닌 일부에서라도 미국에 우호적인 정부를 세우겠다는 것이었다.

이런 상황에서 미국의 대한(對韓) 정책에서 가장 소중한 존재는 한국민주당이었다. 한국민주당은 미국이 하고자 하는 바와 가장 이해관계가 일치되는 정치 세력이었던 것이다. 비록 그 안에 일본 제국주의와 군국주의 전쟁에 적극 협력한 사람들도 있었지만, 당시 미군정으로서는 한국민주당만큼 신뢰할 수 있는 정치 세력이 없었다.

미소공동위원회가 결렬되자 미국은 우선 4대국 회담으로 회담의 규모를 확대하자고 제안했다. 물론 소련은 모스크바 3상협정을 위반하는 행위라고 비난했다.

소련이 4대국 회담 제안을 거부하자 미국은 한반도 문제를 유엔으로 이관하였다. 유엔은 동구의 몇 나라와 소련을 제외하고는 모두 자본주의권 국가로 구성되어 있었다. 미국의 정책이 그대로 반영될 수 있는 세계 기구였다. 게다가 한반도 문제를 미국이 단독으로 처리하는 대신 유엔이라는 기구를 통해 문제를 해결하면 미국을 향한 세계 여론의 비난을 막을 수 있었다. 유엔은 한반도에서의 선거를 위해 유엔조선임시위원단을 파견했고, 1947년 12월은 이들을 맞이하는 중요한 시기였다.

이러한 미국의 대안에 대해, 단독정부 수립을 통해 정권을 잡고자 한 이승만과 한국민주당은 쌍수를 들어 환영했다.[01] 해방 직후 조선공산당과 조선인민당이 압도적인 지지를 받는 상황에서 전혀 손에 잡힐 것같이 보이지 않던 '정치권력'이 눈앞에 다가온 것이다.

그러나 또 다른 죽음의 그림자가 정계를 뒤덮고 있었다. 이제는 그 죽음의 성격 자체가 달랐다. 그전까지는 단독정부 수립을 추구하느냐, 아니면 민족통일국가 수립을 추구하느냐의 분열로 일어난 테러였지만, 이제부터는 단독정부의 수립이 기정사실화된 상황에서 권력의 주도권을 둘러싼 테러로 그 성격이 바뀌었다.

설산(雪山)에 묻힌 설산(雪山)

죽음의 그림자가 드리운 전초전은 남조선노동당(이하 '남로당')이 계획했다는 '한국민주당 간부 암살음모사건'으로 표출되었다. 경찰은 남로당의 '무시무시한 암살 계획'을 1947년 11월 30일 적발했다고 발표했다.

"남로당 계열의 무시무시한 암살 계획은 11월 30일 호남선 연산과 두계역 사이 열차 내에서 제8관구 경찰청 사찰과 형사가 범인을 체포함과 동시에 서울 시내 회현동 해양구락부에서 연루범 6명을 체포한 사실이 있다."

남로당의 지령을 받고 남로당 강경지부 위원장 고진성 등이 장례식 참석차 영암에 내려온 한민당 간부 김준연, 김성수와 조병옥 경무부장, 장택상 총감을 암살하려는 계획을 세웠으나 중간에 한 명이 체포되면서 주범 고진성을 포함해 6명을 체포하고 다른 연루자를 수사 중이라는 발표였다.

이 사건이 정말로 남로당 계열이 주도한 암살 음모였는지는 확실치 않다. 워낙 음모도 많고 소문도 많은 때였다. 그런데 이 사건이 발표된 지 이틀 만에 터진 장덕수 암살사건으로 이 사건은 더 이상 주목도 받지 못한 채 그대로 묻히고 말았다. 한국민주당의 정치부장이자 미군정과 가장 긴밀히 연락하고 있던 장덕수의 암살이 당시 모든 사람의 관심사였지, 그 직전에 일어난 암살미수사건은 관심의 대상이 될 수 없었다.

이 암살미수사건이 발생한 바로 그날 동상이몽의 두 지도자 김구와 이승만이 만나 독립정부를 수립하기로 의견을 모았다는 기사가 신문에 대서특필되었다.[02] 이승만은 오직 권력 장악에 모든 관심을 집중했고, 이를 위해 조기 선거를 통해 단독정부 수립을 추구했다. 이에 비해 단독정부 수립 절대 반대의 입장을 내비친 김구가 어떻게 합의점을 만들어낸 것일까? 그러나 이 시점은 아직도 38선 이남에서만 선거를 실시하고 정부를 수립한다는 사실이 확정되지 않은 상황이었다.

어쨌든 양자는 12월 1일에도 회동한다. 그날 김구가 중심이 되어 임시정부 요인들이 만든 '국민의회' 제44차 임시회의가 열린다. 여기에는 김구뿐만 아니라 이승만도 참석한 것이다. 이 회의에서 국민의회는 이승만이 중심이 되어 조직한 '민족대표자대회'라는 조직과 통합을 결정하였다.[03]

이 와중에 일어난 것이 장덕수 암살사건이다. 이 사건을 계기로 김구와 이승만은 영원히 화해할 수 없는 다리를 건너고 말았다. 1948년 초 유엔조선임시위원단과 미군정 측의 주선으로 김규식과 김구, 이승만이 만난 일은 있었지만, 김구가 남북제정당사회단체연석회의(4월 남북협상. 이하 '남북연석회의')에 참여하고 돌아온 후 이승만과 얼굴을 맞댄 적은 한 번도 없었다. 이러한 두 사람의 불화에 결정적 계기가 된 것이 바로 장덕수 암살사건이다. 이 사건을 계기로 국민의회와 민족대표자대회의 통합은 물 건너갔고, 김구는 장덕수 암살범의 배후로 지목되어 법정에 섰다. 도대체 장덕수 암살사건은 왜, 그리고 어떻게 이렇게 큰 파장을 가져올 수 있었던 것일까?

1947년 연말부터 단독정부 수립을 추진하는 정치인을 겨냥한 암살의 풍문이 심심찮게 돌았다. 앞서 언급한 '남로당 계열의 암살시도사건'이라고 발표된 암살미수사건도 이러한 소문을 뒷받침하였다. 물론 한국민주당의 가장 뛰어난 지략가 장덕수도 암살 대상자 중의 하나였다. 좌익에서 여운형 암살에 대한 복수로 그만한 비중의 우익 인사를 노리고 있다거나, 고하 송진우의 살해범 한현우 일당이 엉뚱한 짓을 모의하고 있다는 풍문이 돌았다. 또한 김구가 거처하는 경교장에서는 미군정과 손을 맞추고 있는 장덕

한국민주당 정치부장 시절 가족과 함께(1947).

수를 성토하는 소리가 심심찮게 천장을 울렸다.

이에 장택상 수도경찰청장은 경비경관 두 명을 제기동 149의 4번지 장덕수 집에 배치하기로 결정한다. 그러나 설산(雪山) 장덕수는 암살로 생이 마감되리라는 것을 운명으로 받아들인 것일까? 오히려 경찰의 신변 보호 제안을 일축하면서 평소와 다름없이 바쁘게 지냈다. 장덕수는 이 무렵 유엔조선임시위원단의 입국을 앞두고 매우 바쁜 시간을 보내고 있었다. 미군정의 여당인 한국민주당에서 가장 중요한 역할을 수행하던 그로서는 앞으로 치러질 선거에 대비해야만 했다. 만약 미군정하에서 유엔의 감시하에 선거가 이루어진다면, 집권 여당격인 한국민주당에게는 중요한 기회가 될 수 있었다. 무엇보다도 당시 전국적으로 조직망이 갖춰진 경찰력을 장악하고 있는 점이 매우 중요했다.

신변 보호를 위해 경찰을 배치하겠다는 장택상의 제안을 거절한 지 일주일 뒤인 12월 2일 저녁, 한낮부터 내린 눈은 그치지 않고 있었다. 포도밭과 채소밭 사이사이로 몇 채의 집이 띄엄띄엄 흩어져 있는 제기동 장덕수의 집에는 그의 전갈을 받고 온 몇 명의 손님이 있었다. 한국민주당 서울시당 부위원장 유홍종, 재정부장 이영준, 안암동 유지 조희철, 입법의원 선거 때 장덕수를 도운 후배 은주표 등이었다.

원래 이날 저녁 모임은 유홍종의 집에서 가질 예정이었으나 그의 집에 갑자기 일이 생겨 장소가 네 평 남짓한 장덕수 집 온돌방으로 바뀌었다. 이 자리에 한국민주당 서울시당 선전부 차장 이상돈도 함께하기로 되어 있었으나 그는 왠지 도착하지 않은 상태였다. 이 자리는 곧 다가올 단독선거에 출마할 국회의원 후보자들의 공천에 관한 문제를 논의하는 모임이었다.

저녁 7시가 가까워올 무렵, 내방객이 대문을 두드렸다. 어린 가정부가 문을 열자 20대 청년이 성큼 들어섰다. 검정테 안경에 경찰 제복을 입은 청년은 어깨에 카빈총을 멨고, 자그마한 체구의 또 다른 청년은 검정 외투를 입고 있었다. 이들은 설산의 부인에게 동대문경찰서에서 왔다고 하면서 이미 설산과 약속이 되어 있다고 밝혔다.

경찰복을 입고 왔기에 장덕수는 큰 의심 없이 이들을 만나기 위해 대문으로 나왔다. 처음 보는 청년들이었다. 만난 적이 있을 수도 있지만 기억을 못 했다. 해방 직후 혼란기에 수많은 청년이 정치 활동을 꿈꾸며 정치가들을 찾아다니던 시절이다. 특히 극우청년단 소속원은 모자라는 재정난을 해결하기 위해 우익 정당의 거물급 지도자를 빈번하게 찾아다녔다.

장덕수는 이들을 냉정하게 물리칠 수 없어 약속한 기억이 나지 않는다고 답변했다. 이에 경찰관 두 명은 돌아가는 시늉을 했다. 장덕수가 아무 일 없었다는 듯 손님들이 기다리고 있는 방 안으로 들어가려고 돌아서는 순간 두 발의 총성이 울렸다. 경찰복 사나이가 카빈을 벗어 들고 설산의 등을 향해 발사한 것이다.

설산은 마루에 쓰러졌고, 괴한들은 바람처럼 사라졌다. 방 안의 가족과 손님들이 달려 나왔을 때 설산은 이미 의식불명이었다. 총알은 두 발에 지나지 않았지만, 급소를 맞았기 때문에 치료가 불가능한 상태였다. 그날 모임에 참석한 의사 유홍종의 응급 처치에도 중구 정동의 백인제병원으로 향하던 택시 안에서 설산은 절명하였다.

그의 나이 54세였다. 한창 왕성하게 정치 활동을 할 수 있는 젊은 나이에, 한국민주당을 한 손에 쥐고 흔들던 당대의 지략가가 쓰러진 것이다. 장덕수는 예상하지 못했겠지만 눈 오는 날 쓰러져, 결국 추운 겨울 자신의 호를 따라 눈 덮인 산에 묻혔다.

장덕수 암살사건, 김구와 이승만을 갈라놓다

미군정은 예상되는 반유엔 활동을 제압하고 유엔조선임시위원단의 활동과 안전을 보장하기 위해 전례 없이 강도 높은 수사를 진행하였다. 한반도 문제의 마지막 실타래를 풀기 위해 유엔조선임시위원단이 방한하는 시점에서 테러가 발생한다면, 본인들에 대한 테러가 아니라 하더라도 선거와 선거 감시에 차질이 생길 수 있었다. 그러나 유엔임시위원단 이전에 장덕수 자체가 갖는 정치적 중요성으로 인해 미군정은 큰 충격을 받았다.

유엔 감시하에서 선거가 이루어지고 새로운 정부가 들어선다면, 특히 미군정의 입장에서 장덕수는 중심적 역할을 해주어야 하는 인물이었다. 미군정의 눈에 독선적이고 극단적으로 비친 이승만에게 새로 수립될 단독정권을 맡긴다는 것은 결코 바람직해 보이지 않았다. 이승만은 미군정이 지원하고 있던 좌우합작위원회를 반대하기 위해 워싱턴에 가서 로비를 했고, 그 결과 하지 사령관을 워싱턴으로 소환당하게 한 인물이었다. 강한 반공주의자였다는 점에서는 미국이 원하는 한 가지 조건을 충족시켰지만, 미군정과의 협조가 어렵다는 점에서 미군정은 장덕수와 그가 주도하는 한국민주당이 정국을 이끌어주길 바라고 있었다. 바로 그 시점에서 장덕수가 암살된 것이다.

미군정의 입장에서 장덕수가 필요한 또 하나 이유는 유엔조선임시위원단이 구성되기는 했지만 그 위원단 자체가 미국의 뜻대로 움직일 것 같지 않았기 때문이다. 유엔은 처음부터 선거를 실시하라고 위원단을 파견한 것이 아니다. 우선 한반도 내부 사정을 파악하고자 하는 것이 그 목적이었다. 한국인들이 선거를 원하는지, 선거를 원한다 하더라도 한반도 전체에서의 선거가 아니라 38선 이남에서만 선거를 하게 된다면 한국인들이 그러한 결정을 받아들일지, 그리고 선거가 실시된다면 한국인들의 의사가 자유롭게 선거에 반영될 수 있는 사회적 조건을 갖추었는지 등에 대해 판단해서 유엔에 먼저 보고해야 했다. 만약 이러한 조건이 조성되어 있지 않다면, 아무리 미국의 영향력이 절대적인 유엔이라고 하더라도 한국인들의 뜻에 반해서 일부 지역에서만 선거를 하고 정부를 수립할 수 없는 노릇이었다.

당시 유엔조선임시위원단은 프랑스, 필리핀, 엘살바도르, 중국, 시리아, 호주, 캐나다, 인도 대표 등으로 구성되었다. 이들은 한국의 상황에 대해 파악하기 위해 다양한 인물을 만나고 있었다. 미군정은 당연히 이 과정에서 장덕수와 한국민주당 관계자들이 큰 역할을 해줄 것을 기대했는데, 일이 시작도 되기 전에 차질이 빚어진 것이다. 미군정이 원하는 대답을 가장 정확하게 해줄 수 있는 지도자가 사라진 것이다. 미군정 고위 지도자들이 얼마나 당황하고 화가 났겠는가?

게다가 유엔조선임시위원단 자체도 큰 문제였다. 이 중 프랑스, 필리핀, 엘살바도르, 중국 대표는 미국의 단독정부 수립 정책을 지지하는 입장이었다. 그러나 프랑스 대표는 '결정적인 문제에 기권'하는 등 소극적이었고, 필리핀 대표는 영향력이 별로 없었으며, 엘살바도르 대표는 한국 문제에 별로 관심도 없고 향수병에 젖어 있었다는 것이 미군정의 평가였다.[04]

반면 시리아 대표와 영국 블록에 속하는 호주, 캐나다, 인도 대표 등은 위원단 안에서 미국의 정책에 사사건건 반대했다. 시리아 대표는 유엔의 팔

레스타인 문제 처리와 관련해 미국의 대외 정책에 비판적이었으며, 영국 블록의 세 나라도 미국이 유엔을 통해 국익을 추구한다며 미국의 대한 정책에 비판적이었다. 특히 호주 대표 잭슨과 캐나다 대표 패터슨 등은 유엔 조선임시위원단에서 매우 적극적으로 활동하였다. 이들은 남한만으로는 어떠한 국민정부(National Government)도 수립할 수 없다는 입장이었다.[05]

이러한 상황에서 장덕수의 암살은 미군정에 너무도 큰 충격이 아닐 수 없었다. 이미 암살된 정치 지도자 송진우와 여운형에 비해 장덕수는 정치적으로 가장 명망도 낮았고 대중 인지도가 떨어졌다. 그러나 미군정은 이전과 달리 장덕수 암살사건에 가장 예민하게 대응하였다. 미군정에게는 누구보다도 필요한 지도자였던 것이다.

장덕수가 암살된 지 3일 뒤인 1947년 12월 5일, 군정장관 딘이 장덕수 암살사건에 대한 성명을 발표하였고, 하지 사령관이 장덕수 사건 관련 테러범을 지위 고하를 불문하고 엄중 처벌할 것임을 발표했다.[06] 미군정의 지시를 받은 경찰 역시 매우 강력하게 대응할 것을 표명하였다. 조병옥 경무부장은 12월 10일 이전에 발생한 암살사건의 범인들에 대한 조치가 너무 가벼웠다고 하면서 장덕수 사건의 경우 강력하게 대처할 뿐만 아니라 재판 역시 특별재판이나 군정재판에서 엄격히 진행하겠다고 발표했다.[07]

이 점은 미군정의 내부 기밀문서에서도 나타난다. 당시 하지는 장덕수 사건의 배후에 어떠한 최고 지도자가 있든 그를 포함한 모두에게 사형 및 법정 최고형을 선고할 예정이라는 점을 시사했고, 이 사실을 하지 정치고문이던 랭던이 국무장관에게 보고하였다.[08] 미군정은 자신들이 입은 정치적, 그리고 정신적 피해를 암살범을 잡아 강력하게 응징함으로써 보상받으려고 했던 것인가?

범인은 경찰

범인들이 경찰복을 입고 있었다는 사실은 사건 해결의 결정적인 실마리가 되었다. 이들이 진짜 경찰인지의 여부를 판단할 틈도 없이 장택상은 전 경찰에 동원령을 내렸다. 모든 경찰의 출근 여부를 확인하면 범인을 잡을 수 있다고 생각한 것이다. 만에 하나 암살범들이 경찰복을 빌려 입은 가짜 경찰이었다면 이러한 노력은 무위로 돌아갈 수도 있었다.

장택상의 이러한 추측은 맞아떨어졌다. 장택상이 누구인가? 직관으로 송진우의 암살범을 찾아낸, 서울을 포함한 경기 지역 경찰의 총수가 아닌가? 서울 시내의 전 경찰에게 비상령을 내렸는데, 몇 명의 경찰이 자리를 비운 채 나타나지 않았다. 그중 제기동 장덕수의 집에서 가까운 종로경찰서의 외근감독 경사 박광옥도 포함되어 있었다. 경찰은 즉시 그의 소재 파악에 수사력을 집중해 박광옥의 거처를 급습하고 이들을 체포하였다. 또한 박광옥의 집에서 박광옥과 배희범이 혈서로 "장덕수 암살"이라고 쓴 종잇조각을 가슴에 붙이고 찍은 사진 한 장을 발견하였다.[09]

이후 수사는 급진전되어 이들과 함께 공범까지 모두 체포되었다. 이들은 모두 20대 초반의 새파란 청년들로 대한학생총연맹이라는 청년단체에 소속되어 있었다. 또 흥미로운 사실은 박광옥을 제외하고는 모두 연희대(현 연세대), 서울대, 성균관대에 다니는 학생들이었다. 범인 명단은 아래와 같다.

박광옥(22세, 종로경찰서 경사, 대한학생총연맹 전무)

배희범(20세, 연희대 상과 3년, 동 연맹 전무)

최중하(19세, 연희대 문과 2년, 동 연맹 위원장)[10]

조엽(21세, 서울대 문리대 2년, 동 연맹 선전부장)

박정덕(22세, 연희대 이과 3년, 동 연맹 총무부장)

김철(연령 미상, 성균관대 철정과 3년, 동 연맹 조직부장)

장덕수 암살사건의 주범 박광옥 경사는 한국민주당 김성수 집에서 일하는 식모의 아들로, 김성수가 조병옥에게 추천해서 경찰이 되었다. 암살사건의 용의자들은 윤봉길 의사를 흉내 내어, 거사 직전 태극기를 배경으로 양손에 수류탄을 들고 "나는 조국 대한의 완전 독립을 위하야 혁명단원으로서 내 생명을 바치기로 서약함. 민국 29년 8월 26일 대한혁명단 ○○○"이란 내용의 혈서를 가슴에 붙인 채 사진을 찍었다.

세간에서는 이 사건 역시 이전의 암살사건과 마찬가지로 경찰과 검찰에서 범인들의 단독범행으로 마무리할 것으로 예측하였다. 이러한 추측은 보기 좋게 빗나가고 말았다. 암살범들이 '대한학생총연맹'이라는 청년단체 소속이라는 사실을 파악한 경찰은 사건의 배후를 캐내기 위해 집요하게 물고 늘어졌다.

강력하게 대처하겠다는 미군정의 엄포는 '공갈 협박'이 아니라 현실로 나타났다. 이런 집요한 수사에는 정치적인 냄새가 다분히 풍겼다. 무언가 배후 수사를 통해 정치적으로 이용하려는 것은 아닌가 하는 의문이 들 수밖에 없다. 왜냐하면 이전 사건 해결을 위해서는 그렇게 끈질기게 파고들지 않았으니까.

예상대로 사건은 크게 확대되기 시작했다. 1947년 12월 16일 경찰은 장덕수 암살사건과 관련하여 한국독립당의 중앙위원 김석황을 수배하였으며, 배후와 관련하여 한국독립당 간부 엄항섭과 조소앙을 13일 경찰에 소환해 15일부터 조사에 들어갔다는 요지의 성명서를 발표했다.[11] 미군정이 송진우 사건 때부터 암살사건의 배후로 혐의를 두고 있던 임시정부 요인들이 이제 본격적으로 조사를 받기 시작한 것이다.

송진우, 여운형 암살사건에서 살펴보았듯이 이 두 사건에서 김구를 비롯한 임시정부 요인들이 배후에 있었던 것이 아닌가 하는 의문이 제기되었다. 정황은 충분히 그럴듯했지만, 구체적인 상황이나 증거로 볼 때 임시정부 요인들이 배후에서 직접적으로 암살을 지시했을 가능성은 희박했다. 오히려 경찰이 중심이 되어 임시정부로 그 배후를 몰고 가려고 한 것이 아닌가하는 의문이 들도록 했다. 그러나 장덕수 암살사건은 이전의 사건들과는 달랐다. 우선 대한학생총연맹이라는 조직의 실체가 드러났다는 점이 이전과 달랐다.

대한학생총연맹은 어떤 단체인가? 1947년 6월 운현궁에서 발족한 이 단체는 임시정부 주석 김구를 총재로, 조소앙·엄항섭을 명예위원장으로 추대하였다. 대한학생총연맹의 강령은 임시정부의 법통을 살리고, 임시정부를 보호 육성하며, 이북의 '적색 마적'을 분쇄하고, 남한의 단독정부 음모를 분쇄한다는 것이었다.[12] 물론 2차 자료를 통해 드러난 대한학생총연맹의 강령은 좀 이상하다. 1947년 6월의 시점은 이승만을 제외하고는 누구도 '단독정부'의 얘기를 한 적이 없는 시점이며, 김구도 단독정부 음모 분쇄라는 말을 한 적이 없다. 뭔가 이 단체와 김구를 깊이 엮으려고 한 것일까? 아니면 당시 상황을 잘 모르는 사람이 엮은 책략이었을까?

대한학생총연맹의 성립 과정에서 자신들의 이름을 올리는 것에 반대하지 않은 임시정부의 요인들은 곤경에 처하게 되었다. 대한학생총연맹의 총재와 명예위원에 엄연히 김구, 엄항섭, 조소앙 등의 이름이 올라 있는 이상 수사의 화살이 한국독립당 간부에게 집중될 것은 불 보듯 뻔했다. 단독정부 수립을 추진하던 한국민주당으로서는 단독정부 수립을 강력하게 반대하고 있던 김구 중심의 한국독립당, 임시정부 요인들, 국민의회 등에 강력한 정치 공세를 취할 수 있었다. 자당의 정치부장 암살을 배후에서 조종했다는 혐의로.

조소앙은 '체면을 잃은 데 상심하여' 정계 은퇴를 선언하였다.[13] 임시정부와 한국독립당의 정치 이념인 삼균주의(三均主義)를 주창한 조소앙이 정치를 그만둔다는 것은 임시정부와 한국독립당으로서는 커다란 정치적인 손실이었다. 국민의회는 즉시 장덕수 사건과 관련하여 담화를 발표하고 혐의도 없는 애국자들을 마구잡이로 검거하는 것은 잘못됐다며 강력하게 항의했다.[14]

임시정부 측에서 강력하게 반발하기 시작하자, 장덕수 사건의 여파는 점차 가라앉는 기미가 보이기도 했다. 특히 유엔조선임시위원단이 내한하면서 모든 관심이 이들의 활동에 집중되었다. 유엔조선임시위원단은 장덕수 사건에 대한 조사가 한창 진행 중이던 1948년 1월 8일 내한하기로 결정되었다. 암살사건이 발생한 지 한 달여 만이었다. 38선 이남에서는 유엔조선임시위원단 환영대회를 열기 위한 준비를 하기도 하고, 정치 조직들은 이후에 실시될 유엔 감시하의 총선거에 대비해 선거 대책 기구를 구성하여 선거 준비에 들어가기도 했다. 무엇보다도 보통선거를 한 번도 해보지 못한, 그리고 국회의원이 무엇인지도 모르는 한국인들에게 유엔이라는 곳에서 대표단이 와서 무언가를 한다는 것은 신기한 일이었다. 해방되더니 갑자기 보도 듣도 못한 정당이라는 게 생겼고, 그 정당이라는 것이 대표를 내서 선거를 치르고, 거기에서 당선된 사람이 국회에 간다는 것이다. 모든 것이 다 처음으로 이루어지는 상황이었다.

이렇게 모든 정가의 관심은 유엔조선임시위원단이 어떠한 활동을 할 것이며, 이들의 활동에 의해 38선 이남만의 총선거가 가능하게 될 것인가의 여부에 쏠려 있었다. 그런데 1948년 1월 15일 돌연 한국민주당은 장덕수 암살사건의 진상을 공개하라는 성명서를 발표했다.[15] 장택상 수도경찰청장은 장덕수 사건과 관련해 한국독립당 중앙위원이며 국민의회 정무의원 겸 동원부장, 그리고 대한복구의용단장인 김석황을 체포했다고 발표했다.[16] 김석황이 관련되었다고 발표한 한국독립당, 국민의회, 대한보국의용단 등은 모두 김구 중심의 임정 세력이 주도하는 정당과 단체였다.

이러한 발표가 있고 나서 암살범들에 대한 공판이 시작되기까지 다시 45일이 소요되었다. 한국민주당만 암살범을 빨리 밝힐 것을 요구할 뿐 세인들의 관심은 또다시 장덕수 암살사건으로부터 멀어지는 듯했다. 한국민주당은 장덕수 암살의 배후로 김구를 공격했으며,[17] 검찰은 김석황을 숨겨준 사람을 기소하고,[18] 딘 군정장관은 장덕수 사건의 진상 발표에서 암살범들 외에 김석황, 조상항, 신일준 등 한국독립당 관계자들을 맥아더 포고령 2호 위반으로 기소했다고 밝혔다.[19]

여론은 여기에 관심을 기울일 틈이 없었다. 유엔조선임시위원단의 활동도 그렇거니와 이들의 활동에 대응하여 이승만, 김구, 김규식 등 우파의 최고 지도자가 의견 통일을 위해 모인 몇 차례의 회합에 관심이 집중되었다. 즉, 과연 이들이 하나의 합치점을 만들어낼 수 있을 것인가가 중요한 문제로 떠올랐던 것이다. 이들은 만나기는 했지만, 그때마다 이견을 거듭했다. 단독정부 수립을 주장하는 이승만과 이를 반대하는 김구·김규식이 하나의 의견으로 통일될 수는 없었다.[20]

이뿐만 아니라 미국과 한국민주당, 이승만이 주장하는 가능한 지역 내에서의 총선거 = 단독정부 수립이 어느 정도의 지지를 얻어낼 수 있을까도 의문이었다. 단독정부 수립을 반대하는 측이 오히려 더 많은 수를 차지하고 있었다. 남조선노동당은 1948년 2월 8일을 전후하여 단독정부 수립에 반대하는 총파업을 단행하여 정국을 혼란 속에 몰아넣었다.

또한 김구와 김규식은 반공개적으로 38선 이북의 김일성과 김두봉에게 서한을 보내 남북 지도자 사이의 정치 협상을 제안하면서 단독정부 수립에는 반대하는 입장을 표명하였다. 유엔조선임시위원단 역시 이러한 단독정부 수립에 반대하는 입장에 많은 관심을 표명하였고,[21] 정국은 다시 혼란에 빠져들게 되었다. 캐나다의 잭슨 위원은 오히려 김구와 김규식에게 남북회담의 구체적 방법을 제시해줄 것을 요청하기도 했다. 이승만과 한국민주당은 오히려 여타 정치 세력으로부터 비난을 받으면서 고립되었다.

이렇게 복잡하게 돌아가고 있는 정치 상황에서 장덕수 암살범에 대한 공판이 시작되었다. 재판 과정에서 암살범 중에 현직 경찰이 있다면 경찰 간부에 대한 조사가 먼저 시작되었어야 하는데도 사건의 배후는 단독정부 수립에 반대하는 김구 중심의 임시정부 요인들에게 집중되었다. 한국독립당 중앙위원인 김석황이 배후 인물로 지목되면서 장덕수 암살사건의 배후는 점차 김구로 좁혀졌다.

미묘한 시점에 열린 재판

미군정과 이승만, 한국민주당의 단독정부 수립을 위한 단독선거 추진, 이에 대항하여 김구·김규식을 중심으로 하는 대부분의 정치 세력들의 단독선거 반대와 남북연석회의 추진 등으로 1948년 2월 말부터 5월 초까지 정치권은 숨 가쁘게 돌아갔다.

1948년 2월 28일, 하지의 정치고문이자 미군정기 정치 공작 담당자인 버치 중위는 김구·엄항섭 등을 만나 장덕수 암살사건뿐만 아니라 남북연석회의에 김구의 참여 여부를 논의하였다.[22] 이 논의의 정확한 진상이 알려지지는 않았으나, 단독정부 수립을 추진하고 있는 미군정 측에서 김구에게 남북 지도자 협의에 참여하지 않기를 요구했지만, 김구가 거절했던 것으로 보인다.[23] 김구는 단독선거와 단독정부 수립을 결단코 반대했으며, 김규식·홍명희 등을 중심으로 한 민족자주연맹과 함께 38선 이북의 지도자들과 협의하려고 하였다.[24]

그리고 1948년 3월 8일 김구는 38선 이북에 남북회담을 제의하는 성명을 발표했다.[25] 이 와중에 장덕수 암살사건에 대한 1차 공판이 3월 2일 개정되었다. 그리고 3월 9일까지 6차 공판이 계속 이어졌으며, 3월 11일부터 증인 심문이 열렸다. 장덕수 암살사건에 대한 공판이 김구가 단독선거에 불참하고 남북연석회의를 본격적으로 추진하고 있는 시기에 열린 것이다. 그리고 장덕수 암살사건 공판은 이전 암살사건과는 달리 미군정의 주도하에 특별재판소에서 미국인 판사, 검사, 변호사에 의해 진행되었다. 이러한 미군정의 대응은 송진우나 여운형 암살사건 처리 과정에서는 찾아볼 수 없는 특별한 것이었다.

장덕수 암살범들에 대한 1차에서 5차까지의 공판은 계속해서 배후 추궁으로 이어졌다. 이전 암살사건 재판이 의도적으로 배후를 묻어두기 위해 진행된 것처럼 보인 과정과는 비교되었다. 김구가 남북연석회의에 대해 북측에 제의한 다음 날 열린 장덕수 암살에 대한 5차 공판에서도 김구의 개입 여부가 계속 논의되었다.

암살 배후로 기소된 김석황은 장덕수를 살해한 박광옥을 전혀 모른다고 진술했지만, 김구가 장덕수의 정치 행태를 싫어했다고 증언하였다. 또한 김구가 장덕수를 죽이라고 직접 명령한 적은 없지만, 장덕수·배은희·안재홍 등에 대해 좋지 않은 감정을 가지고 있던 것은 사실이라고 진술했다고 한다. 또 다른 증인으로 출두한 조상항은 1947년 8월경 경원여관에서 김석황으로부터 김구 선생의 지령이 있었다는 이야기를 들었다고 진술했다. 김구

에게 결정적으로 불리한 증언이다.[26]

결국 남북연석회의에 참여하고자 추진하던 김구에게 특별재판소로부터 소환장이 전달되었다. 소환장의 맨 뒤에는 이례적으로 미국 대통령 트루먼의 이름이 씌어 있었다.[27] 김구는 암살사건의 배후 조종 혐의로 법정에 서지 않으면 안 되는 상황을 맞이한 것이다. 설혹 김구가 암살사건의 배후에서 조종한 것이 절대로 아니더라도, 혐의가 전혀 없다고 밝혀진다고 할지라도 '민족 지도자'가 암살의 배후 조종자로 지목되어 법정에 선다는 언론 보도는 김구에게 엄청난 정신적 충격과 함께 정치적인 타격을 주는 것이었다.

여기에 더해 법정의 소환장 끝에 현직 미국 대통령의 이름이 있다는 것은 정말 기가 찬 일이었다. 미국 대통령이 그렇게 한가한 사람이었던가? 미국 사람들의 대부분이 이름도 전혀 모르는 한국이란 곳에서 일어난 암살사건의 재판정에 증인으로 나오라는 내용의 소환장에 미국 대통령이 자기 이름을 넣는다? 상식적으로 이해할 수 없는 상황이다. 그런데 장덕수 암살사건에서는 그 상식적으로 이해할 수 없는 상황이 벌어졌다. 미국 대통령의 이름이 적혀 있는 소환장을 받고도 김구가 재판장에 안 나갈 수는 없었다. 도대체 누가 트루먼이라는 석 자를 넣자고 했을까? 트루먼 본인이 그랬을 리는 없다. 이렇게 장덕수 암살사건의 처리 과정에서는 갖은 구린내가 다 났다.

김구, 법정에 서다

단독선거 참여 문제로 김구와 대립 관계에 있던 이승만도 이 사건에 대해 성명을 발표했다. 성명의 제목으로 신문은 "이승만, 김구의 장덕수 살해 사건 관련설 일축"이라고 뽑았지만, 그 내용은 제목과는 전혀 달랐다. 성명의 결론은 결국 김구가 분명히 암살사건에 관련이 있다는 내용이었다.

"김 주석이 고의로 이런 일에 관련되었으리라고는 믿을 수 없다. 김 주석 부하에 몇 사람의 무지망동한 죄범으로 김 주석에게 누가 미치게 한 것은 참으로 통한할 일이다. 앞으로 법정의 공정한 판결이 있을 줄 믿는다."[28]

마치 누명을 벗어야 한다고 주장하는 것 같지만, 내용을 뒤집어 보면 김구의 측근이 관여되었다는 것을 은근히 밝히고 있다.

김구는 장덕수의 암살과 관련하여 재판정에 출두하면서 성명을 발표하였다. 그는 자신을 배후로 지목하는 것은 모략이라고 말하면서 '미국 대통령 트루먼 씨의 명의'로 출두장이 왔기 때문에 국제 예의를 존중한다는 측면에서 재판정에 나간다는 성명이었다.[29]

김구가 장덕수 살해사건 8차 공판에 출두한 날은 그가 김규식 등과 함께 단독선거에 불참하겠다는 성명을 발표한 날이었다. 김구는 새파란 눈을 가진 젊은 미국 검사와 변호사에게 모욕당하면서 재판정에 섰다. 김구는 변호사나 검사의 질문에 성의껏 답변하였다. 그러나 9차 공판에 출두한 김구는 결국 검사나 변호사가 자신을 모독하고 있다는 점에 대해 큰 소리로 호통치고 재판정을 걸어 나왔다.

"내가 할 말은 이미 다 했소. 도대체 나는 국제 예의를 존중해서 증인으로 나오라기에 여기 나와 앉은 바인데 마치 나를 죄인처럼 취급하는 셈이니 매우 불만이오. 내가 지도자는 못 되더라도 일개 선배요. 나라를 사랑하는 내게 대해서 법정에서 이렇듯 죄인 취급을 함에는 나로서 이 이상 말할 것이 없소.

이 사건에 대해서는 시종 아무것도 모른다고 했으니 바로 나를 죄인이라 보면 기소를 하여 체포장을 띄워 잡아 놓고 하시오. 내가 증인이라면 더 말할 것이 없으니 나는 가겠소. 왜놈을 죽이라는 말만은 아마 나로서 그친 적이 없을 게요. 이 일을 할 때는 반드시 실행자와 나와 단둘이서 직접 명령을 주고받지 간접적으로 또 한 다른 사람을 시키는 일은 없소. 왜놈 대장 수명쯤 살해했소."[30]

당시 암살범들 역시 김구가 이 사건과 아무 관련 없다고 강력하게 주장했고, 결국 김구는 장덕수 암살사건의 배후 조종 혐의가 없는 것으로 판결되었다. 그러나 이 사건으로 김구가 받은 정치적인 타격은 적지 않았다.

장덕수 암살사건에 대한 재판은 1948년 3월 한 달 동안 계속되었다. 마치 재판장은 김구의 혐의가 밝혀지지 않은 이상 5월 10일로 잡혀 있는 단독선거 이전에 사건을 마무리하려고 했던 것인지 4월 1일에는 선고 공판이 열렸다. 선고 공판에서 장덕수 암살 혐의로 체포된 8명 모두에게 사형이 언도되었다. 여기에는 암살에 직접 가담하지 않은 한국독립당 관계자들이 포함되었다. 미군정이나 사법부로서는 전례 없이 암살사건에 대한 강력한 대응이었다.[31]

한국독립당에서는 이 사건에 자당의 간부와 당원들이 연루되었기 때문에 공정한 재판을 요청하였다. 한국독립당은 판결이 있자마자 트루먼 대통령과 맥아더 사령관에게 항의서와 진정서를 제출하였으며, 4월 12일에는 한미 양국의 우의를 보아서라도 공정한 판결을 해달라고 요청하였다.[32] 항의 서한의 요지는 형벌이 과하다는 것이 아니라 한국독립당 간부나 당원이 그 사건에 연루되었다는 것은 사실 무근이거나 조작이라는 내용이었다.

하지는 단독정부 수립을 위한 선거를 30여 일 앞둔 1948년 4월 22일 특별조치를 발표하였다. 박광옥과 배희범 등 직접 암살을 실행한 암살범들에게는 사형을 승인하지만 그 집행은 추후 재심 때까지 보류하고, 김석황·신일준·김중목 등 한국독립당의 간부나 당원 또는 국민의회 간부와 대의원으로서 공범으로 지목된 사람들은 종신형으로 감형하였다.[33] 죄에 비해

형벌이 너무 무거웠다고 생각한 것일까? 아니면 이 사건에 대한 판결에 자신이 없었기 때문에 새로 수립될 정부에 이 재판의 판결 책임을 떠넘긴 것일까?

6·25전쟁 발발 직후 박광옥과 배희범은 처형되었다. 그러나 이해할 수 없는 일은 종신형으로 감형된 김석황이 이때 함께 처형된 것이다. 사건의 진상을 파헤칠 수 있는 사람을 없애, 사후 일이 잘못될 것을 사전에 차단했던 것일까?

하지는 처음에 김구가 배후라고 확신했다

장덕수 암살사건은 대한학생총연맹 소속의 청년들이 벌인 사건임에는 틀림없다. 문제는 이들을 조종한 암살의 배후가 누구냐였다. 이 사건은 처음부터 김구를 중심으로 하는 한국독립당이 그 배후로 지목되었다. 그럴 만한 이유 또한 충분히 있었다. 한국민주당과 한국독립당의 관계가 서로 원만하지 못했을 뿐만 아니라, 제2차 미소공동위원회의 참여를 둘러싸고 양당 관계가 특히 악화되었기 때문이다.

앞에서 송진우 암살사건(1945)을 통해 한국민주당과 임시정부 요인들의 관계가 매우 좋지 않음은 살펴보았다. 그 당시 세론도 이러한 양당 간의 관계가 송진우 암살로 연결된 것으로 분석했다. 이 점은 장덕수 암살사건에서도 마찬가지였다. 오히려 1947년의 시점에서는 송진우 암살사건 때보다 양당 사이의 관계는 더욱 악화되어 있었다.

첫째로 1946년 봄의 우파 3당합동 추진 과정에서 한국독립당과 한국민주당의 관계는 크게 벌어졌다. 중경에서 귀국한 임시정부 요인들은 미군정이 인민공화국과 마찬가지로 임시정부도 정부로서 인정하지 않자 정치 활동의 방향을 선회하였다. 정부로서의 역할을 고집할 것이 아니라 의회 형태의 조직을 새로 만들어 이를 통해 임시정부의 정부로서 역할을 강화해나간다는 구상이었다. 이를 위해 정당을 만들어 의회와 정부를 뒷받침할 계획도 가지고 1945년 말 '특별정치위원회'를 구성했다. 이 특별정치위원회는 식민지 시기 김원봉, 성주식, 김성숙 등 조선민족혁명당 계열의 인사들이 주축이 되어 인민공화국과의 합동을 위한 준비를 위해 조직된 것이다. 하지만 1946년 들어 반탁운동으로 김구가 임시정부 요인들 내부에서 주도권을 장악하면서 특별정치위원회는 '비상국민회의'로 개편되었고, 여기에 이승만과 한국민주당, 그리고 안재홍의 국민당 등 거의 모든 보수우파 인사가 참여하였다.[34]

일단 반탁운동을 계기로 비상국민회의를 조직하면서 정국의 주도권을 장악한 임시정부 요인들은 그 활동의 뒷받침이 될 수 있는 정당 활동을 위해서 한국독립당을 결성하고, 여기에 다른 우파 정당을 합세시켜 명실공히 우파 정당 중 최대의 정파를 만들려고 했다. 김구는 일제 시기 내내 중국에 있으면서 임정을 고수하는 입장을 취했기 때문에 어떠한 정당에도 참여하지 않았다.

그러나 해방 직후 미군정이 임시정부를 정부로서 인정하지 않고 있는 상황에서는 정당이 절실하게 필요했다. 따라서 중국에서 주요한 민족주의 우파 정당으로 활동하던 한국독립당을 재창당하고 1946년 3월 22일 안재홍의 국민당과 합당했다.[35] 이를 계기로 한국독립당, 국민당, 신한민족당, 한국민주당 등 4개 정당이 우익 정당의 통일 방안을 협의하여 당명을 한국독립당으로 하고, 강령은 한국독립당의 삼균주의 및 국민당의 만민 공생, 대중 공생의 이념을 구현할 것 등을 합의하였다.[36]

그러나 한국민주당은 이러한 합당 원칙은 당을 헌납하는 것이라며 합의를 번복하였고, 이승만의 총재 추대와 한국독립당의 당칙을 개정할 것을 요구하였다.[37] 김구는 이승만에게 한국독립당의 집행위원장직을 맡아줄 것을 요구하였지만, 이승만은 거부하였다. 결국 한국민주당은 이 우파 합동에서 빠지게 되었다. 이때 김성수는 한국독립당과의 통합을 지

1930년 영국 유학 시절 김성수(왼쪽 첫 번째)와 함께한 장덕수(오른쪽 첫 번째).

지하는 입장이었지만, 장덕수는 한국민주당의 입장에서 통합을 가장 강력하게 반대하였다.

장덕수는 한국민주당이 한국독립당의 원칙을 그대로 가지고 합당한다는 것은 결국 당을 임시정부 요인들에게 헌납하는 것이라고 주장했다.[38] 친일파 척결과 토지 국유화를 주장하는 한국독립당과 친일파·지주들이 참여하고 있거나 재정을 후원하고 있는 한국민주당이 합당한다는 것은 애초부터 불가능한 일이었다. 이승만이 김구의 제의를 거절한 것은 이미 김구가 주도권을 장악하고 있는 한국독립당에 들어가 들러리를 서는 것이 싫었기 때문인 것으로 보인다.

이러한 과정을 거치면서 한국독립당과 한국민주당의 관계는 악화될 수밖에 없었다. 특히 김구와 장덕수의 관계는 더욱 좋지 않았는데, 1947년 봄 두 사람의 관계는 최악에 다다랐다. 당시는 제2차 미소공동위원회를 앞둔 상황이었다. 제2차 미소공동위원회가 시작되고 미국과 소련이 협의할 단체들의 명부를 받으면서 한국민주당이 여기에 참여할 의사를 밝히자,[39] 김구의 한국독립당은 강력한 반탁운동의 전개를 주장하면서, 미소공동위원회

에 참여하는 것은 결국 찬탁을 주장하는 반민족적인 처사라며 한국민주당을 비난하고 나섰다.

장덕수는 현실론을 더욱 내세웠다. 만약 한국민주당을 비롯한 우파 정당이 미소공동위원회에 참여하지 않는다면, 그것은 미국이나 소련과의 협상에서 한국민주당을 중심으로 하는 보수우익 세력들이 불이익을 받을 수 있다는 염려에서 나온 것이었다.[40] 실제로는 미군정의 여당 격으로 있던 한국민주당이 2차 미소공동위원회를 앞둔 상황에서 미군정의 협조 요청을 받아들였을 가능성도 있다.[41]

어쨌든 한국민주당은 제2차 미소공동위원회에 참여를 요청했고, 이것은 결국 김구와 장덕수 사이에 고성이 오가는 결과를 가져왔다. 물론 한국민주당은 미소공동위원회에 참여는 하지만 공산주의적인 정당이나 사회단체와 함께 협의하는 문제에 대해서는 강력한 거부의 뜻을 천명하였고,[42] 반탁운동도 계속해나가겠다고 발표하였다.[43]

한반도 문제가 유엔으로 이관되면서 한국독립당에서는 각 정당협의회를 구성하여 앞으로의 한반도 문제를 해결하고자 했다. 한국독립당은 이를 위한 회의를 1947년 11월 8일 오후 2시 당 회의실에서 개최하고자 했다. 그리고 여기에는 우파에서 좌파에 이르기까지 모든 정당이 초대되었다. 그러나 한국민주당과 남조선노동당이 참여를 거부하였다. 남조선노동당은 이에 대하여 당분간 보류할 것이라는 회신을 전달하였다. 우파 주도의 반탁운동을 분단운동으로 비난하면서 '모스크바 3상결정 총체적 지지'를 표명했던 남조선노동당으로서는 당연한 거부였다.

한국민주당의 경우는 달랐다. 한국민주당은 1947년 11월 2일 제1차 회합에 비공식으로 참가하였다가 11월 3일 오후 4시경 백남훈, 장덕수가 경교장으로 김구를 방문해 이 문제를 협의했다. 그러나 4일 열린 제2차 남북

1947년 6월, 제2차 미소공동위원회에 참석한 미·소 위원들이 남쪽의 정치인들과 인사를 나누고 있다. 2차 미소공동위원회의 속개 여부가 장덕수 암살의 한 계기로 작용하게 된다.

연석회의에는 불참하였다. 언론은 이것이 양당의 노선이 서로 다르기 때문이라고 보도했다.[44] 한국독립당과 한국민주당 모두 유엔으로의 한반도 문제 이관에 대해서는 찬성했지만, 선거의 범위 문제에서는 큰 이견을 보인 것이다. 한국독립당은 남북을 아우르는 통일 선거를 주장한 반면 한국민주당은 선거 가능한 지역의 선거를 주장했고, 이것은 곧 남한 지역만의 단독 선거를 의미하였다.

11월 초의 이러한 이견이 있은 지 한 달이 되지 않아 장덕수가 암살되었다. 이러한 저간의 사정에 비추어볼 때 미군정 측이나 일반적인 여론이 장덕수 암살 배후로 김구를 중심으로 하는 한국독립당에 맞춰진 이유를 쉽게 추측할 수 있다.

암살범들이 법정에서 장덕수에 대한 암살의 이유를 말한 것도 한국독립당의 정치 노선과 유사한 점이 많았다. 암살범들은 공판을 통해 장덕수가 "정권을 잡기 위하여 신탁을 시인하는 미소공위에 참가한 것, 그리고 해방전 공산당은 민족주의자들로 조직되었는데 장덕수는 그때 공산당의 이론분자"[45]였던 사실, 그리고 "일본 헌병대의 촉탁 국민총연맹의 고문으로 학생들을 격려하여 학병을 장려하는 등 친일적 행동을 감행한 것"[46] 등이 장덕수를 암살한 동기라고 주장했다.

장덕수의 미소공위 참여 주장과 친일 행위 경력은 김구를 중심으로 하는 한국독립당과 장덕수의 견해가 일치될 수 없는 가장 중요한 이유였다. 따라서 암살범들의 이러한 진술 역시 이들의 배후로 한국독립당의 관계자들이 지목될 수 있는 중요한 이유가 되었다.

하지는 김구가 장덕수 암살의 배후에 있다고 자신했다. 사적인 술자리에서 장덕수의 암살 배후에는 김구가 있는 것이 틀림없다고 한 장택상 수도경찰청장의 발언 역시 이러한 하지의 판단을 뒷받침하였다.[47] 그러나 문제는 여기에서 끝나지 않았다. 김구를 중심으로 하는 한국독립당을 배후로 지목하기에는 추가로 밝혀야 할 점이 많았다. 그렇지 않을 경우 이는 단지 정치 공세에 지나지 않았다. 물론 그러했기 때문에 법원도 김구를 비롯한 한국독립당의 엄항섭, 조소앙 등에게 혐의가 없다고 판결했을 것이다.

첫째로 장덕수가 암살된 시기가 문제로 제기된다. 만약 한국독립당에서 장덕수에 대한 암살을 시도했다고 가정한다면, 1947년 12월 초는 그다지 적절한 때가 아니었다. 더욱 정치적으로 유용한 시기를 선택했을 것이다. 한국독립당의 입장에서 보았을 때 장덕수를 암살하여 더 큰 정치적인 이득을 볼 수 있는 시기는 1946년 3월이나 1947년 7월이었을 것이다. 3당합동 과정에서 한국민주당의 불참이나 미소공위에 한국민주당이 참여한다고 선언한 것은 한국독립당으로서는 허용할 수 없는 태도였다.

한국민주당은 해방 직후 국민대회준비회를 조직하여 임시정부의 추대를 가장 강력하게 주장하였고, 환국지사후원회를 만들어 임시정부 요인들이 정치 자금으로 사용할 돈을 제공하기도 했으며, 반탁운동에도 참여하여 자금을 제공하기도 했다. 그런 한국민주당이 장덕수의 현실주의적인 노선과 미군정의 권고로 한국독립당에 반대되는 정치 노선과 활동을 한다는 것은 참을 수 없는 모욕이 될 수도 있었다. 1946년 3월 장덕수가 죽었다면 한국독립당을 중심으로 하는 우파 정당의 합당에 한국민주당이 참여할 가능성이 있었으며, 1947년 7월에 장덕수가 암살당했다면 한국민주당의 미소공위 참여 선언도 멈춰질 수 있었다.

오히려 1947년 말은 김구와 임시정부, 그리고 한국독립당이 정치 노선의 대전환을 꾀하고 있던 시기였다. 그러한 때에 스스로 정치적 위험에 빠질 일을 한다는 것은 30여 년이 넘도록 독립운동전선에서 활약한 김구의 행동이라고 보기 어렵다. 또한 1947년 말이라는 시점은 단독선거 참여 여부를 둘러싼 갈등도 발생할 수 있었지만, 오히려 더 중요한 것은 단독선거를 실시할 경우 누가 그 주도권을 잡느냐의 문제였다 이는 곧 당시가 선거와 선거 이후 발생할 권력 장악을 위한 싸움이 시작되는 시기였다는 사실을 의미한다. 실제 암살범들의 법정 진술에서도 단독선거나 단독정부에 대한 이야기는 일절 나오지 않았다.

물론 경찰에서는 이들의 암살 음모가 여운형이 암살되기 이전인 1947년 5월부터 계획되고 있었다고는 밝혔다. 그런데 이것도 말이 안 된다. 암살범들이 가담한 대한학생총연맹은 1947년 6월 결성된 단체였다. 만약 5월부터 암살을 준비했다면 이 조직은 오로지 장덕수를 암살하기 위해 조직된 단체였으며, 김구와 조소앙, 엄항섭 등 애국지사들은 이러한 무모한 청년단체에 정치적 생명을 걸고 이름을 빌려준 것이 된다. 미국의 정책에 반대해 목숨을 걸고 남북연석회의를 추진한 시기에 이러한 무모한 짓을 할 정도로 김구가 정치적 감각이 없는 지도자였을까?

둘째로 암살범들 중 한 명이 경찰이었는데도 암살범들에 대한 조사는 대한학생총연맹이라는 단체에만 집중되었지, 경찰에 대한 부분은 전혀 조사가 이루어지지 않았다. 게다가 국민의회의 대의원인 김중목을 공범으로 체포한 이후 그에 대한 고문이 이루어졌다는 사실 또한 재판 과정에서 밝혀졌다.[48] 그러나 아무도 이에 대해 문제 삼지 않았다.

1948년 1월 16일 국민의회 동원부장이자 한국독립당 중앙위원인 김석황이 체포될 때에도 재미있는 사건이 있었다. 장택상은 특별발표를 통해 '모 정계요인(김구)에게 보내는 김석황의 서한을 흥미롭게 생각한다'며 그 편지 내용을 공개했다.

"미군을 배경으로 하고 임정 법통을 무시하는 도배들이 무죄한 사람을 다수 체포하여 죄를 구성하려 하니 이런 통탄할 일이 어디 있습니까. 소생이 숨어 다님은 죄가 있어서가 아니라 임정을 타도하고 선생을 모함하려는 화를 피하기 위해서입니다. (……) 이 박사와 한민당 도배가 음모를 하고 있으니 선생님은 특별히 조심하십시오."[49]

경찰은 이 서한을 김구 혐의 입증의 증거물로 채택하였다. 그러나 역으로 이 서한의 내용이 당시 상황을 그대로 반영한 것이라면, 이 서한은 김구와 한국독립당이 장덕수 암살사건의 배후로 누명을 뒤집어쓸 것이라는 결론에 도달할 수 있는 증거가 된다. 결국 이 서한의 내용, 경찰에 대한 수사가 진행되지 않은 점, 고문이 자행된 점을 감안한다면, 이 사건을 수사하는 과정에서 경찰은 배후를 김구 중심의 한국독립당으로 몰아가려 했다는 추측을 가능하게 한다.

셋째로 이 사건에서 대한학생총연맹과 한국
독립당, 국민의회를 연결하고 있는 신일준에 대
한 의문이다. 그는 정부의 정책을 반대하거나 진
보적인 정당 옆에 슬쩍 모습을 드러내는 의문의
인물이다. 당시 장덕수 암살범들이 가지고 있던
수류탄은 한국독립당의 당원이던 신일준이 건
네준 것이라는 주장이 나왔다.[50]

장덕수 암살의 공범 중 한 명인 최중하.

신일준은 장덕수 사건뿐만 아니라 진보당 사
건에도 관련된 인물로 후일 신일양으로 개명하
였다고 한다. 그 당시 한국독립당 연락부장이던 신창균은 "당시 미군 검사
가 암살사건에 김구 선생이 연루되어 있다고 하면 살려준다고 해서 신일준
이 그렇게 했다는 이야기를 손정수로부터 들었다. 당시는 긴가민가했는데
후일 진보당 사건 때 신일준이 치안부와 공동 작전한 것으로 확실히 드러
나, 그때부터 장덕수 암살사건에 관한 손정수의 말도 믿게 되었다"고 증언
했다.[51]

물론 이와 다른 증언도 있다. 당시 장덕수 암살사건의 공범이던 최중하
의 증언으로, 그는 현재 '최서면'이라는 이름으로 국제한국연구원 원장으로
활동하고 있다. 그는 "처음 반탁을 지지했던 한민당이 미군정의 눈치를 살
피며 미소공동위원회에 참가하겠다고 돌아서는 바람에 반탁전선에 분열이
일어났다. 이에 반탁 진영의 김석황 등이 이 사실을 알고 분개한 나머지 장
덕수를 제거하게 되었다. 우연히도 그가 임정 계열이었기 때문에 김구 주
석이 정적들로부터 모함을 받게 된 것이다"라고 하여 한국독립당 계열의
인사들이 이 사건에 관련된 것이 틀림없다고 증언하였다.[52]

이상과 같은 의문점들을 종합할 때 장덕수 암살사건을 계기로 김구와 한

국독립당에 정치적 타격을 입히기 위한 음모가 진행되었던 것이 아닌가 하는 의문이 제기된다. 그렇다면 장덕수의 암살로 한국민주당이 타격을 입는 것, 그리고 암살의 배후로 김구를 중심으로 하는 한국독립당으로 몰아감으로써 정치적 이득을 얻는 세력은 누구인가? 1947년 12월이라는 상황, 즉 선거 이후 단독정부 수립을 눈앞에 둔 상황에서 주도권 확보를 두고 장덕수와 갈등을 빚을 인물은 누구였을까?

하지는 장덕수 암살의 배후로 김구만을 지목하지 않았다

미군정의 정보 보고서에는 포함되지 않은 또 다른 문서들이 있다. 공식적인 보고서로 넣기에 좀 문제가 있다고 생각될 때 일일 보고서, 주간 보고서, 그리고 월례 보고서에 넣지 않고 개인적인 서신이나 메모로 국무부나 맥아더 사령관에게 문서를 보냈다. 이런 종류의 문서 중 하지가 장덕수 암살의 배후에 분명히 누군가 있을 것이라는 점을 확신한 것으로 보이는 문서가 있다.

"장덕수가 두 명의 경찰 유니폼으로 가장한 사람들에게 암살되었다. 조병옥과 장택상은 공산주의자들의 지시로 생각하고 있지만, 하지는 이승만이 그 사건과 관련 있을 것이라는 의심을 지우지 않고 있다. 왜냐하면 장덕수는 이승만을 비난했으며, 비난할 것을 준비하고 있었기 때문이다."[53]

"장덕수와 이승만이 싸운 직후, 장덕수 암살을 지시했다는 혐의로 김구가 지목되고 있다. 여론에 의해 김구는 방패막이가 되어줄 것을 요구하면서 이승만 진영에 굴복했다. 김구가 사실 장덕수의 죽음에 관련되었다 하더라도 그것을 증명하기는 어렵다. 이번 사건에서 그와 이승만의 활동은 시카고의 알카포네의 그것과 필적한다. 거기에서는 몇 년간의 잔인한 테러 시대 이후에 테러의 지시자는 소득세 회피 혐의로 유죄를 선고받았다. 이번 사건에서의 의심에 대한 조사와 재판도 김구 진영의 성원들에게 덮어씌워지도록 급히 무마되었다."[54]

하지가 직접 장덕수의 암살 문제에 대해 언급한 문서는 거의 없는 상황에서 위의 두 보고서는 매우 중요한 점들을 시사해준다.

첫째로 하지는 장덕수가 암살되기 직전 이승만과 심한 갈등이 있었음을 매우 강조했다는 사실이다. 즉, 장덕수는 암살되기 직전 이승만과 갈등상태에 있었으며, 그러한 갈등이 계속될 조짐을 보이고 있었다는 것이다. 따라서 하지는 장덕수 암살사건의 배후에 이승만이 분명히 있었을 것이라고 추측하였다.

둘째로 이 사건의 처리 과정이 김구 진영에게 덮어씌워지도록 성급하게 무마되었다는 부분이다. 하지는 이 사건의 배후에 김구 진영이 개입되었다는 부분에 대해 의심의 눈초리를 보내고 있었지만, 여기에 이승만이 개입되었다는 사실에 대해서도 그럴만한 충분한 확신을 가지고 있었던 것으로 보인다. 따라서 수사와 재판이 김구 진영의 성원들에게 덮어씌워지도록 마무리되었다면, 그것은 어떠한 정치적인 역학 관계 속에서 이루어진 것일 가능성이 크다고 본 것이다.

물론 여기에서 또 하나 추론할 수 있는 것은 하지 사령관이 지극히 싫어한 이승만을 궁지로 몰고 가기 위해 이승만을 배후로 지목했을 가능성이다. 그러나 이 문서들은 모두 비공개 문서들이다. 하지는 공개적으로 암살의 배후에 대해 이승만을 언급한 적은 단 한 번도 없다.

그런데도 흥미로운 사실은, 하지가 이승만과 김구를 마피아의 대부 알카포네에 비유하고 있다는 점이다. 그는 이전의 암살사건에 그들이 개입되었음이 분명하다고 느끼고 있었으며, 반면에 그들을 암살사건과 관련하여 수사나 재판을 하지 못한 것은 바로 알카포네와 비슷한 경우라고 비유한 것이다. 미국의 갱들은 살인 교사나 시체 유기 등으로 처벌받지 않는다. 영화 「대부」나 다른 갱스터 영화에서 나오듯이 이들은 대체로 '세금 포탈' 등의 혐의를 받는다. 암살의 배후를 밝히는 것은 불가능하고 누군가가 증언했다고 하더라도 그 증언 외에 다른 증거가 없기 때문에 결정적 증거로 채택될 수 없다.

당시 38선 이남에서 무소불위의 권력을 가지고 있던 하지 사령관이 이러한 의심의 눈초리를 보냈다고 한다면, 거기에는 분명 정치적인 문제들이 개입되어 있었음에 틀림없다. 이제 장덕수 암살사건의 배후에 대한 분석 방향을 경교장(김구가 머물고 있던 집)에서 이화장(이승만이 머물고 있던 집)으로 돌려보자.

한국민주당과 이승만의 관계는 매우 호의적이었으며, 표면적으로는 마치 주인과 머슴의 관계처럼 보이기도 했다. 친일파들과 지주가 참여하였거나 재정적으로 뒷받침하고 있던 한국민주당은 '친일파 정당'이라는 비난을 받고 있었으며, 따라서 이를 막아줄 수 있는 이름 있는 방패막이가 필요했다. 이들이 처음에 국민대회준비회와 환국지사후원회를 조직하여 임정 요인들과의 관계를 개선하고자 한 것도 이 때문이다. 그러나 임시정부 요인들은 무엇보다도 한평생 항일 투쟁에 인생을 바친 인물들이다. 그들이 친일파의 돈을 받아쓸 수 없다고 생각한 것은 당연하며, 이 과정에서 한국민주당의 지도자들과 마찰을 일으켰다.

그러나 이승만의 경우에는 달랐다. 그는 철저한 반공주의자라는 면에서 김구와 공통점을 가지고 있었지만, 민족 문제보다는 자신의 정권 장악이라는 측면에 더 강조점을 두었다. 따라서 그는 항상 '덮어놓고 뭉치자'는 구호를 앞세웠고, 그 구호의 내용은 이념을 불문하고 하나가 되자는 것이 아니라 친일파도 함께 뭉쳐서 나가자는 것이다. 이승만은 '덮어놓고'라고 항상 말했지만, 그의 권력에 대항하는 사람은 대부분 공산주의자로 몰거나 덮어놓더라도 뭉칠 수 없는 사람으로 분류했다. 제헌국회의 소장파 의원들이 그랬고, 단독정부 수립 이후 찬밥 신세가 된 한국민주당이 그랬다. 1950년대 조봉암과 진보당, 이범석의 민족청년단 계열이 그러했다. 이승만의 구호는 실상 '나의 권력에 도전만 하지 않는다면 덮어놓고 뭉치자'는 것이었지만, 친일 전쟁 협력자들의 입장에서는 목숨을 살려줄 구원자였다.

한국민주당은 일단 친일 경력을 문제 삼지 않는다는 점만으로도 이승만과 호의적인 관계를 유지할 수 있었다. 따라서 그들이 장악하고 있는 자금력과 경찰력이 이승만의 정치가로서의 힘을 유지시키는 데 커다란 도움이 되었다. 그리고 양자는 바늘과 실 모양으로 1945년 이후 대부분의 정치적 사안에서 공조 관계를 유지하였다.

이러한 공조 관계에 금이 가기 시작한 것은 1947년 제2차 미소공동위원회가 재개되었을 때다. 미소공위 참여 문제로 김구와 고성이 오갔던 것과 마찬가지로 장덕수는 이승만과도 이견을 보였다. 이승만은 김구와 같은 반탁운동의 입장에서가 아니라 미소공위의 반대와 함께 단독정부를 수립하고 이를 통해 정권을 장악해야 한다는 필요성에서 미소공위에의 참가를 거부하였다.

이미 1946년 5월의 정읍 발언을 통해 38선 이남에서의 단독정부 수립을 언명한 이승만에게 미소공동위원회가 성공한다는 것은 눈앞에 다가온 권력을 다른 사람에게 넘기는 것과 같은 결과를 의미한다. 이승만은 1946년 12월 미국을 방문하여 좌우합작위원회를 지지하는 하지를 공산주의자라고 비난하면서 단독정부를 수립해야 하는 당위성을 설명하고 다녔다. 하지는 이로 인해 워싱턴에 소환되기까지 했다는 것은 이미 앞에서 밝힌 바와 같다. 하지와 이승만의 관계는 1947년 한 해 동안 상당히 악화되었으며, 하지는 이승만보다는 장덕수와 김규식을 더 신뢰하고 있었다.

1947년 5월 30일에 미소공동위원회 참가 여부를 놓고 장덕수와 이승만이 만났다.[55] 이승만은 장덕수에게 미소공위에 참여하지 말 것을 강력히 요구하였지만, 장덕수는 이를 받아들이지 않았다. 미소공위가 공전을 거듭하는 가운데 1947년 9월 4일과 8일, 그리고 12일에 이승만은 자신의 숙소로 우익 인사들을 초청하여 간담회를 가졌다. 이 자리에서 38선 이남만의 총선거에 대한 의견이 오갔다.[56] 여기에서 어떠한 이야기가 오갔는지 정확히 알 수 없지만, 이후 이승만이 자신의 주장에 공동보조를 맞추어줄 것을 한국민주당에 요구하였다는 내용만이 신문을 통해 보도됐다.

이것도 동상이몽의 관계였던가? 이러한 공조 관계는 곧 깨졌고, 이승만과 한국민주당은 각기 자신들의 정치 노선을 다르게 개진하게 되었다. 이승만은 미군정의 지지를 받고 있지 못함을 인식하고, 유엔을 통한 총선거마저 거부하는 입장을 취하였다. 그는 1947년 11월 이내에, 즉 유엔에서 한반도 문제에 대해 결의하기 이전에 38선 이남만의 선거를 실시하자는 '조기 선거론'을 개진하였다. 만약 유엔이 한반도 문제를 해결하는 과정에서 미국이 깊숙이 개입한다면 자신보다는 김규식을 지지할 것을 걱정했던 것일까? 조기 선거론은 이후에도 이승만의 단골 레퍼토리 중 하나다. 1950년과 1954년 총선거, 1956년과 1960년의 대선에서도 항상 조기 선거를 주장했다. 다른 쪽에서 선거 준비를 할 여유를 주지 않기 위한 전략이었다. 이미 대중에게 널리 알려져 있는 '이 박사(이승만의 애칭)' 본인과 다른 정치인들 사이에서는 큰 정치적 격차가 있었던 것이다.

한국민주당은 미군정과 보조를 맞추어 유엔에 의한 38선 이남에서의 선거에 대해 적극적으로 지지하는 입장이었지만, 동시에 신중한 준비를 통해서 선거에 임하고자 한다는 입장에서 이승만과 의견을 달리했다.[57]

이렇게 이승만과 한국민주당은 넓게 본다면 38선 이남에서만 선거를 실시하고자 하는 단독정부 수립이라는 측면에서는 상호 의견 일치를 보고 있었지만, 다른 한편으로 단독정부 수립 이후의 권력의 향배를 놓고 서로 마찰을 빚고 있었다. 이승만의 조기 선거론이나 한국민주당의 적극적인 유엔 감시하 38선 이남에서의 선거론은 선거 범위에서는 일치하지만, 선거 결과 주도권의 장악에서는 서로 다른 결론을 예상하고 있었던 것이다. 만약 단독정부가 수립되고 미군정에서 장덕수를 중심으로 한 한국민주당에 강력한 지지를 보낸다면, 이승만이 최고 지도자의 위치로 부각된다고 할지라도 그의 권력은 상당히 약화될 수밖에 없었던 것이다. 게다가 미군정과 한국민주당이 내각책임제를 주장하면서 대통령의 권한을 약화시킨다면, 정당이 없는 이승만으로서는 최악의 상황이 될 수밖에 없었다.

국내 신문에 발표되지 않았지만 미군정 정보참모부(G-2) 보고서에 따르면, 이승만은 장덕수 암살사건 3일 전에도 장덕수와 만났다. 김규식은 주한 미군 방첩대(CIC) 요원과의 인터뷰에서 장덕수 암살사건 3일 전 한국민주당 간부들과 회합에서 이승만은 알려지지 않은 어떤 문제로 장덕수와 대립하여 극도로 흥분하였다고 밝혔다.[58]

이러한 상황에서 장덕수 암살사건이 일어났기 때문에 장덕수 암살사건 직후 이승만이 그 배후에 있을지도 모른다는 의문이 당연히 제기되었다. 그리고 그 소문은 국내에서보다 미국에서 더 광범위하게 유포되었다. 이승만은 워싱턴에 있는 '한국위원회'(워싱턴에 있는 이승만의 로비 전담 조직)에 전문을 보내, 장덕수 암살사건을 그와 직간접으로 연루시키는 언론이 있으면

필요한 모든 조치를 취하라고 지시하였다.[59]

이승만이 장덕수 암살사건의 배후에 있으리라는 추측은 이승만과 장덕수와의 관계뿐만 아니라 이승만과 김구의 관계 속에서도 제기되었다. 이승만은 1947년 말 자신이 주도하는 민족대표자대회와 김구가 주도하는 국민의회의 통합을 추진하였다. 그러나 장덕수 암살사건이 발생하자 이승만은 국민의회와의 통합을 연기하라고 지시하였다.[60] 따라서 12월 12일 열릴 예정이던 합동대회는 연기되었다. 이승만은 단독정부 수립을 눈앞에 두고 있는 상황에서 임시정부 세력을 정부로 연장해야 한다는 임정법통론을 고수하고 있는 국민의회와의 합동을 꺼렸던 것이다.

장덕수 암살사건의 최대 수혜자는 이승만

게다가 김구는 민족대표자대회 대의원 중 친일파를 배제한 후 개별적으로 영입할 것을 주장하였기 때문에 이승만과 한국민주당으로서는 이를 받아들일 수 없었다. 다만 이승만은 국민의회와의 합동을 거부할 만한 명분이 없었다.[61] 그런데 마침 장덕수 암살사건이 발생했다. 한국민주당과 연결되어 있던 경찰은 국민의회가 장덕수 암살사건과 관련이 있다는 이유로 국민의회의 집회를 거듭 허가해주지 않았다.

국민의회와의 합동대회가 보류되자 이승만의 민족대표자대회는 곧바로 선거를 위한 독자 행동을 시작하였다. 민족대표자대회는 국민의회의 임정법통론에 맞서 자신들은 '민주적 방식에 따라 선출된 대의원으로 구성되었다'는 점을 강조하면서 우익 정당, 사회단체를 포괄하여 유엔한국임시위원단과 선거를 협의할 50명의 '한국민족대표단'을 구성하였다.[62]

이에 김구는 '단독정부 절대 반대' 입장을 확인하고 한국민족대표단의

서울시청 앞에서 거행된 설산 장례식에 참석한 이승만과 김구(1947. 12. 8). 김구의 심각한 표정이 장덕수 암살사건의 배후로 재판정까지 출두했던 그의 심정을 잘 보여준다. 왼쪽 첫 번째가 김구, 가운데에 이승만 부부가 앉아 있다.

즉각 해산을 주장하였다.

"국민의회와 민족대표단의 합동이 일 외부의 장애로 완료하지 못하였으나 합동에 대한 경의는 의연히 유효한 것이다. 그러나 일전에 누구의 소위인지 민족대표단의 부서며 또 무슨 보조위원단 운운과 수백 명의 명단까지 발표한 것을 보았다. 이것은 통일에 방해가 될 뿐 아니라 사전 사후 본인으로서는 주지한 바 없으니, 여하한 책임도 본인은 질 수 없다."[63]

1945년 이래로 김구와 이승만의 관계가 이렇게 악화된 적은 없다. 이승만은 항상 김구를 무시하는 태도를 보였지만, 우직한 김구는 이승만을 항상 항일운동의 선배로 깍듯이 모셨다. 그러나 장덕수 암살사건을 계기로 이승만이 독단적인 행보를 계속해나가자 김구로서는 더 이상 참을 수 없는 상황이 되었다. 게다가 이승만의 단독정부 수립 주장을 민족주의자 김구는 받아들일 수 없었다.

김구는 이승만을 설득하면서 우파의 합동으로 민족통일정부를 수립하기 위해 국민의회와 민족대표자회의의 통합을 추진하였다. 그러나 이승만은 김구와 손을 잡는다면 그것은 단독정부 수립에도, 단독정부 수립 후 권력 장악에도 방해가 된다고 판단하였다. 따라서 그는 비밀리에 합동대회를 막도록 지시하였다. 이승만은 민족대표자대회 사무국장인 최규설에게 그러한 지시를 내렸다.[64]

이상과 같은 장덕수 암살사건을 전후한 이승만의 정치 행보를 볼 때, 하지 사령관은 이승만을 암살의 배후로 볼 수밖에 없었다. 따라서 그는 이승만을 국외로 추방할 생각까지 했다.[65] 그러나 김구와 마찬가지로 이승만이 개입했다는 증거는 전혀 없었다. 단지 정황으로 볼 때 김구보다는 이승만이 장덕수 암살의 배후에 있을 가능성이 더 크다고 판단했던 것이다.

장덕수 암살사건으로 인해 가장 큰 이익을 얻은 지도자는 이승만이고, 가장 큰 피해를 입은 지도자는 김구였다. 김구는 암살사건의 증인으로 공판 과정에서 증인으로 재판정에 서야 했을 뿐만 아니라 이승만이 추진한 민족대표자대회와의 합동을 추진하던 일도 결국 실패로 돌아가고 말았다. 그리고 이러한 '찬물'은 그 개인에게 국한된 것이 아니라 남북연석회의가 개최되는 시점에서 김구에게 쏟아졌다는 점에서 큰 정치적 의미를 가지고 있었다.

물론 미군정 또한 이 사건으로 반사적인 이득을 볼 수 있었다. 미군정 역시 38선 이남에서의 단독정부의 수립을 추구하고 있었으며, 단독정부 수립에 반대하여 남북연석회의에 참석하려 하던 김구와 김규식을 막기 위해 하지의 정치고문인 버치 중위를 파견하는 등 갖은 노력을 다하였다. 따라서 남북연석회의를 주도한 김구가 정치적으로 타격을 입는다면, 이는 남북연석회의 참가와 단독선거 거부의 파장을 최소한도로 줄일 수 있는 하나의 방안이었다. 점령 초기부터 김구의 임시정부 세력과 관계가 좋지 않은 미군정 역시 장덕수 암살사건의 파장이 김구의 정치력에 타격을 입히는 방향으로 진행되는 것을 그대로 수수방관하고 있었던 것이다. 그러나 미군정의 입장에서 볼 때 장

장덕수 묘소(망우리 공원 묘지).

덕수를 잃고, 다른 정치 세력의 도움을 받지 않고 독단적으로 밀어붙이는 이승만을 지지할 수밖에 없는 상황이 되었다는 점은 치명적 손실이다. 미국은 자신들에게 우호적인 정부를 세우고 싶어 했는데, 반공에서는 성공했지만 우호와 협조에서는 그다지 성공적이지 못했다. 그리고 이는 이미 장덕수 암살 사건으로부터 예견된 결과였던 것이다.

이상에서 살펴본 바와 같이 장덕수 암살사건을 둘러싸고 그 배후와 관련하여 숱한 소문이 여론을 휩쓸고 지나갔으며, 그 사건이 남긴 정치적인 파장 또한 매우 컸다. 그러나 이 사건의 정확한 배후 역시 재판 과정을 통해 밝혀지지 않았다. 단지 이 사건으로 가장 이득을 본 지도자와 가장 피해를 본 지도자를 파악함으로써 암살 배후를 추론할 수 있었을 따름이다. 아쉽지만 관련 문서가 공개되지 않는다면 암살의 배후가 누구라고 정확히 말하는 것은 불가능하며, 영원히 미제로 남을 수도 있다.

어쨌든 장덕수의 죽음 직후 이승만은 별다른 무리 없이 단독정부의 정권을 장악하여 독단적인 정치 행로를 걸어 나갈 수 있었다. 김구는 미군정의 의도와는 달리 이 사건에 개의치 않고 김규식과 함께 평양에서 개최된 남북연석회의에 참여하였다.

그런데 다른 관점에서 보면 이 사건을 계기로 남북협상을 전격적으로 추진했을 가능성도 없지 않다. 시기적으로 볼 때 김구의 남북협상 제안은 장덕수 암살 이전이다. 그러나 남북협상을 결심하는 것은 김구에게 너무나 힘든 결정이었다. 그는 평생을 반공주의자로 살아온 사람이며, 그의 추종자들도 그렇게 믿고 있었다. 그런데 그런 그가 북으로 가서 공산주의자들을 만난다? 장덕수 암살사건이 그의 노선 전환에 결정적 계기가 되지 않았을지라도 하나의 작은 요인이 되었을 가능성은 충분히 있다. 그런 의미에서 본다면, 암살의 배후를 김구로 몰아가려고 한 누군가의 음모는 오히려 김구를 민족의 지도자 반열에 올려놓는 결과를 초래했다. 전혀 의도하지 않았겠지만.

백범 김구

38선을 베고 쓰러지다

1948년 4월 남북연석회의에서.

이 조직(백의사) 내부에는 혁명단이라는 특공대가 있다.

특공대는 5개의 소조로, 각 소조는 4명으로 구성되어 있다.

민주 한국과 한국 민족주의의 부활을 방해하는 자를

암살하라는 명령이 내려오면,

소조의 구성원들은 애국자로 죽겠다는 피의 맹세를 한다.

안두희는 이 비밀조직의 회원이자 혁명단 제1소조의 구성원이다.

나는 그가 한국 주재 CIC의 정보원(informer)이었으며,

후에는 요원(agent)이 된 것으로 알고 있다.

_뉴욕주 제1군사령부 정보참모부 운영과장 조지 E. 실리 소령의 보고서 중에서

대낮에 울린 네 발의 총성

1949년 6월 26일 오전 10시 무렵 집을 나온 안두희는 11시경 경교장 앞 자연장 다방에 들어섰다. 그는 육군 정복 차림으로 미제 45구경 권총을 차고 있었다. 잠시 뒤 조용하던 다방에 헌병들이 들어와 웅성거리자 안두희는 다방을 나와 11시 30분쯤 경교장 정문에 도착했다. 김학규 한국독립당 조직부장과 함께 이곳을 여러 번 출입해 그의 얼굴을 익힌 데다가 그가 육군 정복을 입어서인지 경호순경은 별다른 의심 없이 그를 통과시켰다. 안두희는 경교장 1층 대기실(비서실) 문을 열고 들어서며 비서들에게 인사를 했다. 대기실에는 일요일이었지만 선우진, 이국태, 이풍식 등 세 비서가 자리를 지키고 있었다.

김구 주석에게 안부를 여쭈러 왔다는 말에 선우진은 "지금 손님과 담소 중이니 조금만 기다리시오"라며 그를 의자로 안내했다. 그가 의자에 앉았을 때 전화벨이 울렸다.

"무슨 일이라뇨?"

전화를 받은 이풍식 비서가 다소 놀라며 되묻다가 저쪽의 말을 듣고 다시 말을 이었다.

"지금 경교장 부근에 정체불명의 군복 청년이 서성거리는 건 뭐고, 헌병까지 쫙 깔렸다니요? 여긴 아무 일 없습니다. 지금 선생님은 집무실에서 창암학원 여 선생님과 담소 중이십니다."

백범 측근 김덕은에게서 온 전화였다.

안두희는 통화 내용을 다 듣고서도 태연히 앉아 비서들에게 신형 대포 얘기를 늘어놓았다.

그때 박동엽 대광학교 교감이 들어왔다. 박동엽은 그날따라 정문 경호순경이 출입을 허락지 않아 경교장 앞 자연장 다방에서 비서실에 연락한 뒤에야 경교장으로 들어올 수 있었다. 박동엽은 안두희를 보고 섬뜩한 마음이 들었지만 김학규 장군과 여러 번 출입한 군인이라는 설명에 안심했다. 박동엽은 그날 저녁에는 특별 경계가 필요하다고 일러주고자 경교장을 찾았다. 그러나 김구에게 위해를 가할 자가 대낮에 단독으로 범행할 줄은 미처 생각지 못했다.

잠시 후 또 다른 군인이 경교장에 불쑥 찾아왔다. 그는 육군 헌병특별수사대 강홍모 대위였다. 그는 김구와 동향인으로 임정 시절 백범이 그의 성도군관학교 입학에 후견인 역할을 했다. 그는 앞서 와 기다리던 안두희의 양해를 받고 먼저 2층으로 올라가 백범에게 문안인사를 한 다음 내려왔다.

곧 선우진의 안내로 안두희가 2층으로 올라갔다. 김구는 책상에서 붓글씨를 쓰고 있었다.

"선생님, 포병사령부 안두희 소위가 문안드리러 왔습니다."

"그래? 가까이 오라고 해."

안두희는 2층 복도에서 거수경례를 한 다음 김구에게 다가갔다. 선우진 비서는 안두희를 그대로 둔 채 점심을 채근하고자 지하 부엌으로 내려갔다.

"탕! 탕! 탕! 탕!"

2층 김구 집무실에서 네 발의 총소리가 연속으로 울렸다. 유리창 깨지는 소리도 났다.

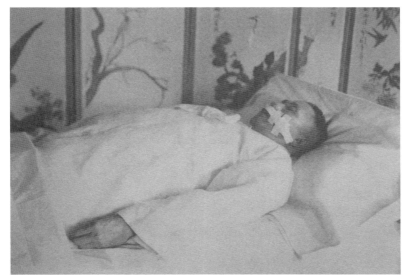

경호순경 조기행과 유원선이 난데없는 총소리에 놀라 뛰어 들어와 1층 비서실 문을 후딱 열어젖히며 다급하게 외쳤다.

"방금 2층에서 총소리가 났습니다."

비서들도 얼굴이 백지장처럼 변해 있었다. 지하 부엌에 있던 선우진도 2층으로 뛰어 올라왔다. 안두희가 시뻘겋게 상기된 얼굴로 2층 계단을 내려오고 있었다. 경호순경들이 카빈총을 겨누자 안두희는 손을 든 채 내려온 뒤 권총을 의자에 던지고 중얼거렸다.

"제가 주석 선생을 시해했소이다."

그 말이 떨어지자마자 경호순경들은 카빈총 개머리판으로 안두희의 가슴을 쳤다.

한복 차림의 김구는 의자에서 고개를 숙인 채 고꾸라져 있었다. 가슴에서는 피가 솟구쳤다. 안두희가 쏜 네 발의 총알 가운데 첫 번째는 김구의 코

밑을 지나 오른쪽 볼을 빠져나와 유리창을 뚫었고, 두 번째는 김구의 목을 정면으로 뚫은 뒤 유리창에 맞았다. 세 번째는 김구의 오른쪽 가슴을 지나 폐를 뚫었고, 네 번째는 김구의 아랫배를 관통했다.

소식을 듣고 달려온 의사는 "선생님께서 급소를 맞아 많은 출혈로 이미 운명하셨습니다"라고 사망 선고를 했다.[01]

1949년 6월 26일 오후 1시가 막 지난 시간이었다. 한 평생 숱한 사선을 넘긴 김구는 그렇게 해방된 조국에서 동족의 흉탄(兇彈)으로 파란만장한 생애를 마쳤다. 일흔 넷이었다.

치밀하게 계획되고, 예고된 암살

김구가 암살됐다는 갑작스러운 비보(悲報)에 대다수 국민은 놀라움을 표시했다. 그러나 이미 예고된 일이었다. 사건 다음 날 김구의 정치적 동지인 김규식은 주한 미 대사관 3등 서기관 그레고리 헨더슨를 만난 자리에서 놀란 기색 없이 담담하게 이렇게 말했다.

"3, 4주 동안이나 소문이 떠돌았다. 몇몇 사람이 암살 대상으로 거론되었습니다. 나도 그중에 포함되었습니다. 소문은 이런 내용이었는데, 김구·김규식·안재홍과 아마도 조소앙이 모두 암살될 것이란 얘기였습니다. 나는 은신처로 피신하라는 얘길 들었습니다. 그러나 그들에게 말하기를 나는 몸을 피할 곳이, 커다란 트렁크조차도 없다고 답했습니다. 나는 내 마지막 큰 트렁크를 중경에 두고 왔습니다. 만약 내가 살해된다면 이는 하나님의 의지입니다. 나는 기꺼이 이를 받아들일 준비가 되어 있습니다."[02]

김규식의 말대로 김구 암살은 예고된 것이었다. 임시정부 요인이던 조완구는, 이 암살은 '계획'되었으며 한 개인의 행동이 아니라 '음모의 결과'라고 말했다.

실제로 김구 자신도 여러 차례 경고를 받았다. 김구와 결별하고 임정의 한국독립당에서 떨어져 나와 사회당을 창당한 조소앙은 사건이 나기 며칠 전 이승만을 만난 뒤 김구를 찾아갔다. 그 자리에서 그는 이승만이 "백범이 공산당과 내통한다면 나라를 걱정하는 젊은이들이 가만히 두고만 있지 않을 게야"라고 말했다며 "아무래도 그들이 무슨 일을 저지를 것 같으니 이 참에 백범이 조심해야 할 거야"라고 경고했다.

그러나 김구는 "나는 조국을 위해 왜놈들에게는 맞아 죽을 일을 했어도, 내 동포가 나를 죽일 일은 하지 않았소"라며 경고를 무시했다.

사건 전날에는 더욱 구체적인 경고가 있었다. 6월 25일 저녁에 박동엽 교감과 광복군 출신 김승학이 함께 경교장으로 찾아와 '암살 계획'을 전했다. 장은산 포병사령관이 백범 암살 행동대장으로 오병순 소위를 지명했는데, 오 소위가 양심의 가책을 느낀 나머지 친구인 육군 소령 김정진에게 그 이야기를 털어놓았고, 김정진이 은사인 박동엽에게 몰래 그 사실을 전했다는 내용이다. 한독당 당원인 홍종만도 행동대와 한통속이라고 전했다.

박동엽과 김승학은 김구에게 며칠 병원에 입원해 있을 것을 권유했다. 하지만 김구는 역시 태연하게 "내 전부터 유언(流言, 떠도는 말)을 한두 번 듣지 않았네. 나는 왜놈이라면 몰라도 동족에게 해를 당할 일을 하지 않았네"라며 세간의 소문으로 치부했다.

사건 당일인 26일 아침 일찍 옹전전투에 출동하라는 명령을 받은 아들 김신 소령도 아버지의 신변을 염려해 "요양도 하실 겸 당분간 병원에 입원하시는 게 어떻겠습니까"라고 권유했지만 김구의 태도는 요지부동이었다.

김구가 암살되었다는 소식은 당시 국민의 마음을 울렸다. 김구의 장례식은 국민의 애도 속에 10일간의 국민장으로 치러졌다. 수많은 국민이 김

1949년 7월 5일 김구 장례 행렬. 국민장으로 치러진 이날 9만여 명의 국민이 참석하여 애도했다. '국장'으로 치러졌지만 경찰의 지시에 따라 창문이나 옥상에는 단 한 명의 구경꾼도 등장하지 않았다고 주한 미 군사고문단은 기록했다.

구의 마지막을 보기 위해 길거리로 쏟아져 나왔다. 한평생을 민족의 독립과 통일을 위해 살아온 지도자의 영면의 길에 애도를 표하지 않을 이는 없었다.

식민지 시기부터 김구와 함께 정치 활동을 계속한 김규식은 그의 주검 앞에서 피눈물을 흘렸다. 학자 출신인 김규식과 정치가이자 운동가인 김구는 서로 다른 성격이었지만, 이들은 임시정부에서부터 1948년의 남북협상, 1949년의 평화통일운동에 이르기까지 30년간 같은 길을 걸었다. 7월 5일 9만여 명이 참석한 영결식에서 김규식은 이렇게 애도했다.

"오호 동지여! 동지의 최후를 슬퍼서도 울고, 우리 자신의 앞날을 위하여서도 울고, 또 여러 가지로 슬퍼하는 것을 아는가? 동지여! 일생을 바치어 애국애족하였다는 위대한 공적은 약사 보고가 있기 때문에 나는 더 언급하지 않겠다. 다만 동지가, 근 80평생을 일신의 명예와 사를 버리고, 오로지 조국 광복과 반일 투쟁에 심혈을 경주한 동지가 이 땅의 왜적이 물러간 오늘 동족의 손에 쓰러졌다는 것은 동족의 치욕일 뿐 아니라, 정녕코 우리 사회의 무질서를 증좌하는 것이며, 왜적의 심장을 가진 조선인이 아니면 도저히 감행할 수 없는 만행이라 아니할 수 없다.

흉의의 소재가 나변(奈邊, 어디)에 있든 간에 동지가 위대한 애국자인 것을 안다. 그러나 동지는 졌다. 다시 돌아오시지 못할 길을 분명히 갔다. 민족적 염원인 완전 자주 민주평화통일에 광휘 있는 새로운 역사를 보지 못한 채 영원히 이 땅을 떠났다. 영결에 임한 이 순간 우정을 논하고, 과거를 추궁할 정신적 여유조차 없겠지만 공사 간 동지에 대한 우리의 애정은 너무도 애닯다. 동지여!

　〔……〕

　동지여! 이 땅 이 시간에 동지는 이 민족을 그대로 두고, 차마 어이 떠나리오마는 생과 사의 분별이 유할 뿐이니, 동지는 고이 가시라. 동지가 완성을 보지 못한 이 국가 건설 과업은, 우리가 일층 더 용감히 추진하여 이미 간 동지와 무수한 선열의 영령을 위안하며 기한과 만난고초에 허덕이고 신음하는 민족이 완전한 자유와 평화를 획득하도록 더욱 계속 노력할 것을 동지의 영전에서 삼가 선언하노니 동지여 고이 잠드소서.

　민족자주연맹 주석 김규식.”

　그러나 정작 암살범인 안두희에 대한 조사와 재판은 엉뚱하게 흘러가고 있었다.

암살자를 옹호하는 아주 이상한 공소장

　재판정에 서보면 검사가 공소장을 읽을 때 등에서 식은땀이 나는 것을 느낀다. 검사가 작성한 공소장은 피고인의 범죄를 입증하기 위한 것이기 때문에 피고인의 범법 사실에 대해 어떠한 인간적인 감정의 개입도 없이, 사실 그대로의 내용만이 들어 있다. 때문에 검사는 모든 사람을 범죄자로 만들기 위해 있는 사람이 아닌가 하는 의문이 들 때도 있다. 그러나 검사는 그런 사람이 아니다. 단지 범법자들의 죄를 정확하게 밝히기 위해서 자기의 소임을 다할 뿐이다. 무성영화 시대를 풍미했던 「검사와 여선생」을 본 사람이라면 그러한 일을 하는 검사의 고민을 잘 알 수 있으리라.

그런데 그런 검사가 범법자의 정당한 범죄 이유까지 소상하게 다루면서, 마치 피고인을 변호하듯이 공소장을 작성하였다면, 그 공소장을 보는 모든 사람은 의아한 생각을 떨쳐버리지 않을 수 없을 것이다. 게다가 민족의 지도자를 살해한 범인에 대해 그러한 공소장을 작성했다면.

"육군 소위 안두희는 단기 4282년(1949) 6월 26일 경교장에서 혁명투사 김구 선생을 권총으로 불법 살해하였음. 즉 6월 26일 피고가 경교장에서 김구 선생을 방문하기 전 경교장 근처에 있는 다방 자연장에서 약 20분 동안 두뇌를 정리하였다. 그리고 전부터 맘에 품고 있었던 한독당과 김구 선생의 반정부적인 노선에 대하여 김구 선생의 본심을 타진하고 피고의 거취를 결정할 목적으로 김구 선생을 만났다.

피고는 김구 선생을 향하여 공산주의의 이적 행위에 가담하지 말고 본심으로 돌아가서 간신배들의 말을 듣지 말라고 권하자 선생은 '네가 내게 반동하느냐, 나에게 반동하면 국가 민족에 대한 반동이다'라고 노하기에 그 순간 정신이 혼란하고 흥분하여 김구 선생이 있음으로써 대한민국에 지장을 주며 그것이 곧 민주정부 육성에 장애물이 된다고 하고 여순 사건, 강(태무)·표(무원) 소령 월북 사건, 장덕수 사건, 공산당과의 합작 등을 생각하고 미국제 권총으로 약 1미터 거리에서 제1탄을 발사하고 계속하여 3, 4발을 쏘았다."

백범이 암살당한 지 39일 만인 8월 3일부터 살해범 안두희에 대한 중앙고등군법회의에서 위와 같은 공소장이 낭독되었다. 공소장의 내용은 백범의 죽음을 안타까워하기보다는 암살자의 의중을 이해해야 한다는 내용을 담고 있었다. 김구가 반정부 활동을 했고, 공산주의자에게 동조하는 행동을 했기 때문에 안두희는 당연히 김구를 암살할 수밖에 없었다고 하는 기상천외한 공소장이 나온 것이다. 장덕수 사건이나 남북협상과의 문제는 이미 앞에서 언급했지만, 여순 사건은 뭐고, 한국군 월북사건은 또 뭔가?

그 검사는 안두희의 마음은 이해하고 있었을지 몰라도 김구의 민족에 대한 사랑은 전혀 이해하지 못하고 있었을 것이다. 아마 제대로 된 공소장을 만들려고 했다면 검사는 김구의 「삼천만 동포에게 읍고함」이란 글을 숙독했어야 할 것이다.

"미군 주둔 연장을 자기네의 생명 연장으로 인식하는 무지몰각한 도배들은 국가, 민족의 이익을 염두에 두지도 아니하고 박테리아가 태양을 싫어함이나 다름없이 통일정부 수립을 두려워하는 것이다. 그리하여 그들은 음으로 양으로 유언비어를 조출하여서 단선단정의 노선으로 민중을 선동하여 유엔위원단을 미혹케 하기에 전심전력을 경주하고 있다. 미군정의 환경하에서 육성된 그들은 경찰을 종용하여서 선거를 독점하도록 배치하고 인민의 자유를 유린하고 있다. 그래도 그들은 태연스럽게도 현실을 투철히 인식하고 장래를 명찰하는 선각자로서 자임하고 있다. 그러나 이러한 선각자는 매국매족의 일진회식 선각자일 것이다. …

3천만 자매형제여!

한국이 있어야 한국 사람이 있고, 한국 사람이 있고야 민주주의도 공산주의도 무슨 단체도 있을 곳 있는 것이다. 그러면 우리의 자주독립적 통일정부를 수립하려 하는 이때에 있어서 어찌 개인이나 집단의 사리사욕에 탐하여 국가 민족의 백년대계를 그르칠 자가 있으랴? 우리는 과거를 잊어버려보자. 갑은 을을, 을은 갑을 의심하지 말며, 타매하지 말고 피차에 진지한 애국심에 호소해

보자. …

이 육신을 조국이 수요한다면 당장에라도 제단에 바치겠다. 나는 통일된 조국을 건설하려다가 38선을 베고 쓰러질지언정 일신에 구차한 안일을 취하여 단독정부를 세우는 데는 협력하지 아니하겠다. 나는 내 생전에 38 이북에 가고 싶다. 그쪽 동포들도 제 집을 찾아가는 것을 보고서 죽고 싶다. "03

암살범에게 특별대우를 하며 진행한 조사

공소장만 이상한 것이 아니었다. 현장범의 체포와 조사, 모두 상식을 벗어났다. 암살 직후 기다렸다는 듯이 경교장에 도착한 헌병들은 안두희를 연행해 육군 헌병대에 수감했다. 당시 서울지방검찰청 검사장이던 최대교는 이렇게 회고했다.

"수사의 기본인 현장 조사는 물론 안두희의 얼굴도 볼 수 없었다. 검시 직후 곧바로 김익진 검찰총장에게 전화했으나 외출 중이어서 권승렬 법무장관에게 갔다. (……)

권 장관과 함께 이범석 국무총리 집으로 갔으나 대문에 '수렵 출장 중'이라고 적힌 큼지막한 종이가 붙어 있었다. 다시 발길을 돌려 신성모 국방장관 집으로 갔다. 대문 앞에는 뜻밖에 최용덕 공군참모총장이 서성이고 있다가 우리와 마주치자 깜짝 놀라며 '신 장관은 몸이 불편해 누워 있다'고 했다. 우리가 중대한 일이니 뵙겠다고 하자 최 총장은 잠시 안으로 들어갔다 나온 뒤 안채 침실로 안내했다. 잠옷 차림의 신 장관은 김구 암살에 대한 보고를 받은 뒤 묘한 표정을 지으며 '이제 민주주의가 됐군' 하며 짤막한 한마디를 던졌다. 신 장관은 언제 몸이 불편했냐는 듯 유쾌한 얼굴로 '경무대로 가자'고 했다. 경무대에 연락해보니 이 대통령은 낚시를 갔다는 것이었다. 우연이라고 생각하기에는 너무도 이상했다."[04]

심지어 관할 서울지검도 모르게 검찰총장이 직접 구속영장을 신청하는 초유의 사태가 벌어졌다. 최대교 검사장은 당시 "피가 솟구쳤다"고 회고했다.

"암살사건 뒤 일주일 후였다. 검찰청 출근길에 법원 울타리를 손질하고 있는 한격만 법원장을 보고 옆에서 일을 거들다 뜻밖의 말을 들었다. '원, 이런 일이 있었소. 한독당(위원장 김구) 간부들에 대한 구속영장을 날더러 직접 떼라고 합니다. 그래서 떼기는 했지만…… 다시는 그런 짓 안 할랍니다.'

깜짝 놀라 누가 청구했느냐고 묻자 '김익진 검찰총장이 직접 신청했다'는 설명이었다. 곧바로 검찰총장에게 달려가 터무니없는 영장 발부 경위를 따졌다. 김 총장은 몹시 난처한 표정을 지으며 손가락을 경무대 쪽으로 가리켰다. '저 영감탱이(이 대통령 지칭)가 노망이 들었는지 최 검사장에게 일체 비밀로 하라고 해서 그리된 게요. 양해하시오.' 순간 피가 솟구쳤다."[05]

국방부 보도과는 안두희를 체포한 다음 날 1차 발표를 하였으나, 어찌된 일인지 이 발표를 취소하고 2차 발표를 하였다. 2차 발표의 내용은 다음과 같다.

"진상에 관하여서는 목하 엄중 취조 중에 있으나 지금까지 판명된 것은 대략 다음과 같다.

1. 안두희는 한국독립당원으로 김구 씨의 가장 신뢰하는 측근자인 것.

1. 안두희는 누누이 김구 씨와 상봉하여 직접 지도를 받던 자인 것.

1. 당일은 인사차 김구 씨를 만나러 갔다가 언론 쟁투가 되어 격분한 결과 순간적으로 살의를 발생한 것.

그 외의 상황은 아직 문초 중임으로 추후 상세한 것을 발표하겠다."[06]

안두희는 한국독립당원으로 김구와 논쟁 중 우발적으로 총을 쐈다는 것이다. 암살 바로 다음 날 발표된 국방부의 발표문은 앞으로 암살사건에 대한 조사가 어떻게 진행된 것인가를 잘 보여주고 있었다.

바로 다음 날 육군 참모총장 채병덕도 김구 암살사건에 대한 담화를 발표하였다. 그도 역시 군이 암살과 전혀 관련성이 없다며, 범행의 동기를 개인적 행동으로 몰아갔다.[07]

채 참모총장은 세인들이 모두 궁금해하는 암살범의 정체를 밝히기 위해 성명을 발표한 것도 아니었다. 수사에 임하는 자세 역시 민족의 지도자를 암살한 범인을 수사하는 것도 아니었다. 오직 김구 암살사건에 군이 전혀 관여하지 않았다는 것을 강조하고 있다. 어떻게 단 이틀 만에 군이 전혀 관련이 없다는 말을 할 수 있었을까? 당시 누가 이런 말을 믿었겠는가?

7월 1일 헌병사령관 전봉덕의 발표문은 더 가관이었다. 그는 완전히 김구 암살사건을 한국독립당 내분에 의해 일어난 것으로 결론지었다. 그 역시 세간에 정치적 배후가 있을 것이라는 소문이 돌고 있는 사실을 알고 있었던지, 그러한 유언비어는 오히려 "민족의 지도자 고 백범 선생의 영령에 대하여 송구"한 일이라고 발표하였다.[08]

이승만 대통령도 같은 날 담화를 발표했다. 성명서에 나타난 그의 관심은 오로지 김구 암살 직전에 발생한 국회 프락치 사건과 연계되지 않기를 절실하게 바라는 것이었다. 그리고 이승만은 김구의 암살범을 두둔하였다. 그는 암살범의 살해 동기를 공개한다는 것은 "그 생애를 조국 독립에 바친 한국의 한 애국자에 대한 추억에 불리한 것이 아닐까 생각"한다고 말했다. 아울러 그는 이 성명을 통해 김구의 암살이 곧 한국독립당 내에서 "조국을 위하여 가장 유익"한 행동 노선을 결정하는 과정에서 차이에 의해 표출된 것으로 표현했다. 또한 이승만은 김구에 대한 추도의 마음은 한마디도 하지 않은 채 1949년 5월 38선 접경인 옹진반도에서 일어난 국경 분쟁에 대

한, 그리고 공산주의에 대한 혐오의 말로 성명을 끝맺었다.[09]

육군본부 보도과는 안두희의 암살 동기를 발표하면서 "범인 안두희는 김구 선생의 노선이 대한민국을 전복하려는 공산당 노선과 완전히 일치함을 확인"했다고 함으로써 김구를 반정부 사범으로 몰아갔다.

대통령부터 국방부까지 입을 맞춘 게 분명했다. 어쩌면 수사나 재판의 결론도 이미 나 있었는지도 모른다. 더구나 후에 폭로된 내용은 너무나 놀라운 것이었다. 정작 암살범 안두희는 취조도 받지 않은 상태였고, 특무대로 이송돼 환대를 받고 있었다. 그는 26일 헌병사령부에서도, 27일 군특무대에서도 본격적인 취조는 받지 않고 치료만 받았다. 특히 6월 27일 특무대로 이송된 후에는 김창룡 특무대장이 직접 찾아왔다. 암살의 배후를 추궁하기 위한 것이 아니었다. 두 사람은 "커피 마시면서 아주 화기애애한 기분으로 경어를 쓰는 반가운 회동"이었다.

김창룡은 안두희를 위해 숙직실을 개조하여 '호텔과 같은 특별 감방'을 제공하였다. 안두희는 좋은 음식을 먹고 목욕까지 하고 신문도 보면서 편안하게 보냈다. 또한 부인과 동생 등 가족은 물론 김창룡 특무대장, 포병사령부의 장교 등이 면회 왔으며, 여운형 암살의 배후로 지목된 김지웅은 돈까지 주고 갔다. 이러한 과분한 대접은 안두희가 생각해봐도 '기가 막히는 모순'이었다.

심지어 김창룡이 직접 암살범에게 취조관인 노엽 대위와 이진용 중위를 소개하였다. 이들 취조관은 '안 소위님'이란 경어를 쓰면서 담배를 권하고, '하기 싫은 말은 안 해도 된다'고 권유했다고 한다. 또한 홍종만, 김지웅, 장은산 등 세 사람에 대해 안두희가 진술까지 했으나, 수사관들이 안두희 상부는 더 건드릴 필요가 없다고 하면서 수사를 의도적으로 축소하였다. 안두희의 진술이 윗선으로 연결되는 것을 차단하고, 송치할 때까지 조서를

보여주지도 않고 서명 날인하게 했다는 것이다.[10]

뒤로는 이렇게 암살범에게 특별대우를 하면서 군과 정부는 "억측(臆測)과 요언(天言)"에만 신경을 썼다. 7월 1일 전봉덕 헌병사령관과 김태선 시경 국장이 공동으로 포고문을 통해 "군경의 건재함에 신뢰를 갖고 항간에 유포되는 조언비어(造言非語)와, 사실을 왜곡 모략 선동함에 부화뇌동하여 경거망동하지 말며 군경에 절대적인 협조를 바란다"고 발표하였다.

일사천리로 진행된 재판

안두희 재판은 국민의 애도하는 마음을 비웃기라도 하듯이 일사천리로 이루어졌다. 검사나 변호사의 심문 내용은 암살의 배후를 찾는 데에는 전혀 관심이 없었다. 오직 안두희가 한국독립당의 비밀당원이었고, 당 내의 이견이 있었다는 사실, 그리고 한국독립당이 이승만 정권에 대한 쿠데타를 준비하고 있었다는 사실을 증명하는 데 재판의 초점이 맞추어졌다.

제1일 공판에서는 한국독립당의 당원이던 홍종만의 증언에 관심이 맞추어졌다. 그는 안두희를 당의 조직부장인 김학규에게 소개한 사람으로, 김학규가 안두희를 통해 포병대 내부에 한국독립당의 세포를 만들려 했다는 사실을 알고 있었다고 증언했다. 홍종만은 같이 법정에 섰던 김학규의 퇴장을 요구한 뒤 한국독립당에서 안두희를 통해 포병대 내부에서 모종의 행동을 취하려 했다고 주장했다. 홍종만의 증언은 안두희의 진술을 결정적으로 뒷받침하는 내용이었다. 홍종만은 '정치 브로커' 김지웅과 연결되어 있는 인물이었다.

김학규는 이미 김구가 암살된 직후 중부경찰서에 연행되었다. 국방부는 6월 28일 자로 성명을 통해 김학규에 대한 조사 결과 안두희가 한국독립당 비밀당원이었으며, 1949년 4월 14일 자로 당원으로 소속되었다고 발표했다.

한편 첫날 증언에서 문제를 일으킨 홍종만은 원래 서북청년단에서 활동한 인물이다. 그는 서북청년단에서 활동하면서 청년단 종로지부에 있었던 안두희를 알게 되었고, 그 인연으로 안두희를 한국독립당에 입당시켰다. 그는 증언을 통해 안두희에게 유리한 재판 국면을 조성해나갔다.

제2일 공판에서는 더 기상천외한 부분에 맞추어졌다. 안두희의 변호인인 육군 소령 김종만과 중령 양정수, 민선 이상기 등은 김구의 비서가 김구에 대해서 '주석'이라는 호칭을 쓴 것을 가지고 말꼬리를 잡아 엉뚱한 질문을 유도하였다. 도대체 이승만 대통령이 있는 대한민국에서 대통령 이외의 사람에게 주석이라는 단어를 어떻게 쓰느냐는 것이었다. 김구에 대해서는 이미 1945년 이전부터 임시정부에서 '주석'이라는 호칭을 써왔고, 일반인들 역시 그 호칭에 대해서 별다른 거부감을 느끼고 있지 않은 시기였다. 이미 재판의 관심은 암살범에게서 떠나가 있는 듯했다.

물론 안두희의 간단한 진술도 있었다. 그의 진술은 더 이상 들을 것이 없었다. 방청객들은 이미 짜놓은 각본에 따라 진술하고 있다는 인상을 받지 않을 수 없었다. 안두희는 한국독립당의 간부들을 비판하면서 강태무·표무원 소령의 월북사건과 당시 소문으로 퍼지고 있었던 '8·15거사' 등을 한국독립당에서 조종하였다고 증거도 없는 얘기를 버젓이 했다.

제3일 공판은 별다른 심문 없이 진행되었다. 제4일 공판은 마지막 공판이자 피고인에 대한 선고 공판이 있는 날이었다. 이 공판은 재판장이 피고인에게 다시 한 번 살아서 참회하고 살 수 없겠느냐고 말하고 피고인은 죽여달라고 말하는 웃기지도 않는 대사로 시작되었다. 검사는 그를 사형시켜 마땅하다고 주장하고 변호인은 대한민국이 안두희를 표창해야 한다고 주

1942년 중경에서 열린 제34회 의정원 회의 기념사진. 앞줄 왼쪽부터 유동열, 박찬익, 조성환, 홍진, 김구, 최동오, 조완구, 김원봉.

장하는 가운데 피고인에게 종신형이 선고되어 공판을 마감하였다.[11] 장덕수 암살범에게 사형이 선고된 것과는 너무나 대조적인 상황이었다.

1910년대 의병운동에서부터, 1919년대 임시정부 수립 이후 1948년의 남북연석회의 참가에 이르기까지, 해방 이전에는 항일 투쟁을 통한 민족의 독립을, 해방 이후에는 민족의 통일을 위하여 온몸을 바친 백범 김구의 암살범에 대한 공판은 이렇게 싱겁게 끝나고 말았다.

당시 누구도 이 암살범이 자신 개인의 판단에 의해 우발적으로 범행을 저질렀다고 믿지 않았는데도 당시 이승만을 수반으로 전국에 퍼져 있던 경찰, 군인, 극우 청년단 등의 물리력은 이에 대한 어떠한 의문의 제기도 용납하지 않았다. 재판장도 검사도 변호사도 모두 안두희의 편이었다. 이들의 사명은 빨리 재판을 마무리해 이 사건에 대한 민족적인 관심을 다른 곳으로 돌리려는 것처럼 보였다.

그러나 역설적으로 암살 당일부터 암살범에 대한 선고 때까지 있었던 일들은 안두희의 배후에 누가 있는지를 웅변적으로 보여주는 것이었다. 또한 당시의 '공포 분위기'와 1년 뒤에 터진 6·25전쟁으로 암살의 배후가 묻히는 듯했지만 진실이 드러나는 것을 막을 수는 없었다.

암살의 배후를 모르는 사람은 안두희뿐

김구의 암살 배후를 추적하는 작업은 해방 정국 때 암살된 다른 인물들에 비해 상대적으로 활발하게 진행되었다. 그것은 대한민국 정부 수립 이후 세워진 정권들이 모두 민족주의를 표방하고 있었지만 실제로는 외세와의 불평등한 관계가 계속되고 있었기 때문에 일반 국민에게 김구와 같은 민족주의자에 대한 향수가 광범위하게 퍼져 있었다. 김구의 암살에 대한 논의가 곧바로 민족주의의 부활을 상징하는 것은 바로 이 점 때문이다.

암살의 배후를 밝히는 작업이 활발하게 벌어진 또 하나의 중요한 이유는 암살범이 감옥에서 출소한 이후 배를 두드리며 잘 살았다는 사실 때문이다.[12] 안두희는 처음 무기징역을 선고받았지만, 곧 반공투사라 하여 15년으로 감형되었고, 1950년 6·25전쟁이 발발하자 '형 집행 정지'의 처분을 받아 출소하였으며, 곧이어 '형 집행면제'를 받아 육군에 복귀하였다. 1950년대에는 군에서 제대한 후 강원도 양구에서 군에 부식 납품을 하면서 살았다. 그는 한때 강원도 내에서 소득세 2위를 기록한 인물이기도 했다. 이승만 정권이 무너지면서 안두희의 부인과 2남 3녀는 미국으로 이민을 갔고, 안두희도 미국 이민을 시도하다가 김구 관련 단체의 저지운동으로 성공하지 못하였다.

백범 암살에 관한 진상 규명 요구는 이승만 정권을 무너뜨린 1960년 4월 민주항쟁 직후 폭발적으로 터져 나왔다. 5월 24일 고정훈은 군대에 있을 때 장은산에게 들었다며 백범 암살사건은 임병직과 신성모의 흉계이고, 장은산 당시 포병사령관이 서북청년단 문봉제의 부하인 안두희로 하여금 살해케 했으며, 장은산은 6·25전쟁 때 밀항하려다가 체포되어 사형 집행을 기다리던 중 옥사했다고 폭로했다. 이어서 고정훈은 암살사건에 이승만도 관련되어 있다고 증언하였다.[13]

고정훈에 이어 암살 당일 경교장을 찾아와 경고했던 박동엽이 「백범 김구 선생 참변 목격기」(1~3)를 통해 세 번의 암살 시도를 생생하게 증언하였다. 고정훈은 주로 장은산과 김지웅을 핵심으로 지목하고 그 이상의 배후를 언급했으며, 박동엽은 안두희·홍종만으로 대표되는 암살 하수인들의 역할을 밝혔다.[14]

고정훈의 폭로와 박동엽의 증언은 백범 암살사건을 이승만 정권을 청산하는 데 중요한 문제로 부각시켰고, 관련자들의 증언이 잇따랐다. 1960년 8월 중순부터 9월 중순까지 한 달 동안 암살 당시 헌병사령관 장흥, 부사령관 전봉덕, 한독당 조직부장 김학규, 안두희를 심문한 특무대의 노엽 대위, 전 포병부사령관 이기련 대령, 안두희의 변호인 김종만, 포병사령부 김천근 중위의 부하 신북철, 독립운동가 김승학의 증언이 이어졌다.

이러한 증언을 통해 김구 암살의 윤곽이 처음으로 드러났다. 고위층 연락은 김지웅이 했고, 행동대원 관리자는 홍종만으로 드러났다. 장은산 포병사령관, 김창룡 특무대장, 채병덕 총참모장, 신성모 국방장관 등이 배후로 지목되었다. 그리고 이승만도 알고 있었다는 증언도 나왔다.

배후를 밝히려는 안두희 추적자들

김구의 암살범이 백주대낮에 살아서 돌아다니고 있는데, 김구의 죽음을 애태워하는 사람들이 그대로 앉아 있을 리 없었다. 4·19 직후부터 안두희는 표적이 되었다. 서거 후 만 11년 만인 1960년 6월 26일 백범 김구 선생 추도식을 각계 인사 3천여 명이 참석한 가운데 거행했다. 이들은 즉석에서 '백범 김구 선생 시해진상규명투쟁위원회'를 구성하고 결의문을 채택하여 당국에 진상 규명을 요구했다. 당시 과도정부 허정 내각은 이를 묵살했다.

곧바로 5·16군사쿠데타가 일어나면서 공식적인 진상 규명 작업은 중단돼버렸지만 개인 차원의 노력은 이어졌다.

1965년 김구의 열렬한 추종자인 곽태영은 안두희를 찾아가 그를 살해할 결심을 하고 그의 머리를 돌로 내리찍었다. 그러나 유도 등 온갖 무술을 익힌 안두희는 쉽게 죽지 않았다. 역시 김구의 열렬한 추종자이자 암살의 배후를 밝히기 위해 노력한 권중희는 1987년 3월 서울 마포구청 앞길에서 김구 암살자 안두희를 몽둥이로 응징한 이후 세 차례의 방문과 한 차례의 납치를 통해 안두희의 입을 열기 위해 노력했다. 그는 1992년 9월 23일 안두희를 가평으로 납치해 그의 진술을 비디오테이프에 담기도 하였다.

이를 계기로 마침내 1992년 5월 '백범 김구 선생 시해진상규명위원회'가 다시 발족됐고, 다음 해 국회 법사위원회 내에 '백범 김구 선생 시해진상규명조사 소위원회'가 구성되었다. 본격적인 조사 활동을 시작한 지 2년 10개월 만에 국회 법사위에서 '백범 김구 선생 암살은 이승만 자유당 정권의 비호하에 이루어진 정권적 차원의 범죄'로 규정해 의결됐고, 국회 본회의에 상정하여 채택됐다.

이렇게 나온 「백범 김구 선생 암살진상조사보고서」는 당시까지 김구 암살과 관련된 논의와 증언, 문서들을 검토해 암살이 이승만 정권 차원에서 이뤄졌다는 것을 밝혔다. 김구가 암살된 지 46년 만이었다. 암살자 안두희를 처벌할 수는 없었지만 '역사의 단죄'는 이뤄진 셈이었다. 공교롭게도 안두희는 이듬해 10월 당시 버스 운전기사였던 박기서에 의해 피살되었다.

그러나 여전히 한계가 있었다. 증언을 통해 암살의 행동대원, 중간 계획자, 최상위 배후 인물 등이 드러났지만 물증이 없었다. 입증할 만한 문서를 찾지 못한 것이다. 더구나 안두희는 여러 차례 증언을 번복해 증언의 신뢰도를 떨어뜨렸다.

김구의 암살범인 안두희는 1980년대 중반까지 자신의 범행에 대해 일체 입을 굳게 다물고 있었다. 유일하게 그가 자신의 심정을 피력한 글은 『시역의 고민』(학예사, 1955)이라는 책이다. 안두희는 1992년 9월 권중희에게 한 증언에서 『시역의 고민』은 자신이 구치소에 있을 때 동향의 후배 김일환 인천 특무대장이 김창룡과 의논하에 작성한 글이라고 밝혔다. 후에 안두희는 이 글이 자신이 작성헌 글이 아니라고 고백했듯이, 이 글에서 김구 암살의 배후를 찾아낼 수 있는 여지는 전혀 없다.

김구 암살의 배후가 누구냐고 물으면 정치에 관심이 없는 문외한이라고 할지라도 어느 정도 추측하여 대답할 수 있다. 그러나 김구 암살의 배후를 정작 모르는 사람은 암살범 당사자인 안두희였다. 그는 끝내 암살의 배후에 대해 입을 다물 것같이 보였고, 고령의 나이 때문에 곧 세상을 등질 것 같았다. 그는 1984년까지 자신의 배후에 대해 일개 군 관계자인 장은산 포병사령관이 관련되었다는 사실만을 밝혔을 뿐이었다.[15]

입을 연 안두희

마침내 1992년 4월과 9월, 안두희가 두 차례 입을 열었다. 권중희 민족정기구현회장은 안두희에게 끈질기게 접근한 끝에 결국 그로부터 귀중한 증언을 들었다.

먼저 1992년 4월 13일에 있었던 증언의 내용을 보자. 이 증언에서 가장 세간의 관심을 끈 대목은 그가 자신의 행동과 미국을 연계시켜 진술한 부분이다. 김구가 암살당한 시기는 이미 미군정이 없던 상황이기 때문에 미국과의 관련 부분에 대하여 굳이 언급하지 않아도 되는데, 안두희는 그의 증언에서 "미국은 자신과는 관련이 없는데 미국에는 백범 제거 계획에 관한 자료가 있을지도 모른다", "자신이 직접 OSS(전략사무국으로 CIA의 전신) 요원이었으며 조병옥과 장택상의 소개로 OSS 한국 책임자인 모 중령을 소개받았고 그로부터 백범 암살의 암시를 받았다"고 굳이 자신의 암살 행위와 미국의 관련을 언급하였다.

물론 그는 이 증언을 그다음 날 뒤집었지만, 해방 직후 미군정과 김구의 관계가 매우 좋지 않았다는 점을 고려할 때 상당히 주목을 끄는 부분이라 하지 않을 수 없다. 김구와 미군정과의 관계를 간단히 살펴보자.

① 1945년 미군정은 임시정부 요인들이 개인 자격으로 귀국할 것을 요구하였지만, 한반도에 도착하자마자 그들은 개인이 온 것이 아니라 임시정부가 귀국한 것임을 공표하였다.[16]

② 모스크바 3상협정이 발표되자 김구는 강력한 반탁운동을 전개하였으며, 국자(國字) 1호를 발표하여 군정청 직원들이 파업하도록 하였다. 이에 대해 하지 사령관이 김구를 소환하여 자제할 것을 요청하자, 양자 간에 상당한 갈등

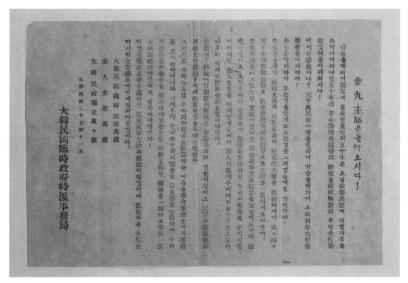

1945년 11월 임시정부 환국을 알리기 위해 뿌려진 전단.

이 있었다. 미군정은 이를 김구의 쿠데타로 인식했고, 이후 김구에 대한 지지를 철회할 것을 결정하였다.[17]

③ 1947년 1월 제2차 미소공동위원회의 속개를 앞두고 있는 상황에서 이승만과 김구는 반탁운동으로 미군정으로부터 정권을 인수하고자 하는 계획을 세웠다. 미군정은 이에 관련된 정보를 얻고, 곧 강력한 성명을 발표하여 이를 막았다. 이 사건의 혐의는 대부분 김구가 뒤집어썼다.[18] 이승만은 국내에 없었기 때문이다.

④ 1947년 말부터 미국은 38선 이남에서 단독정부를 수립하려는 계획을 적극적으로 시행하기 시작하였다. 이를 위해 한반도 문제를 유엔에 이관하고, 유엔에서는 유엔조선임시위원단을 38선 이남에 파견했으며, 이를 토대로 단독선거와 단독정부 수립을 강행했다. 반탁운동을 하던 김구는 이승만, 한국민주당과 결별하고 단독정부 수립에 참여하지 않았다. 미국과 김구의 관계는 완

전히 소멸되었다.

이상과 같이 미군정과 김구는 1945년 이후 암살될 때까지 계속 대립 관계를 유지하고 있었다. 따라서 미국이 김구의 암살에 어느 정도 개입되어 있을 수도 있다고 한 진술은 당시의 정황을 미루어보았을 때 그 가능성을 전혀 배제할 수는 없다. 그러나 안두희의 번복된 진술 외에는 공개된 자료에서 이 관계를 찾을 수는 없었다. 미국은 중요한 정보 관계 자료는 공개하지 않고 있기 때문이다.

1992년 9월 23일 권중희에게 납치된 직후 진술된 안두희의 증언은 이승만이 김구 암살사건을 묵인하였거나 간접적으로 지시한 것이 아니라, 직접적으로 개입했을 가능성을 강하게 암시하였다.

"정확히 기억은 안 나지만 그게 아마 사건 일주일 전쯤이지. 사령관(장은산)이 갑자기 불러 사령관실에 갔더니 육본에서 연락장교가 나와 있는데 장은산이 계급도 낮은 그에게 굽실거리고 있었어. 경례를 붙였더니 '참모장 각하께서 부르신다'고 해서 연락장교가 타고 온 지프를 타고 삼각지 육본으로 갔는데, 참모장실(당시 육군참모총장은 채병덕)에 들어가니 북어 대가리(신성모 국방부장관)가 있더군……

그래 경례를 척 붙였더니 신성모가 '자네가 관측장교상 받은 안두희지' 하며 악수를 청했어.[19] 그리고 한 시간 정도나 자기들끼리 이런저런 얘기를 주고받더니 채병덕이 일어서면서 '보고할 게 있어 퇴근 전 경무대에 들어가야 한다'는 말을 했어. 그러니까 신성모가 '나도 보고할 게 있는데 같이 갈까' 했는데 채병덕이 다시 나에게 '안 소위도 경무대 구경해보겠나' 했어……

그래서 그들을 따라 경무대에 갔는데 미리 전화 연락을 받았던지 박 비서관이

나와 있다가 대통령 집무실 같은 데로 안내했어⋯⋯. 집무실에 들어가니 신 장관이 '각하, 이번 포사격대회에서 관측장교상을 받은 안두희 소위입니다' 하고 소개했어요. 그러니까 대통령이 내 손을 잡으면서 '자네가 안 소위군. 신 장관에게 얘기 많이 들었어' 하고 말씀하시더군. 이후 두 사람이 대통령께 업무 보고를 했고 나한테는 다른 말 없고 주스가 나왔어⋯⋯.

집무실을 나오면서 대통령께 경례를 붙였더니 '높은 사람 말 잘 듣고 시키는 대로 잘해' 했어어⋯⋯. 백범 암살이라는 말은 없고 '장은산에게 얘기가 다 돼 있으니까 알아서 해라' 했어. 당시 높은 사람들은 '알아서 해라' 라는 애매한 표현을 썼어요. 그래도 우리 정보 하는 사람들은 다 알아요. 경무대에서 나와서 장은산 사령관에게 보고하러 갔더니 내가 경무대 갔다 온 것을 벌써 알고 있다는 듯이 '그것 봐, 내 말이 틀림없지' 했어. 그때 내가 경무대에 갔던 일은 모두 드라마다 하는 생각이 들었어."[20]

안두희가 김구 암살 전에 경무대에 가서 이승만 대통령을 만난 것은 사실로 보인다. 안두희는 그의 김구 시해의 배후에는 분명히 이승만이 있다고 확신했다. 이승만이 일부러 그를 불러 그의 행위를 뒤에서 봐줄 것임을 간접적으로 약속했고, 이것이 곧 안두희의 김구 암살로 이어졌다는 것이다.

물론 안두희는 이 증언도 뒤집었다. 그는 권중희의 압력으로 어쩔 수 없이 거짓 증언했다고 둘러댔다. 권중희는 그를 납치, 폭력한 혐의로 구속되었다. 권중희는 『월간 말』 1994년 7월호에서 안두희가 자유스러운 분위기 속에서 진술하였기 때문에 위의 진술은 사실일 수밖에 없다고 말하였다. 하지만 안두희가 증언을 했다가 다시 번복하기를 여러 번 했기 때문에 과연 무엇이 진실인지 판단하기 어렵다.[21]

이상과 같이 몇 차례의 진술이 이루어졌지만, 지금까지 증언을 통해 정

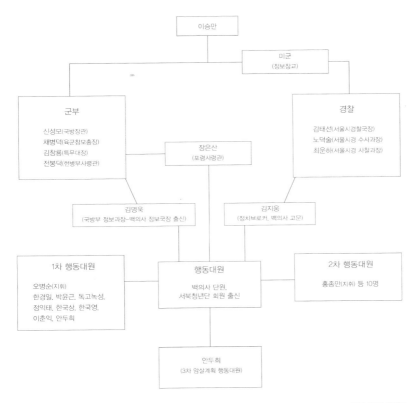

이승만

미군
(정보장교)

군부

신성모(국방장관)
채병덕(육군참모총장)
김창룡(특무대장)
전봉덕(헌병부사령관)

장은산
(포병사령관)

경찰

김태선(서울시경찰국장)
노덕술(서울시경 수사과장)
최운하(서울시경 사찰과장)

김명욱
(국방부 정보과장-백의사 정보국장 출신)

김지웅
(정치브로커, 백의사 고문)

1차 행동대원

오병순(지휘)
한경일, 박윤근, 독고녹성,
정익태, 한국상, 한국영,
이춘익, 안두희

행동대원

백의사 단원,
서북청년단 회원 출신

2차 행동대원

홍종만(지휘) 등 10명

안두희
(3차 암살계획 행동대원)

김구 암살 체계도

확히 밝혀지지 않은 부분이 있다. 그것은 김구 암살과 청년단과의 연관 문제이다. 안두희가 당시 육군 소위였고, 그의 진술을 통해 드러난 배후가 대부분 군 관계자들이었기 때문에 관심의 초점이 군 쪽으로 맞추어졌다. 이는 안두희가 1994년 1월 4일 국회 법사위에 제출한 122개의 녹음테이프에서도 마찬가지였다.

안두희는 김석용을 통해 122개의 테이프에 자신이 아는 모든 것을 녹음했다고 하며 국회에 제출했다. 이 테이프에는 기존에 자신이 언급했던 미국이나 이승만 직접 관련 부분이 없다. 단지 자신의 신변잡기에 관한 얘기나 아니면 1984년에 했던 자신의 진술, 즉 장은산 포병사령관이 자신의 배후였다는 사실로 다시 되돌아갔다.

또 다른 선, '김성주 사건'

이 지점에서 잠시 짚고 넘어가야 할 부분이 있다. 그것은 안두희가 서북청년단에서 활동했다는 사실이다. 안두희와 김지웅을 잇는 또 하나의 다른 선이 있었던 것이다. 이 선의 핵심은 서북청년단의 부단장을 지냈던 김성주이다.[22] 훗날 김성주는 김창룡 특무대장에 의해 의문의 죽음을 당하였다. 김지웅은 김성주의 죽음으로 처음 법정에 서기도 했다.

서북청년단의 부단장을 지낸 김성주는 김지웅, 안두희, 홍종만과 동향으로 매우 가까운 사이였다. 안두희가 김구를 암살한 이후 법정에서 사형을 구형받자 김성주는 청년단의 부하들을 이끌고 안두희를 석방하라는 시위를 벌였다. 이러한 김성주의 안두희 석방운동은 당시 심각한 여론의 반발을 불러일으켰다. 1945년 이전 김구와 함께 활동했는데도 1948년 이승만과 함께 단독선거에 참여한 신익희와 대한국민당, 그리고 월남한 사람들로 구성된 '이북 대표부'는 자신들이 안두희 석방운동과 무관함을 성명으로 발표하기도 했다.[23]

김성주는 자신의 부하와 함께 재판정 밖에 "공산도배 김구를 죽인 것은 애국적 행동이다"라는 내용의 전단을 뿌렸다. 한국전쟁 때 김성주는 유엔이 임명한 평안남도 지사에 임명되었다가 이승만과 갈라서게 되었다. 이승만도 이북 5도에 도지사를 임명했는데, 유엔군사령부에서 이를 인정하지 않고, 이승만이 임명한 도지사들을 쫓아낸 것이다. 이승만의 입장에서는 섭

섭했겠지만, 1948년 12월 대한민국 정부에 대한 유엔의 승인안은 대한민국 정부의 관할권을 1948년 5월 10일 유엔 감시하에 선거한 지역으로만 한정하고 있었다.

이승만이 임명한 도지사를 쫓아낸 것은 김성주가 아니었지만, 이 사건은 두 사람이 서로 등을 돌리는 데 결정적 계기가 되었다. 김성주는 1952년의 제2대 대통령 선거에서는 조봉암의 선거사무장을 맡았다. 조봉암이 비록 떨어졌지만, 그는 조봉암이 2등으로 선전하는 데 큰 도움을 주었다.[24]

김지웅은 이때 김성주를 이승만 암살을 음모했다는 혐의로 헌병총사령부에 고발했다. 김성주는 곧 체포되었다. 혐의는 조봉암, 고정훈 등과 신당을 조직하고 이승만을 암살하려 했다는 것이다. 이때 조봉암과 고정훈은 체포되지 않았다. 김성주는 재판도 끝나기 전에 사라졌다. 진상 조사 결과 그는 구치소에서 원용덕 헌병총사령관의 지시로 끌려 나가 살해당했고, 재판은 그가 없는 가운데 사형 선고를 내리면서 끝났다.

35년 만에 공개된 이승만의 영문 메모

이 사건은 대체로 김성주가 6·25전쟁 때 이승만의 미움을 샀고, 조봉암의 선거사무장을 맡으면서 그 미움이 증폭되어 원용덕에 의해 제거된 것으로 알려져 있었다. 그런데 '백범 김구 선생 시해진상규명조사 소위원회'가 새롭게 조사하면서 귀중한 문서 한 장을 찾아냈다. 이승만 대통령이 원용덕 헌병총사령관에게 보낸 영문 메모이다.

"원 장군

지금 감옥에 있는 김성주는 반드시 극형에 처해야 한다. 그는 외국인이 임명한 평양지사였고 우리 정부가 치안국장으로 임명한 문봉제를 죽이려 했다. 이는 분명히 반역사건이기 때문에 응분의 처벌을 받아야 한다. 장래에 그런 반역자가 없도록 하기 위해서도 반드시 법에 따라 처벌되어야 한다. 나는 국방부 장관에게도 말했지만, 당신에게도 명령한다. 신속하고 아주 조용하게 그렇게 되기를 바란다.

리승만"

위 메모는 이승만 대통령 자신의 필체로 쓴 것으로 대통령의 서명이 되어 있었다.[25] 4·19 이후 원용덕에 대한 재판에서 원용덕이 스스로 법원에 제출한 것이고, 그 재판 기록 중에서 발견됐다. 이 메모를 받은 원용덕은 고민 끝에 부하인 김진호와 상의하였더니 김진호가 처리하겠다고 하면서, 7년 구형을 받고 선고를 기다리던 김성주를 구치소에서 더 조사할 게 있다고 불법적으로 끌어내 원용덕 사령관 자택으로 데려와, 1954년 4월 17일 새벽 그 자택에서 권총으로 살해하고 방공호에 암장했다.

이승만 대통령은 왜 무리하게 김성주를 죽이라고 지시했을까? 단지 미운털이 박혀 그랬다고 보기에는 석연치 않다. 주목할 점은 김성주가 김구의 암살에 개입해 있었다는 사실이다. 김성주는 김지웅, 홍종만, 안두희 등과 매우 밀접한 관계를 맺고 있었다. 이들은 모두 서북청년단에서 적극적으로 활동한 단원이다.[26] 결국 김구 암살의 배후를 연결하는 고리로 청년단이 일정 정도 개입했을 것이라는 점을 추측할 수 있다. 서북청년단의 제1회 창립 기념대회에는 이승만, 김구, 조병옥, 장택상이 참가하여 축하했다. 대부분의 서북청년단 지방지부는 주로 이승만의 정치적 그룹(독촉)과 사무실을 함께 사용하였다.[27]

현재로써 이 부분에 대해 정확한 진상을 밝힐 수는 없지만, 김성주의 죽음 역시 김구 암살에 대한 폭로와 일정 부분 관련이 있지 않을까 하는 추측도 가능하다. 즉, 이승만은 김구 암살 이후 서북청년단에 대해 상당히 큰 배려를 했다. 특히 문봉제는 이후 승승장구해 장관까지 지냈다. 반면 김구 암살에 직접적으로 관여한 것으로 보이는 김성주는 특별한 대우를 받지 못했다. 단지 6·25전쟁 때 미군의 통역요원으로 활약했을 뿐이었다. 유엔이 임명한 도지사 문제로 갈등을 빚었을 때 그는 절치부심하면서 이승만을 중심으로 하는 핵심 권력층에 정치적 타격을 줄 생각을 했을 것이고, 그 핵심 사안은 바로 김구 암살 배후를 폭로하는 내용이었을 가능성도 없지 않다.

물론 추측에 불과한 것이지만, 김성주가 직접 김구 암살에 관여하지 않았다고 하더라도 김지웅이나 홍종만, 안두희와의 관계를 보았을 때 그가 김구 암살에 대해 자세하게 알고 있었음은 확실하다.[28]

김구 암살의 배후를 밝힐 수 있는 가장 유력한 방법은 안두희가 솔직하게 진술하는 것이었다. 그러나 1996년 10월 23일 오전 인천시 중구 신흥동 자택에서 안두희가 버스 기사 박기서에게 정의봉(正義棒)이라고 새겨진 몽둥이에 맞아 사망함으로써 그의 자백은 더 이상 들을 수 없게 되었다. 사실 행동대원이던 안두희도 자신의 뒤에 누가 있었는지 다 알지 못했을 가능성도 크다.

미국 자료는 대부분 비밀로 묶여 있다

국내에서 암살의 배후를 입증할 자료가 없다면, 38선 이남에 군정을 실시했고 우리와 밀접한 정치적 관계를 가졌던 미국에는 특별한 자료가 없을까? 아직까지 특별한 자료는 발견되지는 않았다. 대부분의 일반 문서는 30년이 지나면 공개하는데, 정보 문서는 선별적으로 공개하기 때문에 관련

문서가 있을 수도 있고, 없을 수도 있다.

공간된 『미 외교문서(FRUS)』에서는 성격상 암살사건의 전말을 보여주는 문건은 찾을 수 없다. 『미 외교문서』에서 백범 암살사건과 관련하여 주한 미 대사 무초가 미 국무성에 보낸 전문은 세 가지로 알려져 있다. 그중에서 『미 외교문서』에 수록된 것은 1949년 6월 27일 오후 5시발의 3급 비밀 지급(confidencial priority) '전문 788호'가 유일하다.

외교문서의 공간은 적절한 세탁 절차를 거치기 때문에 특별한 내용이 없는 것처럼 보인다. 이 전문은 '안두희는 한독당원'이라는 사실에서 출발해서 암살사건을 한독당 내 노선 대립의 일환으로 보고했다. 다만 "김구가 국민의 추앙을 받고 있고 암살사건에 대해 모든 사람이 비난하고 있으므로 장례식에서 큰 혼란이 예상되나, 경찰과 군대의 주도면밀한 준비로 한국 정부는 이를 충분히 수습할 수 있을 것"으로 밝히면서 장례식 이후의 정국의 추이를 정확하게 예견했다.

특히 이 전문이 "6월 27일 오후 5시"에 발신된 사실이 주목된다. 안두희의 '마지막 증언'에 따르면, 암살 다음 날인 27일 그는 채병덕 참모총장의 지시로 헌병사령부에서 김창룡의 특무대로 이송되어 "호텔 같은 감옥"에서 취조 대신 요란한 건강 진단을 받았다. 그 후로도 신문도 보고 라디오도 들으면서 충분한 휴식을 취한 후, 암살사건이 일어난 지 근 2주가 되는 7월 8일부터 '우호적인 조사'를 받기 시작했다.

즉, 무초 미 대사의 보고는 안두희에 대한 취조와 전혀 관계없이 작성된 것이다. 이 점에서 미국은 암살사건에 대한 시나리오를 이미 알고 있었거나 적어도 이승만 정권과 보조를 함께했다고 할 수 있다. 미국은 이러한 정보활동을 기반으로 해서 미군 철수의 혼란기에 일어난 백범 암살사건을 능란하게 처리해나갔다고 할 수 있다.[29] 주한미군은 김구 암살 3일 후인 6월

29일에 철수하였다.

미국은 암살 직후에 주한미국 대사관은 암살이 정치적인 동기에 따른 것은 의문의 여지가 없지만 죽음의 정확한 동기, 연관된 정확한 인사 혹은 집단은 아마도 결코 만족할 만하게 입증되지 않을 것이라고 판단했다. 암살 직후부터 배후가 드러나지 않을 걸 예측한 셈이다.[30]

지금까지 공개된 미국의 문서나 안두희 증언을 통해 볼 때 백범 암살 계획을 미국이 인지하고 있었다는 점은 부인하기 힘들다. 문제는 개입의 범위와 강도일 것이다. 현지 주한미군 CIC 정보장교 차원이었는지, 대사관까지 개입된 수준이었는지, 본국 정부 정책의 일부였는지를 입증할 수 없을 뿐이다.[31]

지금까지 발굴된 미국 자료들은 한국군이 암살에 개입했을 가능성과 정황을 제시했지만, 깊숙이 사건의 내막을 파헤치지는 않았다. 한국 정치에 군이 본격적으로 개입을 시작했다고 평가했을 뿐이다. 다른 한편 김구와 한국독립당이 반정부·반이승만 세력의 중심이며, 충분히 한국 정부·군의 원한을 살 만했다고 평가했다. 심지어 김구가 공산주의자들과 결탁했을지도 모른다는 의혹에 상당한 무게를 두었다.

안두희는 주한미군 CIC 요원이었다

미국의 공개 문서들은 전반적으로 김구 암살사건이 미국의 이익과 배치되지 않는 범위에 있었고, 대사관 관리들이 김구에 대해 특별한 관심이나 애정을 갖지 않았다는 점을 보여준다.

특히 2000년대 초반에 발굴된 미국 자료와 여러 역사학자의 분석을 통해 김구 암살의 배후에 있는 국내의 조직적 실체는 거의 드러났다고 볼 수 있다.

우선 암살범 안두희가 극우 테러 단체인 백의사 단원이었고, 주한미군 CIC의 정보원으로 활동하다 요원이 됐다는 사실이 새롭게 밝혀졌다. 2001년 국사편찬위원회가 미 국립문서기록관리청(NARA, National Archives and Records Adminstration)에서 발굴한「김구 암살 관련 배경 정보」(1949. 6. 29. 작성, 1949. 7. 1 보고. 이하「실리 보고서」라고 지칭)라는 제목의 문서에서 이 같은 사실이 처음으로 확인됐다. 문서 작성은 당시 뉴욕 주 제1군사령부 정보참모부 운영과장 조지 실리(George E. Cilley) 소령이었고, 3급 비밀문서로 분류돼 있었다.

1948년 12월 말까지 남한 주둔 971 CIC 파견대에서 근무한 실리 소령은 1949년 6월 26일 김구가 안두희에 의해 암살되었다는 소식을 듣고 곧바로 자신이 한국에서 경험한 내용을 토대로 문서를 작성하여 보고했다. 이 보고서는 상부의 지시나 명령에 따른 것이 아니라 실리의 독자적 판단에 따라 작성된 것이다. 특히 이 보고서는 한국 현지의 복잡한 정치 상황에서 자유롭고 비밀 보안이 보장되는 미국에서 작성됐기 때문에 자신이 듣고 경험한 사실에 기초해 작성했을 가능성이 많다는 점에서 신뢰도가 높다. 이 보고서는 안두희와 백의사에 대해 간략하게 서술하고 있다.

"이 조직 내부에는 '혁명단(Revolutionary Group)'이라는 특공대(Special Attack Corps)가 있다. 특공대는 5개의 소조로, 각 소조는 4명으로 구성되어 있다. 민주 한국과 한국 민족주의의 부활을 방해하는 자를 암살하라는 명령이 내려오면, 소조의 구성원들은 애국자로 죽겠다는 피의 맹세를 한다. 안두희(Ahn Tok Hi)는 이 비밀조직(백의사)의 회원이자 혁명단 제1소조의 구성원이다. 나는 그가 한국 주재 CIC의 정보원(informer)이었으며, 후에는 요원(agent)이 된 것으로 알고 있었다.

염동진으로부터 암살을 명령받았다면, 안두희도 역시 피의 맹세를 했을 것이다(He has also taken the blood oath to assassinate, were he ordered to do so by Mr. Lyum Dong Chin).”

백의사에 소속되어 있던 사람들이 김구 암살뿐만 아니라 장덕수와 여운형 암살에 개입됐다는 구절도 포함돼 있다.

“확인하거나 부인하는 그 어떤 보고서도 없지만, 저명한 한국 정치인 장덕수와 여운형의 암살범들도 이 지하조직의 구성원으로 알려져 있다.”

단, 「실리 보고서」에도 백의사나 미군 방첩대가 직접 암살에 개입했다는 언급은 단 한 줄도 없다.

그러나 안두희가 백의사의 일원이었다는 점이 확인되는 순간 또 다른 매듭 하나가 풀린다.[32] 바로 백의사 정보국장을 지낸 김명욱(金明煜) 국방부 제4국 정보과장의 역할이다. 그는 정보통으로 백의사 시절 대북 정보 공작과 관련해 미군정 정부참모부(G-2)로부터 공작금을 받아 백의사의 북파 공작을 주도했다. 정부 수립 후 그는 군에 들어갔고, 김구 암살 당시에는 국방부 제4국('정보국'으로 대북 정보와 특수 공작을 담당) 정보과장(대위)이었다.

그를 따라 백의사 단원 중 상당수가 군 정보국 등에 입대했다. 독고녹식, 정익태, 한국상, 한국용, 이춘익 등으로 모두 국방부 4국 1기 훈련생 출신이다. 이들은 서북청년단 출신으로 모두 백의사 소속이었으며, 한국독립당(당수 김구) 비밀당원이었다.[33]

놀라운 점은 이들이 모두 암살행동대로서 조직적으로 운영됐고, 안두희보다 먼저 김구 암살을 시도했다는 것이다.

“오병순, 한경일, 박윤근, 독고녹성(독고녹식), 정익태, 한국상, 한국영, 이춘익, 안두희 등 9명은 김구 선생을 살해할 목적을 품고 4282년(1949) 6월 23일 2대의 찝차에 분승, 경교장 앞을 배주하면서 집단 습격의 때를 노렸다. 적기를 얻지 못한 일당들은 지휘자 오병순의 명령으로 일단 행동을 중단, 서울시 내 중앙중학 정문 앞 10번지에 있는 일당들의 밀회 소굴로 돌아가 다음 대책을 세우고 이날은 해산했다. 다음 대책의 내용은 이렇다.

김구 선생이 6월 25일 건국실천양성소 11기 개소식에 참석하기 위해 공주로 간다는 정보를 입수, 그 기회를 노리기로 결정했다. 일당은 6월 25일 노상 살해를 꾀하려고 홍종만(일당에 보강한 자)의 지휘 밑에 권총, 단기관총 등을 가지고 헌병 대위, 중위, 소위 등의 계급장을 달았다. 일당(10명)은 2대의 찝차에 분승, 수원·오산 간 병점 고갯길에서 김구 선생 일행의 승용차를 노렸다. 공교롭게도 공주 경찰 당국의 집회 불허로 김구 선생 일행은 공주행을 이미 중지 했었으므로 일당의 두 번째 살해 계획도 허탕이 되고 말았다.

김구 암살 계획 일지

두 번째 살해 실패의 보고를 받은 당시 포병사령관 장은산은 크게 화를 내며 어떠한 일이 있을지라도 다음 날인 26일에는 필살(必殺)하도록 명령했다. 집단행동에 실패한 후 전략을 바꾸어 단독 살해 계획으로 들어갔으므로 안두희를 제외한 8명의 일당들은 세 번째 계획은 깜쪽같이 몰랐다. 예정 표대로 6월 26일 안두희 단독으로 경교장에 침입, 김구 선생 습격 살해는 뜻을 이루었다. 살해 비밀이 샐까 두려워 일당 중 5명을 즉각 영등포에 있는 포병사령부에 3일간 구금했다. 그 후 행동대원들은 군부 장교와 경찰 간부 등으로 등용했다."[34]

김명욱은 암살단을 보호·관리하면서 이들의 사격 연습, 생활 등을 통제했다.[35] 특히 김명욱은 안두희를 비롯한 암살단원들의 생활과 지원, 훈련 관련 정보 등 암살 진행 경과를 자세히 기록하여 일일 보고 형식으로 장은산 포병사령관에게 보고했고, 주간 보고 형식으로 신성모 국방장관에게 보고했다고 한다. 이 암살 일지를 「백봉일지(白峰日誌)」라고 불렀는데, 김구의 호인 백범(白凡)에서 백(白)을 따고, 백범의 머리 위에 앉는다는 뜻으로 봉우리 봉(峰) 자를 따서 「백봉일지」라고 명명했다는 것이다.[36]

암살단을 조직적으로 관리한 국방부 제4국 정보과장이 백의사의 중간 간부였다는 점은 이 암살이 조직적 차원에서 백의사와 직접적인 관련이 있음을 보여준다. 김명욱이 백의사 정보국장이었으며 김구 암살을 국방부 차원에서 담당한 실무 핵심이었기 때문에 최소한 '백의사 출신'의 간부들이 김구 암살에서 '핵심적'인 역할을 수행했을 때 이들이 하는 일을 '정보 공작 전문기관'인 백의사 총사령 염동진(본명 '염응택')이나 핵심 간부들이 몰랐을 가능성은 전무하다.[37]

미국 뉴욕의 실리 소령이 알아차렸듯이 백의사 핵심 간부들은 백의사 단원과 간부 출신의 김구 암살 계획을 인지하고 있었음이 분명하다. 점조직으로 운영된 백의사의 특성상 더욱 그렇다. 다만 암살과 관련한 백의사의 역할이 단순한 침묵의 방조였는지, 아니면 적극적 개입이었는지 여부는 추가 분석이 필요하다.

한마디로 국방부 정보 라인을 중심으로 군, 경찰, 검찰이 모두 동원되고, 행동대원으로는 백의사 단원으로 서북청년단에서 활동하던 청년들이 투입됐다는 사실을 알 수 있다. 더구나 백의사 사령 염동진이 주한미군 CIC의 실리 소령과 밀접한 관계를 유지하고 있었고, 암살범 안두희가 CIC 요원이었다면 적어도 주한미군사령부에서는 김구 암살 계획을 인지하고 있었다고 보는 것이 타당할 것이다.

그렇다면 왜 1949년 6월의 시점에 김구가 암살당할 수밖에 없었는지 추

안두희의 미군 정보장교 관련 증언[38]

증언 일자	증언 출처	핵심 내용	출처
1981. 12. 17.	안두희	암살 진상 더욱 복잡한 사연. 진상 폭로하면 엄청난 사회적 파문일 것.	「중앙일보」 1981. 12. 18.
1984. 7.	오효진 인터뷰	자신은 정보에 밝았음. 서북청년단원들 미국 정보원으로 많이 활약. 미국인들이 백범 싫어하는 것 알았음.	『월간조선』 1984. 7.~8.
1991. 10. 11.	권중희 인터뷰	서북청년단 총무부장 시 OSS 한국지부 미군 중위 포섭, 정치 관련 정보 수집, 암살 당시도 활동. 여순반란·국회 프락치 사건 등 한독당 관련자 개입 사실 확인차 김구 찾아감.	「한국일보」 1991. 10. 13.
1992. 2. 28.	권중희, 김석용 인터뷰	장택상·조병옥 소개로 미군 소령 만남. 좌익 연구 분석. 능수능란. 함정 느껴져 만남 중단. "김구 아랫사람들 사분오열·빨갱이 많음. 경교장이 골치아프다" 발언. 미군 중위 만남, 한국말 잘함. 좌익 연구 분석. '정보 냄새 나는 놈'.	백범기념관 소장 녹음테이프
1992. 4. 12.	권중희 인터뷰	장택상·조병옥 소개로 한국말 잘하는 OSS 중령 독대. 김구(블랙 타이거) 얘기 '국론통일 방해 암적 존재. 김구 밑에 수많은 빨갱이 활동' 김구 암살 강한 암시. 미군 중령, 허가이 등 북한 인사의 동정 원함. 때로 미군 중령 부관인 중위와 만남.	「동아일보」 1992. 4. 13.
1992. 4. 14.	MBC 인터뷰	CIA 개입은 허위 자백. CIA 장교·OSS는 「여명의 눈동자」에서 본 것. 권중희의 강요. "(김구 제거) 그런 건 첩보 사회에서 얘기 안 한다. 고위층 사람들이 제거해야겠다는 얘기를 안 해도 이심전심으로 암살을 결심했다. 이심전심이라는 얘기도 안 한다."	「한겨레」 1992. 4. 15.
1992. 4. 15.	MBC 인터뷰	OSS 못 들어봄. 장택상 소개로 CIA 중령·중위 만남. 백범 부하 각종 용공사건 연루 언급. CIA 요원 만나 북한 내부 사정·국정 얘기한 적 있으나 암살과 무관.	「동아일보」 1992. 4. 15.
1992. 6.~1993.	마지막 증언	OSS, CIA 모름. 권중희의 강요. 서청 시절 24사단(군단) 중위(대위) 아놀드, 마이클(마이켈·마이크) 정보장교 만남: 한국말 잘함. 김구 비난. 양근환 프락치 정보 제공. 빨갱이 정보 제공.	백범기념관 소장 녹음테이프

적해볼 필요가 있다. 이것이 김구가 한국 현대사에서 차지하고 있는 위치이며, 바로 그의 암살 배후를 더욱 확실하게 하는 가장 좋은 방법이 될 수 있다.

가까이하기엔 너무 먼 김구와 이승만

단독정부로 정권을 잡은 사람들이 가장 큰 정적으로 여기고 있던 인물은 김구였다. 미군정이 있을 때와 달리 반공법을 제정하여 조선공산당이나 남조선노동당을 불법화시켰고, 단독정부 수립을 반대하는 대다수 인사가 월북했기 때문에 남아 있는 거물급 지도자는 김구와 김규식밖에 없었다. 그중에서도 김구는 수많은 대중의 추앙을 받는 민족의 지도자요, 정치인으로서 활동하고 있었다.

그러나 다른 한편으로 김구는 단독정부가 수립된 이후 특별한 정치 활동을 전개하지 않고 있었다. 38선 이남에서의 단독정부 수립이나 38선 이북에서의 단독정부 수립은 모두 그에게 너무나도 실망스러운 것이었으며, 울면서 3천만 동포에게 호소한 것이 모두 무위로 돌아갔던 것이다. 김구는 공개적인 정치 무대에 나서지 않았고, 단지 중요한 사안에 대해 정견을 발표하면서 앞으로의 활동에 대해 대비하고 있었다. 그런 그가 왜 1949년 6월 흉악범의 총탄에 쓰러지는가? 1945년 이후 그는 계속 이승만과 협력·경쟁관계를 유지했는데도 1949년에 그가 암살당할 수밖에 없었던 이유는 무엇인가?

해방 직후부터 장덕수가 암살되는 1947년 12월까지 김구는 이승만의 가장 가까운 정치적 동지이자 경쟁자였다. 그는 이승만이 식민지 시기 내내 미국에서 무슨 일을 했든 간에 이승만을 항일운동의 선배로서 정중히 대접했다. 비록 이승만은 1920년대 초반 임시정부의 공금을 유용한 혐의로 임시정부의 대통령직에서 탄핵을 받아 쫓겨나긴 했지만,[39] 계속 임시정부의 구미위원회 대표로 활동하였기 때문에 김구는 그를 항일운동의 선배로 계속 대접했던 것이다.

해방 1주년 기념식에 참석해 나란히 앉은 이승만과 김구(1946. 8. 15).

물론 이러한 양자의 관계 이면에는 해방 직후부터 이승만이 맥아더의 전폭적인 지지를 받았다는 사실도 관련 있는 것으로 보인다. 김구는 이승만에게 외국과의 관계, 특히 미국과의 관계를 의존할 수밖에 없었고, 이것이 양자를 묶는 끈으로서 역할을 하였던 것으로 보인다.

김구와 이승만은 반탁운동을 통해 더욱 긴밀한 관계를 유지하게 되었다. 물론 김구의 반탁운동과 이승만의 반탁운동은 그 출발과 성격에서 현격한 차이를 보였을 가능성이 크지만, 현상적으로는 미소공동위원회에 반대하고 신탁통치에 반대한다는 측면에서 공통점을 보였다는 사실을 부인할 수 없다. 그리고 이들은 모스크바 3상협정에 대해 총체적인 지지를 보내는 진영을 공통의 적으로 설정했다.

1946년 2월, 김구는 임시정부가 주축이 되어 의회의 형태로 조직하였던 비상국민회의의 주도권을 이승만에게 양도하였다. 1946년 6월의 독립촉성국민회 대회에서 이승만은 신익희의 도움으로 김구를 제치고 주도권을 장악하였다.[40] 1947년 12월 김구가 주도하여 조직한 국민회의와 이승만을 중심으로 하는 한국민족대표자대회가 합동을 모색할 때, 김구는 고개를 수그리고 들어가 이승만과의 통합을 추진했다. 그러나 이승만은 이를 거절했으며, 단독정부 수립에의 길로 매진하였다. 이와 같이 김구는 1947년 이전까지 이승만에게 최대한의 협조를 아끼지 않았다. 그리고 인간적으로 그를

1946년 1월 반탁 시위에서 연설하고 있는 김구. 그는 반탁운동에 가장 적극적으로 나섰다.

신뢰하고 있었던 것으로 비쳐졌다.

그러나 이승만은 달랐다. 그는 김구의 권위를 엎고서 자신을 높이는 데 모든 노력을 기울였다. 이승만에게 있어서 김구는 자신의 권위를 높여주는 하나의 수단이었으며, 다른 한편으로 효용 가치가 다할 때 경쟁자로 등장할 수 있는 유일한 인물이었다. 특히 1947년 7월과 12월 여운형과 장덕수가 차례로 암살당한 이후 김구는 이제 이승만에게 남은 유일한 경쟁자가 되었다.

1948년 단독선거를 앞두고 두 사람은 결정적으로 갈라졌다. 이승만이 민족보다는 정권 획득이라는 자신만의 이해관계를 챙기기에 급급한 반면 김구는 목숨을 걸고 38선을 넘어가 민족의 통일을 위한 노력을 기울였다. 민족의 지도자로 명망이 높은 김구가 단독정부 수립에 참여하지 않았다는 사실은 이승만과 한국민주당, 그리고 미군정에게 모두 커다란 타격을 주었다.

1948년 4월 평양에서 열리는 남북연석회의에 참석하기 위해 38선을 넘기 직전, 기념 촬영한 김구(왼쪽에서 세 번째) 일행.

단독정부에 참여한 세력은 결국 이승만과 한국민주당밖에 없었다.

따라서 단독정부를 한반도에서 유일한 합법정권으로 인정할 것인가의 여부도 논란이 되었다. 유엔조선임시위원단은 이승만과 한국민주당만이 참여한 38선 이남만의 단독선거를 통해 수립된 정부를 한반도에서 유일한 합법정부로 인정할 수 없다는 견해를 피력하였다. 선거가 합법적이라는 사실만을 인정했다. 따라서 1948년 11월 유엔총회에서는 대한민국은 "선거가 가능한 지역에서 실시한 선거에 따라 수립된 합법정부"라는 모호한 결론을 내렸다.[41]

이렇게 볼 때 김구가 단독정부 수립에 참여하지 않고 남북연석회의에 참여한 시점이 단독정부의 핵심적인 요직에 있는 인물들이 김구를 가장 미워한 때였을 것이다. 바로 이때가 김구가 암살당할 수 있었던 첫 번째 시점이다. 그러나 이때 김구는 암살당하지 않았다. 단독정부에서 정권을 잡은 세력은 김구라는 존재가 대한민국 내에 존재한다고 할지라도 자신들이 정권을 유지하는 데 큰 위협이 되지 않는다고 생각했던 것일까? 아니면 이 상황에서 암살이 시도된다면 정부 수립 직후 국제적인 여론이 더 악화될 수 있다는 점을 고려한 것인가? 추측건대 미군정과 주한미군이 있는 상황에서 김구가 암살당한다면, 그 자체로 미군정은 온갖 혐의로 배후의 의심을 받았을 가능성이 있다.

김구에게 위험했던 두 번째 시기는 대통령을 뽑는 과정에서 다시 대두되었다. 미군정은 이승만과 한국민주당을 제외한 나머지 정치 지도자들이 단독정부 수립에 대거 불참하였기 때문에 이승만이 무난하게 대통령으로 당선될 것으로 예상했다. 실제 결과도 그렇게 나타났다.

그러나 예상치 않은 일이 발생했다. 김구가 단독정부에 참여하기를 거부하였는데도 대통령 선거에서 13표, 부통령 선거에서 65표를 획득해 모두 2등을 한 것이다. 김구의 영향력이 스스로 거부한 곳에서마저 거대하게 표출된 것이다. 미군정은 이에 대해 아주 크게 놀랐고, 김구의 영향력에 대해 다시 한 번 평가하지 않을 수 없었다.[42]

헌법을 제정하는 과정에서도 김구 지지자들의 입김은 상당히 거셌다. 제헌의회 내에서 김구를 지지하는 세력들은 대부분 단독선거 참여를 위해 한국독립당을 탈당했던 세력들로 그 숫자는 얼마 되지 않았지만,[43] 이들이 의회에서 차지하는 비중은 상당히 큰 편이었다. 대부분의 제헌의원들이 이전에 정치나 항일운동의 경험이 없던 인물이기 때문에 정치에 직접 관여한 한국독립당 계열 인사의 목소리는 수에 비해 상당히 클 수밖에 없었다. 미군정은 헌법 제정 과정에서 김구 계열이 상당한 역할을 하면서 이승만과 한국민주당의 독단적인 헌법 제정 과정에 반대했다는 사실을 중요하게 평가했다.[44]

이때 이승만을 중심으로 하는 권력 핵심부의 인사들은 김구의 존재가 매우 부담스러웠을 것이다. 그러나 이때에도 김구에게는 별다른 위기 상황이 발생하지 않았다. 무엇보다도 정부가 처음 출범하는 마당에 불상사가 일어난다면 정권을 잡고 있는 측에 큰 부담으로 다가올 가능성이 있었기 때문이 아닐까?

김구는 1948년 9월 9일, 38선 이북에서 정부가 수립되자 이에 대해 비난 성명을 발표하고, 이후 공식적인 정치 활동을 대폭 줄였다. 단지 김규식과 함께 통일독립촉진회를 결성하여 활동하였다. 이는 남과 북의 정부 수립에 참여하지 않은 정치 세력을 결집하여 앞으로 평화통일을 위한 활동을 하기 위한 것이었다. 이후 그는 암살되기까지 1년여 간, 1919년 임시정부에서 본격적인 정치 활동을 시작한 후 처음으로 매우 소극적인 정치 활동으로 일관하였다.

민족의 분단은 그에게는 받아들일 수 없는 너무도 큰 충격이었다. 「3천만 동포에게 읍고함」에 잘 나타나 있듯이 그는 민족이 분단된다면 분명히 동족상잔의 비극이 일어날 것을 예상하고 있었으며, 이를 막기 위해서라도 반드시 '주의주장을 떠나' 통일정부를 평화적으로 수립해야 한다는 입장을 가지고 있었다. 그는 어느 쪽의 정부에도 참여하지 않은 채 오로지 한반도에 주둔하고 있는 외국 군대의 철수와 평화적인 통일정부의 수립을 바란다는 성명만을 발표하면서 앞으로의 정치 활동에 대한 준비 작업에 들어갔다.

문제는 바로 이러한 시기에 김구가 암살되었다는 점이다. 오히려 그가 주도적으로 정치를 하던 시기에는 어떠한 위험도 넘긴 그가 앞으로의 정치를 위해 준비하고 있는 시기에 암살당했다는 사실은 매우 의아하지 않을 수 없다. 그의 정적은 도대체 왜 잠자는 사자를 건드렸을까? 바로 이 물음에서 출발해야 김구가 왜 이 시점에 암살의 대상이 됐는지를 이해할 수 있다.

왜 1949년 6월을 암살의 시기로 선택했을까

김구가 암살당한 1949년 6월 시점의 의미는 두 가지 측면에서 설명할 수 있다. 첫째로 이미 1948년부터 시작된 김구를 제거하기 위한 계획이 이 시기에 가서 종결을 거둔 것이다. 둘째로 김구 자신의 활동이 아니라 국내외 상황의 위기 속에서 설명될 수 있다. 먼저 첫 번째 측면부터 살펴보자.

이승만 정권에서 가장 부담되는 지도자는 김구였기 때문에 그들은 김구를 제거할 수단을 찾기 시작했고, 그것은 1948년 10월의 소위 '여순 사건'으로 시작되었다. 여순 사건은 제주도 4·3사건을 진압하기 위해 출동 준비를 하던 여수의 군인들이 이를 거부하고 군 내부에서 일으킨 반란이다. 이 사건은 군 내부에 있던 남조선노동당의 세포들이 주동되어 일으켰고, 전라남도 여수와 순천 지역의 좌파 세력들이 합세하면서 크게 확대되었다. 당시 남한에 주둔하고 있던 주한 미 군사고문단(KMAG)은 국군을 직접 지휘하여 여수, 순천의 반란군과 반란군 측에 가담한 시민을 진압하여 겨우 진정시킬 수 있었다.

그런데 문제는 이 여순 반란사건에 남조선노동당 계열의 사람들만이 참여한 것이 아니라 극우 세력들이 참여했다는 소문이 돌았다는 것이다. 특히 정부는 이 사건이 터지자마자 여기에 최능진과 김구의 지지 세력이 가담했을 가능성을 제기하였다. 최능진은 제헌국회의원 선거에서 이승만과 함께 동대문 갑구에 출마했다가 등록이 취소돼 선거에 참여하지 못했던 인물로, 오동기가 1948년 7월 여수 연대장에 취임한 것을 계기로 그와 함께 혁명을 계획했다는 혐의를 받았다.[45] 최능진은 해방 직후 공산주의가 싫어 38선 이북에서 월남했고, 그 후 경찰에서 활동한 만큼 그가 공산주의와 연결되어 여순 사건을 뒤에서 조종했을 가능성은 거의 없었다. 미국은 이 사건이 남조선노동당의 장기 계획 아래 발생한 것이라고 보고하였고, 이 사건에 우파 인사가 관련되었을 가능성에 대해서는 부인하였다.[46]

최능진뿐만 아니라 김구의 지지자들도 여순 사건에 가담했다는 의심을 받았다. 일제강점기부터 반공을 정치 이념의 하나로 삼았고, 해방 이후에도 반공과 반탁운동의 선봉에 있던 김구가 남조선노동당과 손을 잡고 정부 전복을 위한 반정부 활동을 벌였다는 것이다. 김구는 즉시 「극우분자 참여설 — 이해키 곤란」이라는 성명서와 「반란은 망국취욕 불면(不免)」이란 성명서를 발표하여 자신이 여순 사건에 전혀 관련되어 있지 않음을 밝혔다.[47]

반공의 핵심 지도자인 김구가 남조선노동당과 손을 잡고 여순 사건을 일으켰다고 하면 누가 믿겠는가? 이승만을 싫어하던 김구 지지자들이 동조했을 가능성을 전혀 배제할 수 없다고 해도 그것이 김구가 시켜서 그런 것인가? 그러나 집권 세력은 이러한 소문을 만들어냈고, 이는 결국 김구의 권위를 약화시키거나 정치계에서 제거하기 위한 하나의 음모였다. 안두희가 공판정에서 김구를 암살한 이유를 물었을 때, "김구가 여순 사건을 일으켰기 때문이다"라고 말한 것도 바로 이러한 소문과 관련되어 있다.

다음으로 이승만 정권은 김구가 북한에 있는 공산주의자들과의 연계를 통해 자신의 정권을 무너뜨리려 한다는 여론을 조성하려고 하였다. 1949년 5월, 38선에서 두 소령이 자신의 대대를 이끌고 월북하는 사건이 일어났다. 춘천 쪽에 주둔하던 8연대의 2개 대대가 대규모로 월북한 것이다. 이들을 이끈 사람은 표무원, 강태무 소령으로 사관학교 2기생이었다. 이들은 여순 사건으로 군 내부에서 숙청 바람이 불자 자신들의 대대원을 이끌고 월북하였다.[48]

이 시기가 38선 부근에서 남과 북 사이에 끊임없는 국경 충돌이 일어나고 있던 때였음을 감안한다면, 이것은 이승만 정권에게는 매우 큰 치명타

였음을 쉽게 알 수 있다. 이승만 정권은 이 사건을 전화위복의 계기로 삼고 자 이 사건의 배후에 김구가 있다는 소문을 퍼뜨리게 했던 것으로 보이며, 이것이 안두희의 법정 진술에서 그대로 표출되었다.

또한 같은 해 6월 27일 북한에서는 남한과 북한의 민주주의민족전선을 통합하여 조국통일민주주의전선을 결성하였다. 김구가 암살당한 다음 날 이다. 이 조직에는 특히 남한에서 월북한 인사들이 많이 참여하였다. 아마 이 점을 암살의 배후에 있는 인물들이 이용했던 것 같다. 안두희는 재판 과 정에서 "김구가 공산주의와 연계하려고 한다"고 증언했는데, 이것은 구체 적으로 '김구가 조국통일민주주의전선에 참여하려고 한다'는 소문을 내고 자 한 것으로 추측된다.

이러한 소문은 북한에서 제안한 제2차 남북연석회의에 김구가 참여하 리라는 소문이 퍼지면서 시작되었다. 김구와 김규식은 곧 성명을 내어 자 신들은 북한에서 주도하는 남북협상에 참여하지 않으리라는 입장을 밝혔 다.[49] 김구가 암살된 날은 조국통일민주주의전선이 결성되기 하루 전이었 다. 김구는 유엔한국위원단(UNCURK, 유엔조선임시위원단이 정부 수립 후 재조직된 기 구)을 38선 이북에 파견하여 (『동아일보』 1949년 1월 23일 자) 북한만의 선거에 의 해 100명의 대표를 선출하고 이들을 남한의 국회에 보내는 내용(『동아일보』 1949년 6월 1일 자)을 골자로 하는 통일 방안을 가지고 있었다. 따라서 김구가 북한의 조국통일민주주의전선에 참여한다는 것은 앞뒤가 맞지 않는 소문 이었다.

이상과 같이 이승만 정권은 김구에게 정치적인 타격을 입히려는 공작과 그를 정치적으로 제거하려는 노력을 함께 기울였다. 그에 대한 악성 루머 는 그가 죽는 날까지 계속되었으며, 죽은 이후에도 계속되었다. 안두희와 검사, 변호사는 김구가 공산주의자와 연계하여 이승만 정권을 전복하려 했다는 사실을 계속 강조했으며, 이를 증명하기 위해 유치하게도 김구가 안두희를 시켜 군대의 포를 경무대를 향해 조준하도록 했다는 진술마저 만들어냈다. 결국 이승만 정권은 정권 수립 이후 계속해온 김구 제거를 위한 계획을 그 이듬해 6월에 가서야 마무리 지었던 것이다.

둘째로 이승만 정권이 이 시기에 이르러 최대의 위기를 맞이하고 있었다. 이승만은 국회와 행정부, 그리고 군을 장악함으로써 모든 권력을 일인지하에 두고자 하였다. 그러나 이것이 쉽게 될 수 없었다. 우선 가장 먼저 이승만에 반대하고 나선 것은 국회였다.

국회는 먼저 반민족행위자 처벌을 위한 특별법과 특별위원회('반민법'과 '반민특위')를 설치하고 친일파 처단을 위한 움직임을 활발하게 진행하였다. 그러나 이승만 정권의 가장 큰 물리력이던 경찰에는 수많은 친일 행위자가 있었다. 이들은 일제강점기부터 사상범들을 잡는 데 귀신이었고, 해방 이후에도 이 작업의 선봉에 선 사람들이다. 이들을 과거의 '친일' 행위 때문에 구속하고 경찰복을 벗긴다면, 이승만 정권으로서는 큰 타격이 아닐 수 없었다. 아직 국군이 제 모습을 갖추지 못한 상황에서 경찰에 문제가 발생한다면 이승만 정권의 물리력은 급속도로 무너질 수도 있었다.

국회 내에서는 이뿐만 아니라 외국 군대의 철수와 평화통일을 위한 움직임들이 광범위하게 일어났다. '소장파'라고 불린 젊은 국회의원들을 중심으로 38선 이북에서 소련군이 물러간 만큼 38선 이남에서도 미군이 물러가야 한다는 결의안을 통과시켰고, 이승만의 북진통일론에 반대하면서 유엔을 통한 평화통일을 주장했다. 이승만이 북진통일론을 국론으로 삼다시피 하는 상황에서 이승만은 소장파의 주장을 곧 공산주의자들의 주장과 같은 것으로 몰아붙였다.

국회에서 이와 같이 궁지에 몰리자, 이승만 정권은 곧 '반민특위 습격사

건'과 '국회 프락치 사건'을 만들어냈다. 우선 반민특위를 습격해서 체포된 친일 경찰들을 모두 석방하였으며, 반민특위는 해산시켰다. 원래 이승만은 헌법에 따라 반민특위 구성을 위한 반민법에 서명했었다. 그러나 1949년 5월 이승만 정권은 국회 프락치 사건을 발표해 외군 철퇴와 평화통일을 주장하는 국회의원들을 모두 구속하고, 이들에 대해 강력한 탄압 조치를 취했다.[50]

소장파뿐만 아니라 한국민주당의 성원들도 일부를 제외하고는 대다수가 이승만으로부터 마음을 돌렸다. 이승만은 한국민주당이 자신의 가장 큰 정적으로 성장할 것을 경계하여 내각 구성 때 장택상과 김도연 등 두 명을 제외하고 모두 자신의 측근이나 비한민당계의 인사를 등용했다. 이에 한국민주당은 미군정기에서 여당이었다가 이승만 정권에서는 야당으로 전락했다.

게다가 1949년 들어서는 이승만 정권 지지 세력이던 신익희의 대한국민당이 점차 이승만의 독단적인 정국 운영에 불만을 품고 다른 정당과의 연합을 시도하였다. 4월 6일에는 신익희 의장이 한국독립당의 조완구와 회담을 가졌다.[51] 결국 대한국민당은 1949년 말 한국민주당과 합당하여 민주국민당을 창당하였다. 그리고 이승만을 권좌에서 몰아내기 위해 내각책임제 개헌안을 제출했다.

이승만 정권에 대한 도전은 다음으로 군부 내에서 일어났다. 여순 사건과 강태무·표무원 소령 월북사건 등 굵직굵직한 군 내부의 반(反)이승만 움직임이 표출되었다. 이승만은 군대를 믿을 수 없었다. 자신의 물리력을 믿을 수 없다는 것은 곧 자신의 팔다리가 자신의 뇌의 명령대로 움직이지 않는다는 것과 같았다.

이러한 의회, 군부 내에서의 경향과 함께 설상가상으로 주한미군이 철수했다. 당시 무초 주한미국 대사는 남한의 정권이 고립되어 있는 상황에서 주한미군의 철수는 이승만 정권이 붕괴할 수도 있는 상황을 연출할 것으로 예상했다. 38선 이남에서는 4·3 제주 사건과 여순 사건 이후 이승만 정권에 반대하는 빨치산 투쟁이 격화되고 있었다. 이 지역의 주변에서는 "낮에는 대한민국, 밤에는 인민공화국"의 상황이 계속되고 있었다. 아직 정비되지 않은 국군보다는 경찰에서 이들의 진압에 나섰기 때문에 경찰 병력만으로는 효과적인 토벌 작전이 이루어질 수 없었다. 따라서 미국의 무초 대사와 로열 육군장관은 미군이 철수하면 안 된다고 주장하면서 미군 철수를 최대한 늦추려고 했다.

그러나 미군의 철수는 이미 기정사실화된 것이었다. 일본군의 항복을 받는다는 임무는 이미 끝난 지 오래되었고, 소련군도 1948녀 12월 38선 이북으로부터 철수했다. 더 이상 주둔할 명분도 없었고, 계속 주둔할 만한 여력도 없었다. 주한미군 철수 대신 군사고문단 5백 명을 잔류시켰지만, 그 정도 규모로 내외적 위기에 대한 억지력이 될 수 없었다.

이승만 정권은 주한미군의 철수를 막기 위해 다양한 방안을 강구했으며, 38선 분쟁을 통해 안보 위기를 조성하는 것도 그 한 전략이었다. 김구가 암살되기 약 한 달 전인 5월 21일 시작된 옹진반도의 전투는 남측의 사소한 도발에 북측이 대규모 반격 작전을 벌인 것으로, 북한은 남한 지역 5킬로미터까지 진격했고 남한은 북한 지역 10킬로미터까지 진격하는 등 장기간 계속되었다.[52]

주한미군의 철수라는 상황에서 이승만 정권은 상당히 위기감을 느꼈을 가능성이 크다. 여기에 더하여 당시 인플레와 생산 침체, 농지 개혁의 미실시 등으로 일반 대중의 불만은 아주 높았다. 이러한 상황에서 미군은 결국 6월 29일 철수를 끝냈다. 바로 김구가 암살당하기 3일 전이었다. 앞으로 다가올 위기에 대한 사정 정지 작업이었던가? 1949년 6월은 곧 이승만 정권에게 내외적인 위기의 시점이었다.

이처럼 당시 국내외적으로 모든 상황이 이승만 정권에 매우 불리하게 진행되었다. 궁지에 몰린 이승만 정권은 어떠한 돌파구를 찾았을까? 이것이 김구 암살의 최종 배후로 이승만이 계속 지목된 이유이기도 하다.

살아 숨 쉬는 김구

김구는 죽었지만, 이승만 정권의 기반은 계속 불안했다. 김구는 이승만의 최대의 정적이었지만, 이승만을 반대하는 세력은 김구뿐만이 아니었다. 미군정기 내내 미군정의 여당으로 활약한 한국민주당은 이승만의 버림을 받으면서 야당으로 전락하였지만, 신익희가 중심이 된 대한국민당과 연합하여 민주국민당을 발족시키면서 야당으로서 전통을 이어갈 수 있는 기반을 마련하였다.

이승만과 한국민주당, 그리고 미국이 주도한 단독정부 수립에 반대한 대부분의 민족주의 세력도 이제 가만히 있지 않았다. 1948년의 5·10선거는 단독정부 수립을 위한 것이었기 때문에 참여할 수 없었지만, 더 이상은 가만히 앉은 채로 이승만 정권의 전횡을 바라볼 수 없다고 느낀 민족주의 세력들은 1950년의 5·30선거에는 적극적으로 참여하여 '참여 속의 개혁'을 시도하려고 하였다.

한편 38선의 분쟁과 군사 충돌은 1950년에 들어서서도 계속되었고, 정권의 중요한 물리적 기반인 군대 역시 제대로 정비되지 않았다. 삼남 지방을 중심으로 활동하는 빨치산에 대한 토벌이 점진적으로 이루어졌지만, 그 토벌은 미 군사고문단의 도움으로 이루어졌고 군대와 함께 경찰의 역할이 컸다.

친일파 처리와 토지 개혁도 중요한 현안이었다. 해방 직후의 과제 중 가장 중요한 이런 문제들이 처리되지 않는 한 이승만 정권이 민중으로부터 지지를 받는 것은 요원했다. 이승만 정권은 1950년의 국회의원 선거를 앞두고 농지 개혁을 실시하였지만, 곧이어 전쟁이 발발함으로써 그 효과는 그로부터 더 오랜 시간이 지나서야 나타나기 시작했다.

1950년 5월 30일의 제2대 국회의원 선거에서 사회의 불만이 터져 나오기 시작했다. 이승만 정권과 야당인 한국민주당은 이 선거에서 참패하였다. 이승만의 측근 세력과 한국민주당은 모두 합해 전체의 과반수도 되지 않았다. 많은 무소속이 국회에 진출하였으며, 여기에 소위 '중간파'라고 불린 민족주의 좌우파 인사들이 가세하였다. 사실 우리 역사에서 정당이 처음 생긴 것이 1945년이고, 그나마도 정당의 형태를 제대로 갖추지 못한 상태였다는 점을 감안한다면, 1950년의 선거까지 정당 소속의 국회의원보다 무소속 국회의원이 더 많을 수밖에 없는 구조적 특징이 있었던 것 같다.

이러한 상황에서 김구와 함께 일제강점기 이래로 중국에서 함께 활동하였던 삼균주의의 조소앙, 식민지 시기 이래로 여운형과 함께 항일운동을 했던 장건상·김성숙, 신민족주의와 신민주주의의 이념을 중심으로 활동했던 안재홍 등이 참여하였고, 이들은 이승만의 측근과 한국민주당의 거물인 정치인들을 물리치고 국회의원에 당선되었다. 경찰, 군대, 행정 등의 모든 물리력을 이승만 정권이 장악하고 있었던 만큼 선거에서의 결과는 민심을 그대로 반영한 것이기는 했지만, 반대로 예상을 뒤엎는 것이기도 했다.

이렇게 고립된 이승만 정권을 구해준 것은 역설적이게도 한국전쟁이었다. 이승만 정권은 국민을 버리고 한강 다리를 끊으면서 서울을 떠나 도망갔지만, 유엔군의 참전으로 상황은 호전되었고, 이승만은 이제 반공 이데올로기의 칼날을 휘두르기 시작했다. 서울에 남은 사람들과 인민군이 점령한 역의 사람들에게는 부역자 처리법을, 자신들에게 반대하는 국회의원들과 정치인들에게는 반공법을 근거로 몰아세웠다.

이 전쟁의 승리자는 대한민국도 조선민주주의공화국도 아니었고, 지배 세력들이었다. 이들은 전쟁을 통해 위기에서 벗어났다. 그리고 자신의 권력과 사회 통제 수단을 확대 강화했다. 그러나 거기까지였다. 이승만은 권좌 12년 만에 국민의 힘에 의해 물러나야 했다. 그리고 하와이로 망명을 가 거기에서 생을 마쳤다. 반면 김구는 지금까지도 애국과 민족주의의 상징으로 많은 사람의 가슴속에 남아 있다. 이렇게 국민들의 마음속에 새겨진 김구를 지우려는 시도도 있었다.

이승만은 1950년대 중반 국민의 체육 활동을 진흥한다는 목적 아래 효창공원에 운동장을 만들 계획을 세웠다. 이것은 다름 아니라 서울의 심장부에 있는 김구의 묘지를 다른 곳으로 치워볼까 하는 심사였다. 국민이 이

김구가 말년에 쓴 휘호.

러한 음모에 가만있을 리 없었다. 결국 효창운동장은 김구의 묘소 옆 다른 곳에 건설될 수밖에 없었다.

1950년대 이후 『사상계』라는 잡지를 통해 반독재 민주화운동과 통일운동을 전개한 장준하는 끝까지 자신이 추종하는 김구의 정신 밑에서 생활했다. 결국 그는 1975년 의문에 휩싸인 죽음을 맞이하였다. 장준하와 친구 사이인 문익환 목사는 장준하의 죽음을 맞이 하면서 이 땅의 민주화와 통일을 위해 몸을 바쳐야겠다고 생각했다고 한다.

문익환 목사는 통일을 위해 1989년 3월 평양에 가서 도착 성명에서 조선 후기 문신 이양연(李亮淵)의 한시(漢詩) 한 편을 읊었다.

눈 오는 벌판을 가로질러 걸어갈 때	踏雪野中去
함부로 난삽하게 걷지 말지어다.	不須胡亂行
오늘 내가 걸어간 자국은	今日我行跡
드디어 뒷사람의 길이 되니라.	遂作後人程

이 시를 통하여 문익환은 현실의 정치보다는 역사의 심판을, 눈보라 치는 조국의 위기를 당하여 일신의 안위보다는 후손들에게 모범이 될 자취를 강조하였다. 이 한시는 김

구가 만년에 가장 즐겨 쓴 휘호였다. 1949년 6월 26일 오전 그가 암살당하기 직전에도 이 글귀를 썼다고 한다.

친일파 미청산과
이념 갈등이 가져온
해방 정국의 비극

누가 그들을 겨냥했나?

해방된 지 한 달도 채 지나지 않아 현준혁 평남인민정치위원회 부위원장이 평양 한복판에서 총에 맞아 쓰러졌다. 현준혁 암살사건은 연속적인 정치 암살을 알리는 첫 총성이었지만, 해방 초기 정국에 미친 영향은 그리 크지 않았다. 암살범도 체포되지 않았고, 38선 이북에서 일어났기 때문이다.

그러나 그 뒤 남쪽에서 연속적으로 일어난 정치 거물들의 암살은 달랐다. 정치적 파장이 컸고, 때론 역사의 물줄기를 바꾸기도 했다. 1945년 12월 송진우 한국민주당 수석총무 암살을 필두로 1947년 7월 여운형 근로인민당 위원장, 1947년 12월 장덕수 한국민주당 수석총무, 1949년 6월 김구 한국독립당 위원장이 차례로 정치 암살의 희생양이 됐다. 이런 일련의 암살사건 이후 한반도는 38선을 중심으로 남과 북에 서로 다른 체제를 지향하는 분단정권이 수립되었다. 다섯 명의 정치 지도자는 각기 다른 배경 속에서, 다른 정치적 이유로 쓰러졌다.

현준혁은 해방 직후 각 지역에서 결성된 치안대, 적위대 등의 청년무장단체들을 소련 군정이 해산하고 새로운 치안 조직을 만드는 과정에서 암살됐다. 민족주의 계열이 주도하고 있던 치안대 해산에 불만을 품은 '민족사회당' 소속 청년들이 암살의 행동대원으로 나섰고, 그 뒤에는 친일파 염응택이 조직한 대동단('백의사'의 전신)이란 비밀결사가 있었다.

고하 송진우는 1945년 12월 28일 국내에 발표된 모스크바 3상협정, 곧이어 격렬하게 전개된 반탁운동의 와중에서 암살되었다. 그를 암살한 범인들은 송진우가 임시정부의 반탁운동에 반대하였고 미국의 훈장을 받을 것을 주장했기 때문에 암살하였다고 밝혔다. 그러나 송진우는 찬탁을 주장한 적이 전혀 없다. 송진우의 죽음은 찬·반탁 논쟁의 회오리 속에 묻혀 빛이 바랬지만, 그의 죽음으로 좌우 대립은 더욱 심해졌고 반탁운동은 더욱 격렬하게 전개되었다.

당시 송진우 암살의 배후가 반탁운동을 주도한 김구를 중심으로 하는 임시정부 요인들일 것이라는 소문이 무성하였으며, 미군정도 그렇게 추측하고 있었다. 그러나 송진우를 암살한 범인들은 주범 한현우를 제외하고는 대부분 송진우의 경호원이던 인물들로, 임시정부 요인들과는 어떠한 관계도 없었다. 또한 반탁운동 관계로 미군정과 대립하고 있던 임시정부 요인들이 이 중요한 시기에 미군정과 결정적으로 갈등을 일으킬 수 있는 암살 사건을 조종했을 가능성 또한 없었다.

오히려 범인의 체포가 '직관'에 의해 이루어졌다고 발표한 경찰이 의혹을 사기에 충분했다. 또한 암살범들이 사용한 권총이 송진우 암살 직후 경찰에게 반납되었다는 사실은 경찰이 이들과 어떠한 연계가 있었던 것이 아닌가 하는 의혹을 증폭시켰다. 그러나 암살범들과 경찰의 관계, 또는 배후 관계에 대한 수사나 재판은 전혀 이루어지지 않았다. 더구나 한현우는 박정희 시대에 사면을 받았다.[01]

몽양 여운형은 1947년 5월 제2차 미소공동위원회가 속개된 직후에 암살되었다. 그는 미소공동위원회의 성공을 위해 활발하게 움직이고 있었다. 총을 쏜 한지근은 그가 민족의 분열을 조장한 인물이기 때문에 암살했다고 주장했다. 그러나 여운형은 좌우합작을 위해 노력한 적은 있어도 분열을 위해 활동한 적은 없었다. 건국준비위원회부터 조선인민당, 좌우합작운동에 이르기까지 해방 이후 그의 활동의 궤적은 이 점을 잘 보여준다.

여운형의 암살은 곧이어 제2차 미소공동위원회의 결렬로 이어졌으며, 결국 38선 이남만의 단독정부 수립이라는 결과를 낳았다. 또한 1946년 말 이후 새롭게 부상한 '중간파' 세력은 구심점을 잃고 분열하게 되었다. 1947년 말 김규식을 중심으로 민족자주연맹을 조직하여 민족주의 세력이 결집되었지만, 하나의 조직 안에 있었을 뿐 이를 결집할 중심축은 사라진 뒤였다. 이들은 1948년 4월의 남북연석회의를 기점으로 분열되어, 일부는 북한에서 정권의 핵심에 자리 잡았고 일부는 남한으로 내려와 통일운동과 민주화운동을 추진하였다.

여운형 암살사건의 배후 역시 처음에는 김구에게 초점이 맞추어졌다. 김구의 반탁운동과 여운형의 모스크바 3상협정에 대한 총체적 지지 입장이 1946년 초 이래로 대립했기 때문이다. 그러나 여운형 암살사건의 전후 상황을 더 종합적으로 살펴보면, 암살 배후에 관한 화살은 오히려 경찰과 청년단체에 맞추어진다.

여운형을 암살한 범인들은 모두 백의사나 양호단이라는 청년단체, 비밀 테러 조직의 성원이었다. 이들은 대동신문사 사장 이종형, 청년단 두목 김두한 등과 밀접한 관계를 맺고 있었으며, 그 위에 경찰과 정치 지도자들이 위치하고 있었다. 당시 신문사 사장이던 이종형이나 경찰 책임자이던 조병옥, 장택상과 가장 가까운 관계를 유지한 인물이 바로 이승만이었다.

이는 당시의 정황을 보아도 추측이 가능하다. 1947년 중반이라는 시점이 단독정부 수립 정책이 적극적으로 시행되기 시작한 해라는 점을 감안할 때, 여기에 반대한 여운형의 존재는 단독정부 수립에 가장 큰 걸림돌이 되었다. 여운형은 대중적 지지를 한 몸에 받고 있었을 뿐만 아니라 정치 세력 내부에서도 민족주의 계열의 인사들, 이른바 '중간파'를 한데 아우를 수 있는 거목이었다.

1947년 2월부터 38선 이남만의 단독정부 수립을 적극적으로 고려하기 시작한 미군정도 여운형의 죽음으로부터 자유롭지 못했다. 미군정은 여운형과 매우 가까운 사이이기는 했지만, 여운형을 겨냥한 수차례의 테러에 어떠한 대응도 하지 않았다. 경찰은 여운형을 테러 위협으로부터 보호하기는커녕 오히려 여운형 암살사건에 막대한 도움(?)을 주었다. 여운형이 암살될 때 여운형이 탄 차를 가로막은 것은 경찰서 옆에서 나온 트럭이었으며, 여운형의 경호원이 암살범을 뒤쫓을 때 암살범이 도망갈 수 있도록 경호원을 붙잡은 것 역시 경찰이었다.

그러나 여운형 암살범에 대한 재판에서 경찰 개입 부분은 전혀 조사되지 않았다. 오히려 여운형의 경호원과 비서가 의심을 받았다. 또한 여운형 암살사건의 배후 조사도 전혀 이루어지지 않았다. 결국 여운형의 암살은 당시 젊은 청년에 의한 단독범행으로 결론이 났다.

설산 장덕수는 38선 이남에서 단독정부 수립을 앞두고 유엔조선임시위원단이 귀국할 예정이던 1947년 12월 암살되었다. 당시 미군정의 '여당'이던 한국민주당에서 정치부장으로 활동한 장덕수는 미군정이 지원하는 단독정부가 수립될 경우 가장 큰 영향을 미치는 정치인이 될 것으로 예상되었다. 대통령제에서 최고지도자로 당선될 정도의 유명 인사는 아니었지만, 내각책임제 헌법이 만들어질 경우 충분히 국무총리나 수상으로서 정권을 이끌 수 있는 능력을 갖춘 인물이었다. 그러나 그는 단독정부 수립을 위한 선거를 6개월 앞두고 암살되었다.

장덕수 암살사건의 범인은 경찰임이 곧 드러났고, 이 경찰이 대한학생총연맹이라는 조직과 연관되어 있다는 사실이 밝혀졌다. 대한학생총연맹은 임시정부 요인들이 고문으로 있던 단체였다. 당연히 암살의 배후로 임시정부 요인들이 떠올랐다. 실제로 암살자들의 배후 관계를 수사하던 경찰은 대한학생총연맹에 소속된 학생들이 한국독립당과 국민의회의 간부인 김석황, 김중목, 신일준 등과 관계를 맺고 있다는 사실을 밝혀냈다. 이후 수사의 초점은 한국독립당에 맞추어졌으며, 김구는 암살의 배후로 법정에까지서는 모욕을 당하였다. 김구는 장덕수 암살사건에 관련 없음이 밝혀졌지만, 남북연석회의를 앞둔 상황에서 그가 입은 정치적 타격은 결코 적지 않았다.

이 사건에서 주목되는 점은 이전의 암살사건뿐만 아니라 1949년의 김구 암살사건과도 달리 암살의 배후에 대한 수사가 철저하게 진행되었다는 점이다. 오히려 수사가 지나쳐 한국독립당의 간부인 김중목을 고문한 사실까지 재판 과정에서 드러났다. 이 사건은 해방 정국에서 벌어진 암살사건 가운데 유일하게 배후가 밝혀진 사건이다. 장덕수 암살사건의 배후로 지목된 한국독립당과 국민의회의 중간 간부들이 실형을 받았고, 그중 김석황은 6·25전쟁 때 대전형무소에서 처형되었다.

그러나 하지 미 사령관은 국무부에 보고한 문건에서 이 사건의 배후에 이승만이 있다는 점을 강력하게 시사했다. 그는 장덕수 암살사건이 이승만과 장덕수의 심한 다툼 직후에 발생했으며, 이것이 장덕수 암살사건을 해결하기 위한 가장 중요한 열쇠라고 보았다. 또한 이 사건 자체를 해결하기 위한 경찰의 수사와 재판 과정이 김구에게 모든 정치적인 책임을 씌우는 방향으로 나아가고 있다고 강조했다.

장덕수 암살사건은 그 배후가 일정 부분 밝혀졌다는 사실 외에도 사건이 갖는 성격 자체도 이전의 암살사건과는 달랐다. 송진우와 여운형이 '찬탁이냐, 반탁이냐', 또는 '단독정부 수립이냐, 통일정부 수립이냐' 하는 민족적 문제의 희생자였다면, 장덕수 암살사건은 권력을 중심에 둔 정쟁의 성격을 띠었다. 그것은 그가 암살당한 시기가 단독정부 수립을 위한 선거를 앞둔 상황이었다는 사실과 암살 결과 한 사람의 권력 독점이 가능해졌다는 사실 등으로 입증되었다.

또한 그의 암살사건은 단독정부 수립에 반대하던 김구의 정치적인 명성을 깎아내리기 위하여 교묘하게 이용되었다. 살아생전 김구 계열과 끊임없이 갈등 관계를 보인 장덕수는 죽어서까지 김구와 대립하였다. 장덕수의 암살사건으로 김구와 이승만은 정치적으로 영원히 결별하여 한 사람은 '민족 대의를 위한 길'로, 다른 한 사람은 단독정부 수립이라는 '현실의 길'로 매진하였다.

가장 논란이 됐고, 되고 있는 김구 암살사건

백범 김구는 한국전쟁이 발발하기 정확히 1년 전, 38선의 옹진반도에서 분쟁이 일어난 지 1개월 후, 미군이 군사고문단을 남겨놓고 철수하기 3일 전, 북한에서 조국통일민주주의전선이 결성되기 하루 전날 암살되었다. 일생을 민족의 독립과 평화통일을 위해 살아온 김구가 암살당한 시기는 그의 정치적인 위상, 대중적인 신망만큼이나 막중한 시기였다.

김구의 암살범은 안두희였다. 그는 현역 포병 소위였으며, 극우테러 단체인 백의사와 서북청년단의 단원이었다. 그리고 한국독립당의 당원이기도 했다. 그가 몸담고 있던 세 조직은 모두 김구 암살 배후와 깊숙이 관련되었다. 군과 관련해서 직속상관이던 장은산 포병사령관, 채병덕 참모총장, 신성모 국방부장관 등이 김구 암살사건과 직간접적인 관련을 가지고 있었으며, 이들과 가까운 관계를 유지하던 정치 테러리스트 김지웅, 백의사 정보국장 출신의 김명욱 국방부 정보과장이 중간다리 역할을 하였다.

서북청년단이 김구 암살사건에 어떻게 연관되었는지에 대해서는 알려져 있지 않지만, 서북청년단의 부단장이던 김성주의 의문의 죽음과 관련하여 상당히 깊숙이 개입되어 있었음을 알 수 있다. 김성주는 김지웅에게 암살에 동원할 사람들을 소개해주었다고 한다. 실제로 김구 암살 행동대원은 모두 서북청년단에서도 활동했다.

안두희가 한국독립당 당원이었다는 사실은 재판 과정에서 핵심적인 논란이 되었다. 결국 그가 한국독립당의 당원임이 사실로 판명되었고, 김구의 암살은 한국독립당 내부의 노선 차이에 따른 분쟁의 결과로 규정되었다. 그 결과 김구는 반정부 세력으로, 안두희는 반정부 세력을 처단한 애국자로 둔갑하였다.

여기에 더해 2000년대에 들어와 공개된 미국 문서는 안두희가 백의사 단원이자 주한미군의 CIC 요원이었다는 사실도 보여주고 있다. 이렇게 보면 김구의 암살범인 안두희는 걸리지 않는 조직이 없다. 극우 청년단체, 군, 미군 정보기관, 그리고 전문암살단.

이승만 정권이 위기에 몰린 상황에서 김구 암살사건이 발생했지만, 이승만의 가장 거대한 정적인 김구의 죽음이 곧 정권의 안정으로 연결되지는 않았다. 오히려 정권은 더욱 고립되었고, 그나마 한국전쟁을 거치면서 어느 정도 안정화의 기반을 마련할 수 있었다. 그러나 이승만은 결국 민의에 의해 자리에서 물러날 수밖에 없었다. 4·19혁명이라는 거대한 민중의 물결은 반민족적이고 반민주적인 이승만 독재정권을 몰아낸 반면, 김구를 민족주의의 상징 인물로 되살렸다. 한 순간 역사의 물줄기를 막을 수는 있지만 도도한 역사의 대세를 언제까지 거스를 수 없다는 것을 잘 보여준다.

해방 정국 암살사건의 개요

	현준혁	송진우	여운형	장덕수	김구
암살일	1945.9.3.	1945.12.30.	1947.7.19.	1947.12.2.	1949.6.26.
암살의 정치적 계기	소련군 주둔 후 무장대 통합 직후	모스크바 3상회의 결정 직후 훈정 발언 직후	제2차 미소공동위원회 기간	유엔조선임시위원단 입국 직전	반민특위 습격사건 직후
암살자 (소속 단체)	백관옥 (대동단)	한현우 (격몽의숙)	이필형 (건국단, 격몽의숙)	박광옥 (경찰, 대한혁명단, 대한학생총연맹)	안두희 (백의사, 서북청년단, 미군 CIC)
암살자 출신지	평양	평북	평북		평북
중간 책		전병구(전백), 신동운	김영철, 김흥성, 신동운	신일준, 김중목	김명욱, 김지웅, 오병순, 홍종만
행동대원	백근옥, 선우봉 등	유근배, 이창희, 김인성, 김의현	김영성, 김훈, 유용호(유순필)	배희범, 최중하, 조엽, 박정덕	한경일, 박윤근, 독고녹성, 정익태, 한국상, 한국영, 이춘익
암살 무기	권총	권총	미제 권총	카빈총	권총
배후로 거론된 단체, 기관	대동단 (백의사의 모태), 민족사회당	백의사, 경찰	양호단, 혁신탐정사, 백의사, 경찰	한국독립당, 경찰	백의사, 서북청년단, 군
배후로 거론된 인물	염응택	김지웅, 장택상, 김구	장택상, 노덕술, 박헌영, 이종형	김석황, 이승만	이승만, 신성모, 채병덕, 장은산, 전봉덕, 김창룡, 김태선, 노덕술, 미군 정보기관
암살 관련자 이후 행적	월남, 백의사 결성. 다른 암살에 관여	6·25전쟁 때 풀려나 일본 밀항. 박정희 정권 때 사면. 2004년 사망	개성 소년형무소 수감 중 전쟁 때 인민군에게 끌려감.	박광옥, 배희범은 6·25전쟁 직후 사형. 최중하(최서면)은 1949년 형 집행 정지로 석방. 1957년 일본 망명해 활동.	6·25전쟁 발발 후 군에 복직. 휴전 후 군납공장 경영. 1996년 박기서 씨에게 피살당함.

암살사건의 공통점

해방 정국에서 주요 정치 지도자를 대상으로 삼은 암살사건은 여러 면에서 공통점이 발견된다. 첫째로 암살의 방법이다. 다섯 건의 정치 암살에 모두 총이 사용됐다. 해방 직후 혼란스러운 정국 속에서 일본이 남기고 간 무기가 시중에 유통되긴 했지만 실제 암살에 사용된 권총은 경찰이나 전문 암살단체로부터 '입수' 또는 전달되었다.

형태적으로 보면 모두 한 개인의 저격으로 암살이 이루어졌다. 물론 단독범행이었지만 그 뒤에는 다수의 2, 3선 행동대원이 존재했다. 송진우, 현준혁, 여운형 암살사건의 경우에는 잠자는 사이에, 또는 자동차의 앞과 뒤에서 저격하였지만, 장덕수와 김구 암살사건의 경우는 암살범들이 직접 암살 대상자를 마주 보는 가운데 저격이 감행되었다. 그리고 안두희의 경우에는 사건이 발생한 지 채 10분이 되지 않아 경교장에서 멀리 떨어진 헌병대에서 출동한 헌병에 의해 유유히 체포되었다.

둘째로 남쪽에서 발생한 사건의 경우 암살범들이 모두 체포되었다는 사실이다. 해방 직후의 혼란한 상황 속에서 밀항이나 도주가 얼마든지 가능했고, 따라서 암살사건의 범인 자체가 미궁에 빠질 가능성도 충분히 있었다. 그런데도 범인들은 먼 곳으로 도망가지 않았고 모두 서울에서 붙잡혔다. 경찰의 직관에 의해서, 제보에 의해서, 암살범의 직업을 매개로, 그리고 현장에서 모두 체포되었다고 발표되었다.

그뿐만 아니라 장덕수 암살범을 제외하고는 모두 체포된 뒤 오래지 않아 풀려났고, 나중에 가서는 자신이 암살범이라고 떳떳하게 주장하면서 재등장하기도 했다. 암살범들도 이해가 안 되지만, 그렇게 등장해도 특별한 제재를 받지 않는 정치상황은 암살 배후세력의 비호를 받았다고 밖에 판단할 수 없다.

셋째로 암살 주범이 모두 체포되었지만, 그 배후가 당시에는 드러나지 않았다. 미군정과 경찰은 암살 배후를 수사할 의지조차 없었다. 이 점은 검찰과 재판부도 마찬가지였다. 유일하게 장덕수 암살사건만 배후가 밝혀졌지만, 중간 간부만 체포되었을 뿐 고위급의 정치 세력까지 배후를 찾지는 않았다. 사건은 모두 단독범행으로 결론지어졌고, 대다수 사람은 재판의 결과를 신뢰하지 않았다.

이상이 해방 정국에서 일어난 다섯 건의 정치 암살이 표면적으로 보여주는 공통점이다. 그러나 이 사건들이 발생한 상황이나 당시의 정치적인 쟁점을 살펴보면 몇 가지 또 다른, 더욱 중요한 공통점이 발견된다.

이러한 공통점은 수사 과정에서도 재판 과정에서도 밝혀지지 않았지만, 당시의 상황을 조금 더 구체적으로 살펴보면 쉽게 찾을 수 있는 부분이다.

첫째로 암살의 배후와 관련된 논의에 항상 경찰과 관련된 의혹이 제기되고 있다는 사실이다. 송진우 암살사건에서는 범인들의 체포 과정에서, 여운형 암살사건에서는 범인들의 직접적인 암살 과정에서, 장덕수 암살사건에서는 암살의 주범이 경찰관이었다는 사실에서, 경찰은 각각의 암살사건에 의혹을 더해준다.

정부 수립 이전 군이 정권을 받쳐주는 핵심적인 역할을 하지 못하고 있던 상황에서, 경찰은 정권 유지를 위한 거의 유일한 물리력이라고 할 수 있었다. 일제강점기 경찰에 복무하면서 친일이나 부일의 경력을 가지고 있던 당시 경찰 간부들은 미군정이나 이승만 정권의 충실한 '하수인'이란 오명을 뒤집어쓰고 있었다. 미군정은 경찰 내부에 테러와 관련된 '타이거 갱'이라는 조직이 있음을 밝혀냈으며, 남조선과도입법의원에서 친일파 문제의 해결을 위한 법안을 상정할 당시 남조선과도입법의원의 의장인 김규식과 좌우합작운동을 주도하던 여운형에 대한 암살 음모를 밝혀내기도 했다.

경찰은 구체적인 암살 징후가 있었지만 대상 정치인들을 철저하게 보호하지 않았고, 암살범 수사에서 배후 규명에 소홀했다. 심지어 암살을 단독 범행으로 몰고 가기 위해 입을 맞추는 거래까지 했다는 의혹을 받았다. 단지 장덕수 암살사건에 한해 배후 수사를 철저하게 벌였다. 그것이 가능했던 것은 장덕수 암살사건과 관련 배후로 지목된 인물이 바로 김구라는 사실과 관련이 깊다. 김구가 아니었다면 이 사건도 대충 묻고 넘어갔을 가능성이 크다.

김구 암살에 군부가 깊숙이 관계돼 있었다는 점도 대단히 상징적이다. 정부 수립 이전에는 암살의 배후에 경찰이 있었다면, 1948년 정부 수립과 함께 국군이 출범하면서 경찰 대신 비밀 유지가 더욱 용이한 군이 동원된 것이다. 공권력의 두 축인 경찰과 군의 '정치 암살' 개입은 해방 정국의 특수성을 보여주는 동시에 암살의 배후를 밝히는 데 결정적인 난관을 조성했다. 그 결과 암살의 배후 규명과 처벌이 이뤄지지 못하면서 이후 우리 정치사에서 발생한 많은 암살과 테러, 의문사에 또다시 공권력이 동원되는 악순환으로 이어졌다.

둘째로 암살사건의 배후에 관한 논의 과정에서 김구나 이승만이라는 최고 지도자의 이름이 항상 거론되었다는 사실이다. 김구는 식민지 시기 중국에서 주로 테러가 동반된 '의거 방식'을 통해 항일운동을 전개하였다. 따라서 미군정은 김구를 '테러리스트'로 인식하고 있었고, 해방 직후의 암살사건에 모두 김구가 관련된 것으로 파악하였다.

그러나 해방 이후의 김구는 이전과는 달랐다. 일본으로부터 해방되고 테러의 대상이던 일본인이 눈앞에서 사라진 상황에서 김구는 암살이라는 방법을 더 이상 민족자주국가 수립이라는 대의의 방법으로 사용할 수 없었고 사용할 필요도 없었다. 해방된 조건에서 정치 지도자가 그런 방법으로 대중의 지지를 받을 수는 없었다.

또한 김구가 장덕수 암살사건의 재판정에서 밝혔듯이 암살을 배후 조종할 때 항상 암살자와 함께 만나 직접 지시를 내렸던 만큼, 그가 배후에 자신이 있음을 감추기 위하여 교묘한 방법으로 정적들의 암살 배후에 위치하고 있을 가능성은 없다고 생각된다.

공개적이고 공식적인 것은 아니지만 각각의 암살사건과 관련해서 암살의 시기에 오히려 더 많은 주목을 받은 것은 이승만이었다. 이는 특히 미군정의 판단이었다. 이승만은 송진우가 암살당하던 시기에는 김구와 같은 반탁운동의 입장에 있었으며, 여운형이 암살당했을 때에는 미소공동위원회에 반대하고 단독정부의 수립을 위해 활동하던 시기였다. 장덕수가 암살되던 시기에 이승만은 자기 외의 다른 세력에게 단독정부의 정권이 돌아가는 것을 막기 위해 유엔이 관계하기 전에 38선 이남만의 총선을 실시하자는 '조기 총선론'을 주장하고 있었다. 김구가 암살되던 때 이승만은 정치·군사적으로 위기를 극복해야 하는 상황이었다.

따라서 여운형과 장덕수가 암살되었을 때 미군정은 이승만이 그 배후에 있을 것이라고 가정하였다. 그런데도 이승만을 겨냥한 어떠한 수사도 진척되지 않았다. 수사의 초점은 항상 김구에 가 있었다. 이 사실은 암살사건에 경찰이 관련되어 있었다는 사실과도 관계가 깊다. 경찰의 총수이던 조병옥과 장택상은 회고록에서 자신들이 이 시기 이승만을 절대적으로 지지하고 있었음을 밝히고 있다. 김구는 자신의 주장이 매우 강했고 경찰에 친일파들이 많다고 생각하고 있었기 때문에 경찰 관계자들은 김구에 대해 좋지 않은 감정을 가지고 있었다.

이승만과 경찰 관계자들이 암살의 배후로 언급된 것과 관련하여 그 하부에서 행동대로 활동한 청년단체가 그 매개로 언급된다. 한현우가 만든 격몽의숙과 화랑단, 한지근이 관련된 건국단·백의사·양호단, 박광옥·배희범이 가입되어 있던 대한학생총연맹, 안두희의 서북청년단 등이 모두 그런 청년단체이다. 해방 정국에서 우익 청년단체는 좌익에 대응하는 중요한 물리적 조직이었으며, 경찰과 미군정 그리고 이승만으로부터 정치적인 지원을 받고 있었다. 그러나 자세히 들여다보면 화랑단, 건국단, 양호단, 대한학생총연맹 등은 대체로 암살의 배후를 감추기 위해 급조된 단체이거나 암살을 주도할 만한 위치에 있지 않았다.

다만 전문 암살단 백의사만은 달랐다. 앞서 살펴본 다섯 건의 암살사건에는 항상 백의사란 존재가 등장했다. 현준혁 암살의 행동대원들은 모두 백의사의 모체가 된 대동단 단원이었고, 여운형 암살범에게 권총을 준 사람은 백의사 사령 염응택이었으며, 김구 암살범인 안두희는 백의사의 특공대원이었다. 극우 청년단체로 '악명'을 떨쳤던 서북청년단은 백의사 단원을 뽑는 저수지 역할을 한 것으로 보인다. 또한 백의사, 서북청년단 단원들은 대부분 이북 출신으로 구성됐고, 반공적 이념 성향이 강했다. 그러나 이들이 노린 암살 대상은 좌파 정치 지도자만이 아니었다. 특히 백의사 단원들이 정부 수립 이전부터 미군 CIC 등 정보기관과 연계해 대북 공작에 참여했고, 정부 수립 이후에는 국방부 정보국에 다수 선발됐다는 점은 눈여겨볼 대목이다.

마지막으로 지적하고 싶은 것은 암살을 실행해 옮긴 20대의 행동대원들은 반공 성향이 강한 이북 출신이었지만, 배후로 거론되는 백의사, 경찰, 군의 고위 간부들은 대부분 친일 경력이 있는 인물이었다는 점이다. 이들은 '친일'이라는 결정적 흠집을 가리기 위해 '반공'을 표면에 내세웠고, 그러한 공감대가 강한 유대감을 형성한 것으로 보인다. 해방이 되었지만 청산되지 않고 재등용된 '친일파'가 해방 정국의 비극적인 정치 암살을 가져온 배경이라고 하면 너무 과도한 결론일까?

1992년 4월 14일 MBC와 한 인터뷰에서 안두희는 "고위층 사람들이 제거해야겠다는 얘기를 안 해도 이심전심으로 암살을 결심했다. 이심전심이라는 얘기도 안 한다"라고 말한 바 있다. 그의 말처럼 해방 정국에서 일어난 정치 암살의 배후 세력과 암살자들은 '이심전심'이었을지도 모른다. 배후 세력이 어떤 방향을 가리키거나 암시하면 행동대들이 암살을 감행했을 가능성이 크다. 그런 점에서 암살의 전모를 기록으로 밝히고 배후를 확증하는 일은 대단히 어려운 작업일 수밖에 없다. 그러나 지금까지 나온 증언과 거론된 배후 인물, 드러난 정황만으로도 누가, 어떤 세력이 암살의 배후인지를 짐작하기는 어렵지 않다.

무엇보다도 해방 정국의 암살사건에 공권력이 개입했던 '비극적 사태'가 그 후의 역사에 어떤 불행을 가져왔는지를 교훈으로 삼아야 한다. 대표적으로 1956년의 장면 부통령 저격사건,[02] 1973년의 김대중 납치 암살 시도, 1975년 장준하 의문사사건 등은 해방 정국에서 발생한 암살사건의 배후를 철저히 규명하고 책임자를 일벌백계했다면 발생하지 않았을 수도 있는 사건들이었다.

다시는 공권력의 암살이나 테러의 배후로 거론되는 불행한 역사를 뒤풀이 하는 잘못을 범해서는 안 될 것이다. 보다 성숙된 민주주의의 정착만이 국내외에서 불거지고 있는 테러 가능성을 차단할 수 있는 근본적인 처방이다. 해방 정국에서 쓰러진 현준혁, 송진우, 여운형, 장덕수, 김구 등이 마지막 순간 우리에게 남긴 '체험적 유산'이기도 하다.

후주

프롤로그
해방 직후 정치 암살, 막을 수 없었나?

01 서중석, 『한국현대민족운동연구: 해방 후 민족국가 건설운동과 통일전선』(역사비평사, 1991), 561~562쪽.

첫 번째 이야기
현준혁 해방 후 첫 정치 암살의 희생자가 되다

01 「중앙일보」특별취재반, 『비록 조선민주주의인민공화국』 상(중앙일보사, 1992), 130~131 쪽. 일본 우방협회의 지원을 받아 1964년에 출간된 모리타 요시오(森田芳夫)의 『조선 종전의 기록』은 현준혁이 암살되던 상황을 조금 다르게 기록했다. "현준혁은 45년 9월 4일 소련군 환영대회에 출석하고 돌아오는 길에 도(道)인민정치위원회 근처에서 저격 당했는데 범인은 자동차가 서행하는 틈을 타서 뛰어올라 현(玄)을 확인한 다음 권총 한 발로 즉사시켰다."

02 1789년 프랑스 혁명 당시 개혁을 주창하던 혁명파가 주도한 테러를 '적색 테러'라고 했 으며, 개혁을 반대하는 반혁명파의 보복 행위를 '백색 테러'라고 불렀다. 그러나 현대 냉전시대를 거치면서 의미가 변화돼, 통상 백색 테러는 우익에 의한 테러 행위를, 적색 테러는 좌익에 의한 테러 행위를 지칭하게 되었다.

03 위의 책, 131쪽.

04 북한 지역에 주둔한 소련군은 1945년 10월 12일이 되어서야 이들 단체를 모두 해산하 고 각도 인민위원회 산하에 보안대를 창설했다.

05 위의 책, 133쪽.

06 김학준, 『강대국권력정치 아래서의 한반도 분할과 소련의 북한군정 개시(1863~1946년 1월)』(서울대학교학교 출판부, 2008), 726~727쪽 참조.

07 유영구·정창현 엮음, 『조선민주주의인민공화국의 탄생 – 전 노동당 고위간부가 겪은 건국 비화』 1(선인, 2010), 105쪽.

08 「크라스케비치가 슈킨에게, 조선 내 소련군 배치 지역에서의 정치·경제 상황 평정

(1945. 9. 22)」, 기광서, 「러시아연방 국방성중앙문서보관소 소재 해방 후 북한정치사 관련자료 개관」, 『해방 전후사 사료연구』 II(선인, 2002), 121쪽에서 재인용.

09 1945년 12월 25일 소련군 총정치국장 쉬킨 대장이 북한 정세를 조사, 분석해 외무인민위원 몰로포프에게 보낸 조사보고서에도 '민족사회당'을 언급하며, 이들의 잔존 세력을 대표적 '반동 세력'으로 언급하고 있다. 김국후, 『평양의 소련군정』(2008, 한울), 133쪽.

10 유영구·정창현 엮음, 앞의 책, 105쪽.

11 장창종, 『나의 소련 유형기』(중앙교육출판사, 1987), 49~59쪽.

12 '백근옥(白瑾玉) 증언'(1981. 11. 9), '선우길영(鮮于吉永) 증언'(1980. 3. 4), '최의호(崔義鎬)·조재국(趙在國) 증언'(1980. 2. 28)(이상 국사편찬위원회 소장); '박경구(朴經九) 증언'(일자 미상), '백근옥(白瑾玉) 증언'(1985. 8, 1986. 5. 21, 1990. 7. 20), '선우길영(鮮于吉永) 증언'(1985. 2. 4, 1985. 10, 1990. 6)(이상 문화방송사 소장).

13 「MBC 특별기획 '이제는 말할 수 있다'(제46회) – 비밀결사 백의사」(문화방송 시사제작국, 2002).

14 박정희와 대구사범 동기생인 황용주(전 「부산일보」 주필·부산문화방송 사장)는 박정희가 "처음 좌파에 눈뜬 것은 대구사범 재학 시절에 발생한 '현준혁 사건'이 첫 계기였고, 이를 계기로 『공산당선언』, 『자본론』 등의 서적을 '한 달 용돈을 다 털어서' 사서 읽곤 했다"고 증언했다. 황용주는 5·16 군사 쿠데타 당시 민간인 신분으로 박정희를 적극 도운 인물 가운데 한 사람이다. 이완범 해제, 「비판적 지식인에서 현실 참여자로 – 황용주 증언록」, 『격동기 지식인의 세 가지 삶의 모습』(한국정신문화연구원 현대사연구소, 1999).

15 「중앙일보」(1932. 11. 10)는 대구지방법원에서 "학생에 적화 선전한 적색 3대 결사사건, 오는 14일에 공판 개정, 피고 현준혁 등 25명"이라고 보도했다.

16 강만길·성대경 엮음, 『한국사회주의운동 인명사전』(창작과 비평사, 1996), 544쪽.

17 김일성, 『세기와 더불어』 6(조선로동당출판사, 1995), 80~81쪽.

18 중앙일보 특별취재반, 앞의 책, 89쪽.

19 치스차코프, 「제25군의 전투행로」, 소련과학아카데미 동양학연구소 편(1976). 여기서는 『레닌그라드로부터 평양까지』(함성, 1989), 52쪽에서 인용.

20 치스차코프, 「제25군의 전투행로」, 위의 책(1989), 54쪽.

21 유영구·정창현 엮음, 앞의 책.

22 안기석, 「[인물연구] 백의사(白衣社) 총사령 염동진 – 김일성(金日成) 간담 서늘케 한 전설적 백색 테러리스트」, 『신동아』 2001년 10월호, 316~323쪽.

23 이상의 내용은 안기석의 기사를 요약한 것이다.

24 국사편찬위원회에 소장된 증언록에서 백관옥, 백근옥, 최의호, 조재국, 선우길영 등 백의사 출신자들은 염웅택이 "요춘택이란 중국식 이름으로 변성명하고 중국군 남경 헌병사령부 우편물 검사처에서 일했다. 그 후 남의사에 들어갔고, 1937년 중·일전쟁 후 군사위원회 조사통계국에서 일하다가 관동군 헌병대에 체포되었다"고 증언했다.

25 염응택의 일제 강점 시기 경력에 대해서는 정병준, 「백범 김구 암살 배경과 백의사」, 『한국사연구』 128(2005), 270~274쪽 참조.

26 염응택은 1947년 8월 남한을 방문한 웨드마이어 장군에게 제출한 보고서에서 백의사가 1942년 8월 2일 조직됐다고 했다. 대동단의 모체가 이때 만들어졌을 수도 있다. NARA, RG 59, Records of the Wedemeyer Mission, "Some Information on Korea and Manchuria," to Lt. Gen. Albert C. Wedemeyer, by Baik I Sha, Representative, Lyoum Tong Chin, August, 1947. box. 10.

27 정병준, 「미 육군 문서 '김구 – 암살 관련 배경 정보' 발굴한 정병준 박사, "안두희는 미군 방첩대 요원이자 백의사 자살특공대원"」, 『민족21』 2001년 10월호, 95쪽.

28 이 보고서는 실리 소령이 1949년 6월 안두희가 김구를 시해했다는 소식을 듣고 곧바로 자신이 한국에서 경험했던 바를 작성해 보고한 것이다.

29 안기석, 앞의 글.

30 도진순, 『한국 민족주의와 남북 관계』(서울대학교학교 출판부, 1997).

31 김일성 암살미수사건에 대한 서술은 이성렬의 증언을 참고한 것이다. 배진영, 「[증언] 김일성(金日成) 암살 기도 백의사(白衣社) 행동대원 이성렬(李聖烈) 씨 – "안두희(安斗熙)는 백의사(白衣社) 요원이 아니다"」, 『월간조선』 2001년 10월호.

32 당시 미군정의 정보부서는 미국 CIC(방첩대)의 224파견대와 미 24군의 G-2(정보참모부), 그리고 24군 예하부대에 배속된 CIC 분견대 등으로 분산되어 있었다. 남한에서 활동하는 CIC 병력은 두 차례의 개편을 거쳐 1946년 4월 미군 971 CIC 파견대로 통합되었다. 이후 주한미군의 정보 및 공작 활동은 971 CIC 중심으로 이루어졌으며, 미 24군의 G-2는 정보 수집 활동만 전개했다.

33 문명호, '[인터뷰] 장면 국무총리 고문 지낸 위태커 씨가 말하는 5·16', 「동아일보」 1982년 5월 27일 자.

34 백의사의 대북 활동에 대해서는 이완범, 「백의사와 KLO의 활동을 통해서 본 남한 대북 정보활동의 원류」, 『국가정보연구』 3-1(2010) 참조.

35 김구와 염응택 간의 관계와 갈등에 대해서는 정병준, 「백범 김구 암살 배경과 백의사」, 『한국사연구』 128(2005), 274~280쪽 참조.

36 백의사 집행위원을 지낸 이성렬은 『월간조선』과의 인터뷰에서 "내가 아는 한 안두희는 백의사 사원이 아니다"라고 부인했다. 다만 그는 안두희가 자기가 모르는 현장 요원이었을 가능성을 배제하지 않으면서도 그가 미(美) CIC 요원은 아니었을 것이라고 주장했다. 배진영, 앞의 기사 참조.

37 백의사의 고문이라고 하는 김지웅은 자신이 여운형의 암살범 한지근에게 일본 장교용 권총 한 자루를 줬다고 했다. 김교식, 「정치 테러리스트 김지웅」, 『월간조선』 1982년 12월호.

두 번째 이야기
송진우 모스크바 3상회의 결정안 발표와 함께 쓰러지다

01 United States Armed Forces in Korea, Record Group 319, G-2 Periodic Report(1945. 9~1949. 6). Suitland, Md.: Federal Records Center Annex. 국내 영인본: 『주한미군 일일 정보 요약』 1권(한림대학교 아세아문제연구소, 1988~1989), 496쪽. 이하 '일일 보고서'로 약칭함.

02 「동아일보」 1945년 12월 20일 자.

03 허정, 『내일을 위한 증언』(샘터사, 1979), 102~103쪽.

04 고하 송진우 선생 전기편찬위원회 편, 『고하 송진우 선생전』(동아일보사, 1965), 338~339쪽

05 「서울신문」 1946년 2월 14일 자.

06 「서울신문」 1946년 4월 10일 자.

07 「서울신문」 1946년 4월 10, 11일 자.

08 「동아일보」 1946년 4월 24일 자.

09 「조선일보」 1946년 8월 3일 자.

10 「동아일보」 1946년 8월 21일 자.

11 「동아일보」 1947년 2월 5일 자.

12 「동아일보」 1947년 2월 15일 자.

13 한현우, 「암살전야」, 『세대』 1975년 1월호, 233, 240쪽.

14 「매일신보」 1945년 10월 23일 자.

15 「매일신보」 1945년 10월 24, 26일 자; 「자유신문」 1945년 10월 27일 자.

16 「매일신보」 1945년 10월 31일 자.

17 「베닝호프가 국무성에 보낸 전문」, United States, Department of State, *Foreign Relations of the United States*(Washington, D.C.: United States Government Printing Office, 1945)(이하 'FRUS'로 약칭). 1945~1946년분은 국내에 번역되어 있다: 「미 국무성 비밀외교문서」, 『해방 3년과 미국』 1(돌베개, 1984).

18 『일일 보고서』 1945년 9월 20일.

19 허정, 앞의 책, 123쪽; 고하 선생 전기 편찬위원회 편, 앞의 책, 322쪽.

20 「자유신문」 1945년 11월 1일 자.

21 홍원길, 『청곡회고록』(제일문화사, 1978), 103~104쪽.

22 조병옥, 『나의 회고록』(민교사, 1959), 146쪽.

23 김준엽·김창순, 『한국 공산주의 운동사』 제3권(청계연구소, 1986), 55쪽.

24 송남헌, 『시베리아의 투사 - 원세훈』(천산산맥, 1990), 111쪽.

25 박태균, 「초기 한국민주당의 구성원과 그 성격」, 『국사관 논총』 83호(국사편찬위원회, 1994).

26 이경남, 『설산 장덕수』(동아일보사, 1981), 311쪽.

27 「매일신보」 1945년 10월 10일 자.

28 김남식 편, 『남로당 연구 자료집』(아세아문제연구소, 1974), 26쪽.

29 「동아일보」 1946년 4월 24일 자.

30 「베닝호프가 애치슨에게 보내는 전문」, FRUS, 1945. 10. 10.

31 박태균, 「1945~1946년 미군정의 정치 세력 재편계획과 남한 정치구도의 변화」 제1장 2절, 『한국사 연구』 제74집(1991) 참조.

32 또한 미군정은 임시정부가 대다수 국민을 대표하고 있지도 못하며, 현재의 문제도 전혀 모르고 있다고 파악했다. United States Armed Forces in Korea, Record Group 319, G-2 Weekly Summary(1945. 9~1948. 11). Suitland, Md.: Federal Records Center Annex. 국내 영인본: 『주한미군 주간정보 요약』 7호, 1945. 10. 30.(한림대학교 아세아문제연구소, 1989)(이하 '주간 보고서'로 약칭).

33 FRUS, 1945. 2. 5.

34 박태균, 앞의 글 참조.

35 「동아일보」 1945년 12월 4일 자.

36 「동아일보」 1945년 12월 6일 자.

37 이경남, 앞의 책, 326쪽.

38 박태균, 「미국과 소련의 대한정책과 미군정」, 『한국 현대사』1(사계절, 1991), 52~55쪽 참조.

39 정용욱, 「1945년 말 1946년 초 신탁통치 파동과 미군정 – 미군정의 여론 공작을 중심으로」, 『역사비평』 62호(2003) 참조.

40 「동아일보」 1945년 12월 28일 자.

41 고하 송진우 선생 전기편찬위원회 편, 앞의 책, 337쪽.

42 「자유신문」 1945년 12월 30일 자.

43 WNRC, RG332, box 41, "Hodges Conversation with Wede-meyer"(신복룡 편, 『한국 분단사 자료집』 3-3권 수록), p. 5.

44 한현우, 「고하 송진우 피격사건 공판정」, 『세대』 1975년 11월호(1975) 326쪽.

45 리처드 로빈슨, 『미국의 배반』(과학과사상사, 1987), 72쪽.

46 위의 책, 115쪽 참조.

47 United States Armed Forces in Korea, History of the United States Armed Forces in Korea, Manuscipt in Office of th Chief of the Military History(Washington, D.C.); 국내 영인본: 『주한미군사』 제2권(돌베개, 1988) 참조. (이하 '주한미군사'로 약칭.)

48 「동아일보」 1946년 1월 2일 자.

49 「중앙신문」 1946년 1월 1일 자.

50 「조선일보」 1946년 1월 8일 자.

51 「조선일보」 1946년 1월 9일 자; 「서울신문」 1946년 1월 14일 자.

52 「동아일보」 1946년 1월 10일 자; 「조선일보」 1946년 1월 15일 자.

53 「조선일보」 1946년 1월 7, 8일 자.

54 대체로 이러한 정치적인 쟁투는 찬·반탁 논쟁으로 알려져 있다. 그러나 좌익 측에서 찬탁이라는 용어를 사용한 적은 없다. 조선공산당과 조선인민당은 1946년 1월 3일 '모스크바 3상협정 결정'에 대한 총체적 지지의 입장을 표명하였다. 이 입장을, 반탁을 주장한 정치 세력이 '찬탁'의 입장이라고 규정한 것이다. 현대사연구회, 『해방 정국과 민족통일전선』(세계, 1989) 참조.

세 번째 이야기
여운형 제2차 미소공동위원회와 함께 생을 마감하다

01 리처드 로빈슨, 『미국의 배반』(과학과사상사, 1897) 참조.

02 「브라운이 하지에게 보낸 비망록」 1947년 7월 18일 자와 7월 21일 자(방선주, 「미국 내 자료를 통해 본 한국 근현대사의 의문점」, 『아시아 문화 연구』 제2호에 수록).

03 김호는 재미한족연합회(United Korean Committee)를 주도하고 있던 인물이다. 재미한족연합회는 미국에서 이승만을 반대하고 좌우합작위원회를 지지하는 단체였다. 『일일 보고서』 208호, 1946년 7월 16일 자.

04 김용중은 영자 신문 『한국의 소리』 편집인으로 미국에서 활동하면서 일제강점기 내내 이승만과 많은 갈등을 빚었다. 김용중은 개인적으로 김규식이나 여운형의 노선에 찬성하고 있었다고 하며, 미 국무성에도 입김을 미치고 있던 인물인 것으로 알려져 있다. 1950년대에는 미국에서 한반도의 중립화 통일론을 주장하여 국내의 주목을 끌기도 하였다. 홍석률, 「4월민중항쟁기 중립화 통일론」, 『역사와 현실』 제10호(1993) 참조.

05 '고경흠 인터뷰', 「우리신문」 1947년 7월 22일 자.

06 Bruce Cumings, The Origins of the Korean War, vol. 2(New Jersey: Princeton Universty Press, 1990), pp. 205~206.

07 홍돈섭, 「몽양 여운형 씨의 죽음」, 『우리는 이렇게 살아왔다』(광화문출판사, 1962).

08 김오성, 「민주주의와 인민전선」, 『개벽』 1946년 4월호.

09 김오성, 「조선인민당의 성격」, 위의 잡지 1월호.

10 『일일 보고서』 282호, 1946년 7월 18일.

11 「조선인민보」 1946년 8월 8일 자.

12 서울에 있었던 조선신민당은 북한에서 정치 활동을 하던 독립동맹 계열의 사람들이 서울에 지부를 설치한 것이다. 여기에는 일제강점기 이후 조선 최고의 지식인으로 평가받은 백남운이 책임자로 활동하였다. 백남운은 신민주주의 혁명론을 체계화하였고, 이를 통해 조선인민당과 마찬가지로 연합 전선의 중요성을 강조했다.

13 3당합동의 자세한 과정에 대해서는 정창현, 「1946년 좌익 정치 세력의 3당합동 노선과 추진 과정」, 서울대학교 국사학과 석사논문(1993) 참조.

14 『주한미군사』 제2권, 195쪽 참조.

15 『일일보고서』 351호, 1946년 10월 10일.

16 『주간보고서』 57호, 1946년 10월 17일.

17 「동아일보」 1947년 3월 18일 자.

18 「경향신문」 1947년 4월 4일 자.

19 백민태란 이름으로 더 잘 알려져 있으며, 1949년 반민특위 위원들을 살해하라는 청부를 받기도 했다. '프롤로그' 참조.

20 「동아일보」 1947년 4월 19일 자.

21 당 창당 과정에서부터 3당합동에 이르기까지 박헌영은 당대회보다는 당중앙의 지도자들을 중심으로 당을 운영했는데, 이를 자기중심의 독단적인 운영으로 비판한 세력이 바로 '대회파'였다. 주로 각 지방 조직의 상층부 인사들이 대회파에 가담하였고, 대회파와 박헌영 중심의 당중앙의 대립 양상은 1946년 초부터 나타나기 시작하여 3당합동을 통해 대회파가 당에서 제명되면서 대립을 해소한다.

22 도진순, 「1945~48년 우익의 동향과 민족통일정부 수립운동」 제3장, 서울대학교 국사학과 박사논문(1993) 참조.

23 「동아일보」 1947년 5월 2일 자; 「경향신문」 1947년 5월 6일 자 참조.

24 「동아일보」 1947년 5월 14일 자.

25 5월 12일의 암살미수사건은 저녁 7시에 시도되었던 반면 7월 19일에는 오후 3시에 암살이 자행되었다. 5월의 저녁 7시는 해가 막 질 무렵으로 명암의 교차 속에서 사람들이 시각 장애를 자연적으로 일으킬 수 있는 시각이었다. 따라서 범인이 도망치기에 매우 적절한 시간일 수 있다. 그러나 이와 반대로 암살 당일 시간대는 암살 대상을 겨누는 데 장애를 받을 수 있는 시간이기도 했다.

26 「우리신문」 1947년 7월 24일 자.

27 백남석은 송진우의 암살범이 북한에 갔을 때 그를 보살펴준 인물이다.

28 「우리신문」 1947년 10월 31일 자.

29 「한국일보」 1974년 2월 10일 자.

30 「조선중앙일보」 1948년 1월 22일 자.

31 굿펠로는 전략정보국(Office of Strategic Services, 미국 중앙정보국의 전신) 부국장 출신으로, 1945년 이승만의 귀국 과정에서 많은 공헌을 했으며, 대한민국 정부가 수립된 이후에는 한국에 들어와 선박 운송권을 따내기 위한 로비를 벌이기도 했다.

32 박태균, 「1945~1946년 미군정의 정치 세력 재편계획과 남한 정치 구도의 변화」 제3장 2절 참조.

33 경찰은 한지근을 체포한 곳도 유풍기업이라고 발표했다.

34 신동운의 주장은 이와는 조금 다르다. 그는 자기가 이 사건의 모든 상황을 주동했고, 그 이상의 배후는 없다고 주장한다. 그리고 피해를 최소화하기 위해 건국단이라는 단체를 만들어냈다고 한다.

35 여운형 암살 공범들은 '임시정부 행동대원' 김영철하고 거래가 많이 있었다고 하며 김영철이 백의사 계통하고 얼마나 가까운지는 잘 모른다고 말했다. 그러나 국사편찬위원회에 소장돼 있는 백의사 부사령 박경구의 녹취록(1985. 8. 31.)을 보면 김영철이 백의사의 집행부장으로 활동한 것으로 확인된다.

36 한지근이 체포되었을 때 소지하고 있던 권총은 미군용이었다.

37 김두한, 『피로 물들인 건국전야』(대한공론사, 1963) 참조.

38 김교식, 「정치 테러리스트 김지웅」, 『월간조선』 1982년 12월호.

39 김지웅은 4·19 직후 일본으로 도망쳤다고 한다.

40 이경남, 『분단시대청년운동』 하권(삼성문화개발, 1989), 247~266쪽 참조.

41 위의 책, 55~73쪽 참조.

42 위의 책, 268~275쪽 참조.

43 『주간 보고서』 98호, 7월 20~7월 27일; Usafik 11071 File, box62/96, *Hodge's monologue with some visiting American Congressman*, Oct.4, 1947, where Hodge said, "We happen to know that Kim Koo has a murder factory in North Korea, in South Korea, in China and in Japan, so Kim Koo might have been behind the killing [of Yo]". Bruce Cumings, ibid, p. 206에서 재인용.

44 1973년 5월 19일, '버치와 커밍스의 인터뷰'.

45 Bruce Cumings, *ibid*, p. 206에서 재인용.

46 『일일 보고서』 589호, 1947년 7월 22일.

47 Bruce Cumings, *ibid*, p. 207 참조.

48 「서울신문」 194년 7월 4일 자 참조.

49 도진순, 앞의 논문 참조.

50 895.00/7-3147 파일, 「제이콥스가 국무장관에게」.

51 방선주, 「미국 제24군 G-2군사실 자료 해제」, 『아시아 문화』 3호(한림대학교, 1987), 214~234쪽에 수록; 895.00/8-2647 「여운형의 가방에서 발견된 간단한 메모」.

52 『일일 보고서』 568호.

53 박태균, 「미군정의 인사충원 정책과 친일파」, 『역사와 현실』 제10호 참조.

54 『주간 보고서』 90호, 1947년 6월 3일; 『일일 보고서』 624호, 1947년 6월 30일; 575호, 1947년 7월 8일.

55 장병혜 편, 『상록의 자유혼: 창랑 장택상 일대기』(영남대학교 박물관, 1973).

56 리처드 로빈슨, 앞의 책; 조병옥, 『나의 회고록』(민교사, 1959); 장병혜 편, 앞의 책 참조.

57 895.00/7-3147, 「제이콥스가 국무장관에게 − 여운형의 서류 가방 내에서 발견된 서한」;

『주간 보고서』 98호, 1947년 7월 29일.

58 895.00/ 4-1047, 「러스크(Rusk)가 그로스(Gross)에게 보낸 문서 – 남조선에서 임시정부 수립을 위한 선거 실시에 있어서 가능한 유엔의 도움」.

59 895.00/8-147, 「번스가 국무성의 마틴(Martin)에게 보낸 문서」

네 번째 이야기

장덕수 죽어서 김구를 법정에 세우다

01 이승만은 조기 선거의 실시를 주장하면서 유엔이 한반도 문제에 개입하기 이전에 우리 손으로 단독정부를 세워야 한다고 주장한다. 그러나 방법에서 약간의 차이가 있을 뿐 단독정부 수립에 있어서는 미국이나 한민당과 일치된 생각을 가지고 있었다. 단지 미국이 단독정부 수립을 추진할 경우 정권의 향배가 김규식에게 넘어갈 것을 걱정하고 있었다.

02 「조선일보」 1947년 12월 1일 자; 「동아일보」 1947년 12월 1일 자.

03 「동아일보」 1948년 12월 4일 자.

04 「주한 정치고문 제이콥스가 국무장관에게」, FRUS, vol. 6, 1948. 2. 2, pp. 1,105~1,109.

05 위의 책, pp. 1,105~1,109, 1,093~1,094, 1,102~1,103. 미국은 미국의 정책을 반대하는 호주 대표 잭슨을 가장 큰 문젯거리로 여기고 있었다. 반면 김규식은 유엔조선임시위원단 중 호주 대표 잭슨을 한국 문제에 적극적인 사람으로 가장 높이 평가했다. 도진순, 「1945~48년 우익의 동향과 민족통일정부 수립 운동」, 서울대학교 국사학과 박사논문 (1993), 179쪽에서 재인용.

06 「동아일보」 1947년 12월 7일 자; 「서울신문」 1947년 12월 28일 자.

07 「동아일보」 1947년 12월 12, 28일 자.

08 FRUS, 1947, vol. 6, pp. 877~878.

09 「동아일보」 1947년 12월 6일 자.

10 최중화(최서면)는 신익희 산하의 백의사에도 소속된 인물이다. 그는 1946년 초 38선 이북의 정계 요인의 암살을 위해 백의사에서 파견한 인물들 속에 속해 있었으며, 장덕수 암살사건과 관련하여 이때 다시 등장하였다. KBS 다큐멘터리 극장 「암살의 희생자들」 제3편 '설산 장덕수', 1994년 2월 21일 방영.

11 「경향신문」 1947년 12월 16, 17일 자.

12 한국반탁반공학생운동기념사업회, 『한국학생건국운동사』(한국반탁반공학생운동기념사업회 출판국, 대한교과서주식회사, 1986), 495~496쪽 참조. 대한학생총연맹은 장덕수 암살사건에 연루되어 창립된 지 4개월 만에 자연 해체되었다.

13 「서울신문」 1947년 12월 23일 자.

14 「서울신문」 1947년 12월 23일 자.

15 「조선일보」 1947년 1월 16일 자.

16 「경향신문」 1948년 1월 16일 자.

17 「경향신문」 1948년 2월 1일 자.

18 「동아일보」 1948년 2월 3일 자.

19 「동아일보」 1948년 2월 27일 자.

20 2월 10일, 세 영수는 중국 대표의 주선으로 만나게 되었다. 처음에는 이들이 합의를 이루었다고 발표되었지만 곧 이견이 표출되었다. 이승만이 먼저 '남북 총선거가 불가능할 경우 남한 총선거'에 합의했다고 발표하였으나(「조선일보」 1948년 2월 12일 자), 김규식은 남북 총선이 불가능하면 유엔에서 다시 결정해야 한다고 하면서 이승만의 주장을 반박하였다(「서울신문」 1948년 2월 14일 자). 2월 19일 하지가 주선한 모임 역시 세 사람의 의견을 합치는 데 실패하였다.

21 「경향신문」 1948년 2월 6일 자.

22 「서울신문」 1948년 3월 1일 자.

23 버치 외에도 유엔조선임시위원단 중국 대표 유어만, 인도 대표 메논 등이 김구와 김규식을 방문해 선거 참여를 권유했지만, 김구는 모든 제의를 거절로 일관했다.

24 민족자주연맹은 1947년 12월 20일 김규식을 중심으로 형성된 민족주의자들의 조직으로 김규식 계열의 좌우합작위원회와 시국대책협의회, 그리고 제3전선 계열의 민주주의독립전선, 미소공위 대책위원회가 연합하여 형성된 단체였다. 여기에는 조봉암과 김찬, 김약수를 제외한 모든 민족주의자들이 참여하였다.

25 「조선일보」 1948년 3월 8일 자.

26 「조선일보」 1948년 3월 9일 자.

27 위의 신문.

28 위의 신문.

29 「조선일보」 1948년 3월 12일 자.

30 「동아일보」 1948년 3월 16일 자.

31 「조선일보」 1948년 4월 3일 자.

32 「조선일보」 1945년 4월 15일 자.

33 「동아일보」 1948년 4월 23일 자.

34 이로 인해 김성숙, 김원봉, 성주식, 장건상 등 조선민족혁명당 계열의 인사들은 임시정부 요인들과 손을 놓고 민주주의민족전선에 합류하였다. 이들은 임시정부 요인들과는 반대로 모스크바 3상협정에 대한 지지의 입장을 취하면서 좌파 민족주의자들, 특히 여운형과 함께 정치 활동을 했다.

35 「한성일보」 1946년 3월 23일 자.

36 「한성일보」 1946년 4월 9일 자.

37 「서울신문」 1949년 4월 9일 자.

38 이경남, 『설산 장덕수』(동아일보사, 1981), 349~353쪽 참조.

39 「경향신문」 1947년 7월 5일 자.

40 이경남, 위의 책, 382~388쪽 참조.

41 이 점은 한국민주당이 미국과 소련의 협조에 의한 한반도 문제의 해결이라는 관점에서 미소공동위원회에 참여한 것이 아니라는 점에서 잘 나타난다. 특히 미소공동위원회가 공식적으로 결렬되지 않은 상태에서 미국은 모스크바 3상협정을 위반하면서 '4대국 회의'를 제안했고, 한국민주당은 이에 대해 어떠한 거부감도 없이 그대로 수용하면서 이는 '완전 독립으로 일보 전진한 것'이라고 바로 성명을 발표하였다. 「경향신문」 1947년 9월 2일 자.

42 「동아일보」 1947년 7월 12일 자; 「조선일보」 1947년 7월 25일 자.

43 「조선일보」 1947년 7월 21일 자.

44 「조선일보」 1947년 11월 7일 자.

45 장덕수는 1920년대 초까지 공산주의운동에 개입되어 있었으며, 1921년에는 공산주의운동의 양대 산맥의 하나인 서울청년회 창립 성원으로 참여하였다. 그러나 1922년 자금유용사건(속칭 '레닌자금사건')으로 공산주의운동을 그만둘 수밖에 없었다. 이후 그가 13년간 해외 유학을 떠났기 때문에 공산주의운동의 이론가였다는 것은 잘못된 인식이다.

46 장덕수는 1937년 이후 주요한 친일단체인 '임전보국단'에서 간부를 역임했고, '국민총력조선동맹' 간사를 역임하는 등 구체적인 친일 행적이 상당히 많다[임종국, 『실록 친일파』(돌베개, 1991) 참조]. 장덕수는 이러한 친일 경력 때문에 남조선과도입법의원에 서울시 대표로 선출되었지만 무효로 선언되었다.

47 리처드 로빈슨, 『미국의 배반』(과학과사상사, 1987), 116쪽 참조.

48 「동아일보」 1948년 3월 14일 자; 「경향신문」 1948년 3월 14, 28일 자.

49 「조선일보」 1947년 1월 17일 자.

50 1992년 6월 6일, '도진순이 김석황의 아들 김진근 씨와 한 인터뷰'. 도진순, 앞의 논문, 128쪽 참조.

51 위의 논문, 128쪽 참조.

52 김교식, 「정치 테러리스트 김지웅」, 『월간경향』 1983년 2월호, 294쪽.

53 895.00/12-347 파일, 1947. 12. 3. no. 499, 「서울에서 국무성으로」.

54 895.00/1-348 파일, 1948. 1. 4. no. 499, 「서울에서 국무성으로」.

55 「동아일보」 1947년 6월 1일 자.

56 「조선일보」 1947년 9월 6, 10, 14일 자.

57 「조선일보」 1947년 11월 1일 자.

58 『주간 보고서』 119호, 1947년 12월 26일.

59 『일일 보고서』 727호, 1948년 1월 8일.

60 위의 보고서 708호, 1947년 12월 13일.

61 『주간 보고서』 100호, 1947년 8월 14일.

62 「동아일보」 1947년 12월 16일 자.

63 「조선일보」 1947년 12월 23일 자.

64 『일일 보고서』 732호, 1947년 1월 14일; 『주간 보고서』 122호, 1948년 1월 16일.

65 Bruce Cumings, *The Origins of the Korean War*, vol. 2(New Jersey: Princeton Universty Press, 1990), p. 207.

다섯 번째 이야기
김구 38선을 베고 쓰러지다

01 지헌모 편, 「비서들이 말하는 저격 경위」, 『최후의 백범 – 김구 선생 가시던 날』(한국국사연구회, 1960). 이 책은 당시 신문들을 편집한 것이기 때문에 신문 자료와 같은 비중을 가진다.

02 "Memorandum of Conversation with Dr. KIMM Kyusik, June 28, 1949" by Gregory Henderson, Third Secretary.

03 엄항섭 편, 『김구 주석 최근 언론집』(1948), 8~16쪽.

04 「중앙일보」 1992년 4월 16일 자.

05 위의 신문

06 지헌모 편, 앞의 책, 43~44쪽에서 재인용.

07 위의 책, 63~64쪽.

08 위의 책, 65~66쪽에서 재인용.

09 위의 책, 68~69쪽에서 재인용.

10 이상의 내용은 국회법제사법위원회, 「백범 김구 선생 암살진상조사보고서」, 17~25쪽 참조.

11 오소백, 「백범 암살범 안두희 공판」, 『우리는 이렇게 살아왔다』(광화문출판사, 1962), 106~113쪽 참조.

12 최대교는 "그 뒤 암살범이 강원도에서 군납 공장을 해 한때 '강원도 제2의 고액 납세자'가 됐다는 말을 들었을 때 단추가 잘못되고 있다는 생각을 했다"고 회고했다. 「중앙일보」 1992년 4월 16일 자.

13 「세계일보」; 「한국일보」 1950년 5월 24, 26, 27일 자.

14 당시 주요 폭로 내용은 김삼웅 편, 『패배한 암살 백범 – 김구 암살의 진상』(학민사, 1992)에 실려 있다.

15 「안두희의 고백」, 『월간조선』 1984년 7, 8월호.

16 박태균, 「1945~1946년 미군정의 정치 세력 재편계획과 남한 정치 구도의 변화」 제2장

1, 2절 참조.

17 도진순, 「1945~48년 우익의 동향과 민족통일정부 수립 운동」, 서울대학교 국사학과 박사논문(1993), 41~42쪽 참조.

18 위의 논문, 111~115쪽 참조.

19 포병 창설 후 첫 포사격대회에서 안두희는 이 상을 수상했다고 한다. 이 자리에는 신성모는 물론 이승만도 나와 있었다고 한다.

20 신준영, 「안두희 증언 번복의 배후」, 『월간 말』 1994년 7월호 참조.

21 도진순은 안두희 증언을 세밀하게 검증해 사실 여부를 추적한 바 있다. 도진순, 「백범 김구 시해사건과 관련된 안두희 증언에 대한 분석」, 『성곡논총』 27집 4권(1996); 「1949년 김구의 '마지막 노선'에 대한 검토」, 『한국민족운동사연구』(우송조동걸선생정년기념논총간행위원회, 1997).

22 김교식, 「정치 테러리스트 김지웅」, 『월간경향』 1983년 2월호, 300쪽 참조.

23 「동아일보」 1949년 8월 21일 자.

24 박태균, 『조봉암 연구』(창작과비평사, 1995).

25 이 메모는 「백범 김구 선생 암살진상조사보고서」에 실려 있다. 원문은 다음과 같다.
General Won
Kim Sung Ju, 金성쥬 now in jail must be sentenced to capital punishment-極刑. He was appointed governor of 평양 by 外國人 and tried to kill Moon Bong je 文鳳濟 whom the Government appointed as police chief. It is clearly treason case and must be treated as such. To prevent any such traitor in the future he must be punished according to the law. I told the Defense Minister and I am telling you now. Please see to that without delay and without much noise.
S. R.

26 이경남, 『분단시대의 청년운동』(삼성문화개발, 1989) 참조.

27 Bruce Cumings, *The Origins of the Korean War*, vol. 2(New Jersey: Princeton Universty Press, 1990), p. 200.

28 김태호, 「김성주 살해사건」, 『끝나지 않은 심판』(삼민사, 1982) 참조.

29 도진순, 「백범 암살 관련 미(美) 발굴문서 완전분석 - "핵심은 김구(金九) 쿠데타 기도설, 염동진 배후설은 근거 없다"」, 『신동아』 10월호(2001).

30 미국 관련 부분은 전적으로 정병준 교수의 일련의 연구에 의존했다. 정병준, 「안두희는 미군방첩대 요원이자 백의사 자살특공대원」, 『민족21』 10월호(2001); 「공작원 안두희와 그의 시대」, 『역사비평』 겨울호(역사문제연구소, 2004); 「백범 김구 암살 배경과 백의사」, 『한국사연구』 128(한국사연구회, 2005); 「미국 자료를 통해 본 백범 김구 암살의 배경과 미국의 평가」, 『역사와 현실』 61호(한국역사연구회, 2006).

31 미국에서 출간된 한 책에서 제2차 세계대전 종전 이후 미국 대외 공작사의 암살사건에

서 김구 암살이 첫 사례로 리스트에 올라 있는 것으로 밝혀져 씁쓸하지 않을 수 없다.

32 안두희와 백의사의 관계에 대해서는 정병준, 앞의 글(2005) 참조.

33 김구 암살사건 이후 독고녹식, 정익태, 한경일 등은 자신들이 한독당비밀당원으로 국방부 제3국, 제4국 내 세포였다며 한독당의 친북, 반국가 노선을 비판하며 탈당 성명서를 낸다. 그들은 한독당에서 국방부에 파견한 세포가 아니라 안두희처럼 국방부 정보국에서 파견해놓은 인물이었다고 보는 것이 타당할 것이다. '탈당 성명서', 「동아일보」 1949년 8월 12일 자.

34 백범 김구 선생 살해진상규명투쟁위원회, 「김구 선생 살해의 내막」(1961. 4). 이러한 내용은 홍종만의 증언과도 일치한다. '백범 암살의 진상', 「동아일보」 1974년 5월 16일 자.

35 김구 암살과 관련해서 10명 내외의 암살행동대가 조직적으로 운영되었는데, 이들은 모두 평북 출신으로 안두희의 고향 후배였으며, 서북청년회 회원이었고, 현역 장교이거나 군기관의 정보원이었다. 정병준, 앞의 글(2005), 281쪽.

36 손충무, 『망국(亡國)의 한(恨)』(범우사, 1976), 407~409쪽. 김명욱은 4·19 이후 한때 『백봉일지』를 공개하려 하기도 했다. 5·16 군사 쿠데타 이후 김명욱의 진상 폭로와 『백봉일지』 공개 시도는 중단되었다.

37 정병준, 앞의 글(2005), 282쪽.

38 위의 글에서 재인용.

39 이현희, 「대한민국 임시정부의 지도제와 법통성」, 『한국학 논총』 제10호(1985) 참조.

40 도진순, 『한국 민족주의와 남북 관계』(서울대학교 출판부, 1997), 71~73쪽 참조.

41 강성천, 「1947~48년 유엔조선임시위원단의 활동과 통일정부 논의」, 서울대학교 석사 논문(1994) 참조. 지금까지 대한민국이 한반도에서 유일한 합법정부라고 유엔에서 인정했다는 것이 국내에 유포되어 있던 일반적인 인식이었다. 그러나 유엔은 대한민국을 한반도 전체에서 유일한 합법정부로 인정한 적이 없으며 단지 선거가 가능했던 지역에서의 합법정부로 인정했을 따름이다.

42 Joint Weeka, no. 29, 1948년 7월 17일.

43 미군정은 제헌의회 선거 결과를 놓고 실제적인 지지 세력을 분류하면서 한국독립당 계열 17명, 김규식과 좌익 세력 10명으로 구분하였다. Joint Weeka, no. 21, 1948년 5월 22일.

44 Joint Weeka, no. 28, 1948년 7월 10일.

45 「동아일보」 1948년 10월 23일 자.

46 위의 신문.

47 「동아일보」 1948년 10월 31일 자.

48 유영구, 「국군 2개 대대 월북시키고 이승만, 장개석 회담 완전 도청 거물간첩 성시백 비화」 하, 『월간중앙』 1992년 7월호, 496~502쪽 참조.

49 「동아일보」 1949년 5월 20일 자.

50 박원순, 「1949년 국회 프락치 사건의 진상」, 『바로잡아야 할 우리 역사 37장면』(역사비평사, 1993) 참조.

51 「동아일보」 1949년 4월 8일 자.

52 Bruce Cumings, *ibid*, pp. 387~389.

에필로그
친일파 미청산과 이념 갈등이 가져온 해방 정국의 비극

01 「동아일보」.

02 1956년 9월 28일 대한민국의 제4대 부통령 장면(張勉)이 서울시 공관에서 김상붕 등이 쏜 총에 피격된 사건이다. 당시 사건 수사 과정에서 내무부가 개입된 것이 드러났고, 4·19 이후 이기붕 자유당 부총재, 임흥순 서울시장, 이익흥 내무장관, 김종원 치안국장, 장영복 치안국 특수정보과장, 오충환 시경 사찰과장, 이덕신 성동경찰서 사찰주임 등이 개입한 것으로 밝혀졌다.

암살

초판 1쇄 발행 ㅣ 2016년 7월 30일
초판 2쇄 발행 ㅣ 2016년 8월 29일

지은이 ㅣ 박태균·정창현
발행인 ㅣ 한정희
발행처 ㅣ 역사인
등록번호 ㅣ 제406-2010-000060호
주 소 ㅣ 경기도 파주시 회동길 445-1 경인빌딩 B동 4층
전 화 ㅣ 031) 955-9300
팩 스 ㅣ 031) 955-9310
전자우편 ㅣ kyunginp@chol.com
홈페이지 ㅣ www.kyunginp.co.kr

값은 뒤표지에 있습니다.
ISBN 979-11-86828-03-8   03910

역사인은 경인문화사 자회사입니다.